AF464151

BIBLIOTHÈQUE

LATINE-FRANÇAISE

PUBLIÉE

PAR

C. L. F. PANCKOUCKE.

PARIS, IMPRIMERIE DE C. L. F. PANCKOUCKE,
Rue des Poitevins, n. 14.

HISTOIRE NATURELLE DE PLINE

TRADUCTION NOUVELLE

PAR M. AJASSON DE GRANDSAGNE

ANNOTÉE

PAR MM. BEUDANT, BRONGNIART, G. CUVIER,
DAUNOU, ÉMERIC DAVID, DESCURET, DOÉ, E. DOLO, DUSGATE,
FÉE, L. FOUCHÉ, FOURIER, GUIBOURT, ÈLOI JOHANNEAU,
LACROIX, LAFOSSE, LEMERCIER, LETRONNE, LOUIS LISKENNE,
L. MARCUS, MONGÈS,
C. L. F. PANCKOUCKE, VALENTIN PARISOT,
QUATREMÈRE DE QUINCY, P. ROBERT, ROBIQUET,
H. THIBAUD, THUROT, VALENCIENNES, HIPP. VERGNE.

TOME QUATORZIÈME.

PARIS
C. L. F. PANCKOUCKE
MEMBRE DE L'ORDRE ROYAL DE LA LÉGION D'HONNEUR
ÉDITEUR, RUE DES POITEVINS, Nº 14

M DCCC XXXII.

HISTOIRE NATURELLE DE PLINE.

LIVRE VINGT-DEUXIÈME.

C. PLINII SECUNDI

HISTORIARUM MUNDI

LIBER XXII.

AUCTORITAS HERBARUM ET FRUGUM.

Gentes herbis formæ gratia uti.

I. Implesse poterant miraculum sui natura atque tellus, reputantium vel prioris tantum voluminis dotes, totque genera herbarum, utilitatibus hominum, aut voluptatibus genita. Sed quanto plura restant? quantoque mirabiliora inventu? Illa enim majore in parte cibi aut odoris decorisve commendatio ad numerosa experimenta duxit. Reliquarum potentia adprobat, nihil a rerum natura sine aliqua occultiore causa gigni.

II. 1. Equidem et formæ gratia ritusque perpetui, in corporibus suis aliquas exterarum gentium uti herbis quibusdam, adverto animum. Illinunt certe aliis aliæ faciem in populis barbarorum feminæ, maresque etiam apud Dacos et Sarmatas corpora sua inscribunt. Simile

HISTOIRE NATURELLE

DE PLINE.

LIVRE XXII.

VERTUS DES ARBRES ET DES FRUITS.

Usage des herbes pour la beauté chez certaines nations.

I. Les propriétés que nous avons décrites dans le livre précédent; tant de plantes diverses que la nature et la terre ont créées pour nos besoins ou pour nos plaisirs, suffiraient pour épuiser l'admiration: mais qu'il nous reste encore bien plus de merveilles! combien encore de découvertes plus étonnantes! La plupart de ces plantes nous servent d'alimens, ou nous charment par leur parfum et leur éclat, et ces qualités précieuses nous ont conduits à de nombreuses expériences; mais les vertus des autres prouvent que la nature ne fait rien sans quelque dessein dont elle se réserve le secret.

II. 1. Je remarque d'abord que, chez quelques nations étrangères, c'est un usage antique et sacré d'employer certaines herbes à la parure: du moins, chez les barbares, les femmes se teignent le visage avec le suc des plantes; et, chez les Daces et les Sarmates, les hommes même se peignent des figures sur le corps. Les

plantagini glastum in Gallia vocatur, quo Britannorum conjuges nurusque toto corpore oblitæ, quibusdam in sacris et nudæ incedunt, Æthiopum colorem imitantes.

Herbis infici vestes. Item de sagminibus, de verbenis, de clarigatione.

III. 2. Jam vero infici vestes scimus admirabili fuco. Atque ut sileamus Galatiæ, Africæ, Lusitaniæ granis, coccum imperatoriis dicatum paludamentis, Transalpina Gallia herbis Tyria atque conchylia tingit, omnesque alios colores. Nec quærit in profundis murices, seque objiciendo escam, dum præripit belluis marinis, intacta etiam ancoris scrutatur vada, ut inveniat per quod facilius matrona adultero placeat, corruptor insidietur nuptæ. Stans et in sicco carpit, quo fruges modo : sed culpa non ablui usu : alioqui fulgentius instrui poterat luxuria, certe innocentius. Non est nunc propositum ista consectari : nec omittemus, ut subjiciendo utiliora luxuriam vilitate circumscribamus, dicturi et alias herbis tingi lapides, parietesque pingi. Nec tingendi tamen rationem omisissemus, si umquam ea liberalium artium fuisset. Interim fortius agetur : auctoritasque quanta debeatur etiam surdis, hoc est, ignobilibus herbis, perhibebitur. Siquidem auctores imperii romani

Gaulois appellent *glastum* une herbe semblable au plantain : les femmes et les filles des Bretons s'en frottent le corps, et, après s'être rendues aussi noires que des Éthiopiennes, elles paraissent nues dans quelques cérémonies sacrées.

Emploi des herbes pour la teinture. Sagmina, verveines, clarigation.

III. 2. Nous savons aussi que les herbes donnent aux étoffes une couleur admirable; et, sans parler des graines de Galatie, d'Afrique et de Lusitanie, qui fournissent le *coccus*, ou l'écarlate réservée pour les cottes-d'armes des généraux, la Gaule Transalpine imite avec des herbes la pourpre de Tyr, la conchylienne, et toutes les autres couleurs. On n'a pas besoin de chercher le murex au fond des mers; de s'exposer à devenir la proie des monstres marins en dérobant leur pâture; de fouiller des abîmes où les ancres même n'ont pas pénétré, pour donner à une mère de famille les moyens de plaire à un adultère, ou à un séducteur ceux de corrompre une femme mariée : on fait debout la récolte et en terre ferme, comme celle des grains dont on se nourrit. Le défaut de cette teinture, c'est qu'elle ne peut se laver, sans quoi le luxe eût obtenu un éclat plus vif, ou du moins plus innocent. Mais mon dessein n'est pas d'entrer ici dans tous ces détails; je veux rendre le luxe méprisable, en lui opposant des objets plus utiles : je montrerai même ailleurs qu'on se sert des herbes pour teindre les pierres et peindre les murailles. Au reste, je ne me serais pas dispensé de parler de la teinture, si jamais elle eût été mise au rang des arts libéraux. En

conditoresque immensum quiddam et hinc sumpsere, quoniam non aliunde sagmina in remediis publicis fuere, et in sacris legationibusque verbenæ. Certe utroque nomine idem significatur, hoc est, gramen ex arce cum sua terra evulsum : ac semper e legatis quum ad hostes clarigatumque mitterentur, id est, res raptas clare repetitum, unus utique verbenarius vocabatur.

De corona graminea : de raritate ejus.

IV. 3. Corona quidem nulla fuit graminea nobilior, in majestate populi terrarum principis, præmiisque gloriæ. Gemmatæ et aureæ, vallares, murales, rostratæ, civicæ, triumphales, post hanc fuere, suntque cunctæ magno intervallo, magnaque differentia. Ceteras omnes singuli, et duces ipsi, imperatoresque militibus, aut aliquando collegiis dedere : decrevit in triumphis senatus, cura belli solutus, et populus otiosus.

4. Graminea numquam nisi in desperatione suprema contigit, nulli nisi ab universo exercitu servato decreta. Ceteras imperatores dedere, hanc solam miles imperatori. Eadem vocatur obsidionalis, liberatis obsidione

attendant, nous nous élèverons à des considérations plus graves, et nous verrons quelle estime est due, même aux herbes méprisées, c'est-à-dire inconnues. En effet, elles ont été d'une ressource infinie pour les auteurs et les fondateurs de l'empire romain, puisque seules elles étaient employées dans les calamités publiques, dans les sacrifices et dans les ambassades. On les appelait *sagmina* et *verbenæ :* ces noms désignaient tous deux le gazon arraché de la citadelle avec la terre qui le produit; et lorsqu'on envoyait des députés pour sommer l'ennemi de donner satisfaction au peuple romain, l'un d'eux était nommé *verbenarius*, ou porteur de verveine.

Couronnes de gazon : leur rareté.

IV. 3. De toutes les couronnes dont le peuple-roi, dans l'éclat de sa puissance, récompensait la valeur des citoyens, la plus glorieuse était celle de gazon. Les couronnes d'or enrichies de pierreries, vallaire, murale, rostrale, civique, triomphale, étaient moins révérées; elles en sont à une grande distance, et la différence est infinie. Les autres peuvent être données par un seul homme : des chefs, des généraux les ont accordées à leurs soldats, ou même à des corporations. Le sénat dégagé des soins de la guerre, et le peuple goûtant les douceurs du repos, les ont décernées dans les triomphes.

4. La couronne de gazon ne s'accordait jamais que dans une situation désespérée : nul ne l'obtint que d'une armée entière sauvée par sa valeur. Les généraux décernaient les autres, celle-là seule était décernée au général par les soldats. On l'appelait aussi

abominandoque exitio totis castris. Quod si civicæ honos, uno aliquo ac vel humillimo cive servato, præclarus sacerque habetur, quid tandem existimari debet, unius virtute servatus universus exercitus? Dabatur hæc viridi e gramine, decerpto inde ubi obsessos servasset aliquis. Namque summum apud antiquos signum victoriæ erat, herbam porrigere victos, hoc est, terra et altrice ipsa humo, et humatione etiam cedere : quem morem etiam nunc durare apud Germanos scio.

Qui soli corona ea donati.

V. 5. Donatus est ea L. Siccius Dentatus semel, quum civicas quatuordecim meruisset, depugnassetque cxx prœliis semper victor. Tanto rarius est servatorem unum a servatis donari. Quidam imperatores et sæpius donati sunt, veluti P. Decius Mus, tribunus militum, ab exercitu : altera ab his, qui in præsidio obsessi fuerant, quanta esset ejus honoris auctoritas, confessus religione : siquidem donatus bovem album Marti immolavit, et centum fulvos, qui ei virtutis causa dati fuerant simul ab obsessis. Hic Decius postea se consul, Imperioso collega, pro victoria devovit. Data est et a senatu populoque romano, qua claritate nihil equidem in rebus humanis sublimius duco, Fabio illi, qui rem

obsidionale, quand une armée entière avait été délivrée d'un siège et de l'horreur d'une destruction inévitable. Si la couronne civique accordée pour avoir sauvé un citoyen, même le plus obscur, était une récompense glorieuse et presque sacrée, à quel prix ne doit-on pas estimer le salut d'une armée entière conservée par la valeur d'un seul? La couronne obsidionale était faite de gazon vert, cueilli à l'endroit même où étaient assiégées les troupes qui se trouvaient dégagées; car, chez les anciens, de l'herbe présentée par les vaincus était l'aveu le plus solennel de la victoire : par là ils déclaraient céder, et la terre qui les avait nourris, et le droit d'y être inhumés. Cet usage subsiste encore chez les Germains.

Quels sont les hommes qui seuls ont reçu la couronne de gazon.

V. 5. L. Siccius Dentatus ne l'obtint qu'une fois, quoiqu'il eût gagné quatorze couronnes civiques, et qu'il fût sorti vainqueur de cent vingt combats : tant il est plus rare qu'un seul l'obtienne pour avoir sauvé toute une armée! Quelques généraux en ont reçu plusieurs; par exemple, P. Decius Mus, tribun militaire, en reçut une de l'armée, et une autre des troupes qu'il avait dégagées. Il témoigna par un acte de religion quelle était l'éminence de cet honneur : il immola au dieu Mars un taureau blanc, et cent bœufs de poil roux qui lui avaient été donnés, comme récompense de sa valeur, par les troupes qu'il avait sauvées. Ce même Decius, étant consul avec Imperiosus, se dévoua depuis pour assurer la victoire à son armée. Le sénat et le peuple romain l'ont accordée à Fabius, qui rétablit la puissance de Rome en ne combattant pas, et je ne vois dans les choses hu-

omnem romanam restituit non pugnando. Nec data, quum magistrum equitum et exercitum ejus servasset; tunc satius fuit nomine novo coronari, appellatum patrem ab his quos servaverat : sed quo dictum est consensu honoratus est Annibale ex Italia pulso. Quæ corona adhuc sola ipsius imperii manibus imposita est, et quod peculiare ei est, sola a tota Italia data.

Qui solus centurio.

VI. 6. Præter hos contigit ejus coronæ honos M. Calpurnio Flammæ, tribuno militum in Sicilia : centurioni vero uni ad hoc tempus Cn. Petreio Atinati, cimbrico bello. Primum pilum is capessens sub Catulo, exclusam ab hoste legionem suam hortatus, tribunum suum dubitantem per castra hostium erumpere interfecit, legionemque eduxit. Invenio apud auctores eumdem præter hunc honorem, adstantibus Mario et Catulo coss., prætextatum immolasse ad tibicinem foculo posito. Scripsit et Sulla dictator, ab exercitu se quoque donatum apud Nolam, legatum bello marsico. Idque etiam in villa sua Tusculana, quæ fuit postea Ciceronis, pinxit. Quod si verum est, hoc exsecrabiliorem eum dixerim, quandoquidem eam capiti suo proscriptione sua ipse detraxit, tanto paucioribus civium servatis, quam postea

maines rien qui soit au dessus d'un pareil honneur. Ce ne fut pas lorsqu'il eut sauvé Minutius, général de la cavalerie, et son corps d'armée: les troupes qu'il avait délivrées préférèrent lui décerner un titre nouveau en le saluant du nom de père. Cet hommage glorieux lui fut déféré lorsque Annibal eut été chassé de l'Italie. C'est la seule couronne qui jamais ait été posée sur la tête d'un citoyen par la patrie elle-même, et, ce qui la distingue de toutes les autres, c'est la seule qui ait été décernée par l'Italie entière.

Du seul centurion qui en ait été honoré.

VI. 6. Outre les personnages que je viens de citer, M. Calpurnius Flamma, tribun militaire en Sicile, obtint encore l'honneur de cette couronne. Parmi les centurions, un seul jusqu'à présent en a été décoré; ce fut Cn. Petreius, dans la guerre des Cimbres, sous Catulus. La légion dont il commandait la première compagnie avait été enveloppée; il exhortait les soldats à se faire jour à travers le camp des ennemis; le tribun hésitait, il le tua et dégagea sa légion. Je trouve dans les auteurs que, de plus, il sacrifia, revêtu de la prétexte, et au son de la flûte, en présence des consuls Marius et Catulus. Le dictateur Sylla, dans ses mémoires, dit que cette couronne lui fut déférée par l'armée, près de Nole, lorsqu'il était lieutenant dans la guerre des Marses. Il fit même peindre cet évènement dans sa maison de Tusculum, qui, depuis, appartint à Cicéron. Si ce fait est vrai, Sylla n'en est que plus exécrable, puisqu'il se l'est arrachée lui-même par ses proscriptions. Pour quelques citoyens sauvés alors, combien il en égorgea

occisis. Addat etiamnum huic gloriæ superbum cognomen Felicem, ipse tamen obsessis in toto orbe proscriptis, hac corona Sertorio cessit. Æmilianum quoque Scipionem Varro auctor est donatum obsidionali in Africa, Manilio consule, cohortibus servatis, totidemque ad servandas eas eductis : quod et statuæ ejus in foro suo divus Augustus subscripsit. Ipsum Augustum M. Cicerone filio consule idibus septembris senatus obsidionali donavit. Adeo civica non satis videbatur. Nec præterea quemquam hac invenimus donatum.

Medicinæ ex reliquis coronamentis.

VII. Nullæ ergo herbæ fuere certæ in hoc honore : sed quæcumque fuerant in periculi sede, quamvis ignobiles ignotæque, honorem nobilem faciebant : quod latere apud nos minus quidem miror, cernens negligi ea quoque, quæ ad valetudinem conservandam, cruciatusque corporis propulsandos, et mortem arcendam pertinent. Sed quis non mores jure castiget? Addidere vivendi pretia deliciæ luxusque. Numquam fuit cupido vitæ major, nec minor cura. Aliorum hanc operæ esse credimus : ne mandato quidem nostro alios id agere, medicisque provisum esse pro nobis. Ipsi fruimur voluptatibus, et (quo nihil equidem probrosius duco) vivimus aliena fiducia. Immo vero plerisque ultro etiam

dans la suite! Qu'il ajoute à cette gloire le titre superbe d'heureux; en fermant l'univers aux proscrits, il a cédé lui-même cette couronne à Sertorius. Varron rapporte que la couronne obsidionale fut décernée à Scipion Émilien, en Afrique, sous le consul Manilius, lorsqu'il eut sauvé plusieurs cohortes à l'aide d'un nombre égal de soldats. Ce fait a été consigné au bas de la statue qu'Auguste lui fit élever dans son forum. Le sénat l'accorda à Auguste lui-même, aux ides de septembre, sous le consulat de M. Cicéron, fils de l'orateur : tant la couronne civique paraissait insuffisante! Après ceux que je viens de nommer, je ne trouve plus personne qui ait obtenu cet honneur.

Remèdes tirés des autres plantes à couronnes.

VII. Cette couronne se faisait indistinctement avec toutes sortes d'herbes. Prises à l'endroit même du danger, quoique viles, quoique inconnues, elles procuraient cet honneur suprême. Je suis moins étonné que ces détails soient ignorés parmi nous, quand je vois qu'on a la même indifférence pour les choses qui servent à conserver la santé, à calmer les douleurs, à repousser la mort. Eh! qui ne s'indignerait contre les mœurs du siècle? Le luxe et les délices ont donné plus de prix à la vie; jamais on ne l'aima avec plus de passion, jamais on ne négligea tant les moyens de la conserver. Nous croyons que c'est l'affaire des autres, qu'ils s'en occupent même sans nos ordres, et que les médecins y ont pourvu. Nous ne nous en fions qu'à nous-mêmes pour les plaisirs, et, ce qui me paraît le comble de la honte, nous vivons sur la foi d'autrui. En ce moment même,

irrisui sumus ista commentantes, atque frivoli operis arguimur: magno, quamquam immensi laboris, solatio, sperni cum rerum natura : quam certe non defuisse nobis docebimus, et invisis quoque herbis inseruisse remedia : quippe quum medicinas dederit etiam aculeatis. Hæc enim proxime restant ex his, quas priore libro nominavimus, in quibus ipsis providentiam naturæ satis mirari, amplectique non est. Dederat, quas diximus, molles cibisque gratas. Pinxerat remedia in floribus, visuque ipso animos invitaverat, etiam deliciis auxilia permiscens. Excogitavit aliquas aspectu hispidas, tactu truces, ut tantum non vocem ipsius fingentis illas, rationemque reddentis exaudire videamur, ne se depascat avida quadrupes, ne procaces manus rapiant, ne neglecta vestigia obterant, ne insidens ales infringat : his muniendo aculeis telisque armando, remediis ut tuta ac salva sint. Ita hoc quoque, quod in iis odimus, hominum causa excogitatum est.

Erynge, sive eryngion.

VIII. 7. Clara in primis aculeatarum erynge est, sive eryngion, contra serpentes et venena omnia nascens. Adversus ictus morsusque radix ejus bibitur drachmæ

beaucoup de gens tournent mes travaux en ridicule; ils les accusent de frivolité : mais, quelque peine qu'ils me coûtent, c'est une grande consolation pour moi de partager ce dédain avec la nature. Je montrerai du moins que sa bonté pour nous ne s'est jamais démentie, et qu'elle a placé des remèdes jusque dans les plantes qui nous sont odieuses, puisqu'elle a donné des vertus médicinales même à celles qui sont hérissées de piquans. Ce sont en effet ces dernières dont il nous reste à parler après celles que nous avons nommées dans le livre précédent. Ici nous ne pouvons assez admirer et comprendre la prévoyance de la nature : elle avait fait les premières douces au toucher, et agréables au goût; elle avait peint les remèdes dans les fleurs; elle nous avait attirés par le plaisir des yeux, en mêlant des secours salutaires aux sensations les plus délicieuses. Elle en a imaginé d'autres dont l'aspect est rebutant, et qu'on ne peut toucher impunément. Il me semble l'entendre elle-même donner des raisons de sa conduite, et nous dire: Je n'ai pas voulu qu'elles fussent broutées par un avide quadrupède, enlevées par des mains indiscrètes, foulées par des pas portés au hasard, rompues par des oiseaux qui viendraient s'y reposer; ces dards et ces pointes dont elles sont armées les sauvent et les conservent pour guérir vos maux. Ainsi, ce qu'on trouve de choquant dans ces plantes est encore un bienfait de la nature pour l'homme.

Erynge ou eryngium.

VIII. 7. Parmi les végétaux garnis de piquans, il n'en est point de plus recommandable que l'*erynge* ou *eryngium*; c'est un antidote contre la morsure des ser-

pondere in vino : aut si plerumque tales injurias comitatur et febris, ex aqua. Illinitur plagis, peculiariter efficax contra chersydros ac ranas. Omnibus vero contra toxica et aconita efficaciorem Heraclides medicus, in jure anseris decoctam, arbitratur. Apollodorus adversus toxica cum rana decoquit, ceteri in aqua. Ipsa dura, fruticosa, spinosis foliis, caule geniculato, cubitali, et majore aliquando, alia albicans, alia nigra, radice odorata, et sativa quidem est. Sed et sponte nascitur in asperis et saxosis : et in litoribus maris, durior, nigriorque, folio apii.

Centumcapita, xxx.

IX. 8. Ex his candidam nostri centumcapita vocant. Omnes ejusdem effectus, caule et radice in cibos Græcorum receptis utroque modo, sive coquere libeat, sive cruda vesci. Portentosum est, quod de ea traditur : radicem ejus alterutrius sexus similitudinem referre, raram inventu : sed si viris contigerit mas, amabiles fieri. Ob hoc et Phaonem Lesbium dilectum a Sappho. Multæ circa hoc non magorum solum vanitates, sed etiam py-

pens, et contre toutes sortes de venin. Sa racine se prescrit, à la dose d'une drachme dans du vin, pour les plaies venimeuses, et dans de l'eau, s'il y a de la fièvre, comme il arrive presque toujours en pareils accidens. On l'applique sur les blessures, et principalement contre le venin des crapauds et des reptiles amphibies. Le médecin Héraclide l'ordonne, cuite dans un bouillon d'oie, comme le meilleur remède contre l'aconit et les autres poisons. Apollodore, dans le même cas, la fait cuire dans un bouillon de grenouille; d'autres, dans de l'eau. Cette plante est dure; elle a le port d'un arbrisseau, les feuilles piquantes, la tige noueuse; elle est haute d'une coudée, et quelquefois plus. Il y en a deux espèces, l'une blanche et l'autre noire; toutes deux ont la racine odorante. On la cultive dans les jardins; elle croît naturellement dans les lieux rudes et rocailleux. Sur les bords de la mer, on en trouve une troisième espèce, plus dure, plus noire, et dont les feuilles ressemblent à celles de l'ache.

Trente remèdes fournis par le centumcapita.

IX. 8. L'*eryngium* blanc est appelé par les Latins *centumcapita*, l'herbe à cent têtes. Toutes les espèces d'*eryngium* ont les mêmes propriétés. En Grèce, les tiges et les racines, cuites ou crues, sont employées comme alimens. On raconte de l'*eryngium* blanc des choses qui tiennent du prodige. Sa racine, qu'on trouve rarement, a la figure des parties naturelles de l'homme ou de la femme. Si un homme trouve une racine mâle, c'est une espèce de talisman qui le fait aimer : voilà pourquoi Sapho devint si éperdûment éprise de Phaon de Lesbos. Les auteurs de

thagoricorum. Sed in medico usu præter supra dicta auxiliatur inflationibus, torminibus, cordis vitiis, stomacho, jocineri, præcordiis in aqua mulsa, lieni in posca. Item ex mulsa renibus, stranguriæ, opisthotonicis spasmis, lumbis, hydropicis, comitialibus, mulierum mensibus, sive subsidant, sive abundent, vulvarumque omnibus vitiis. Extrahit infixa corpori cum melle. Strumas, parotidas, panos, recedentes ab ossibus carnes sanat cum axungia salsa, et cerato: item fracturas. Crapulam præsumpta arcet, alvum sistit. Aliqui e nostris sub solstitio colligi eam jussere. Ex aqua cælesti imponi omnibus cervicis vitiis. Oculorum quoque albugines sanare adalligatam tradiderunt.

De acano, 1.

X. 9. Sunt qui et acanon eryngio adscribant, spinosam brevemque, ac latam herbam, spinisque latioribus. Hanc impositam, sanguinem mire sistere.

l'école des mages, et les pythagoriciens eux-mêmes, ont débité à ce sujet mille rêveries. Quant aux usages médicinaux de cette plante, outre les propriétés dont nous avons parlé, elle est un bon remède, prise dans de l'eau miellée, pour les flatuosités et les douleurs de ventre, pour les maladies du cœur, de l'estomac, du foie et des autres viscères ; avec de l'oxycrat, elle est bonne pour la rate. On la prescrit dans de l'eau miellée pour les maux de reins, la strangurie, les rétractions spasmodiques de la tête ou opisthotones, les douleurs des lombes, l'hydropisie, l'épilepsie, la suppression ou l'écoulement immodéré des règles, et enfin pour toutes les maladies de la matrice. Appliquée avec du miel, elle fait sortir les corps étrangers des plaies. Avec de la graisse salée et du cérat, elle guérit les écrouelles, les parotides, les tumeurs inflammatoires, les fractures, et les cas où la chair se sépare des os. Prise avant de boire, elle prévient l'ivresse. Elle arrête aussi le cours de ventre. Quelques auteurs latins veulent qu'on la cueille aux environs du solstice d'été, et qu'on l'applique, avec de l'eau de pluie, pour toutes les douleurs du cou. Enfin, on prétend que, placée sur les yeux, elle en dissipe les taies.

Acanum, 1.

X. 9. L'*acanos*, dont quelques auteurs ont fait une espèce d'*eryngion*, est une plante épineuse, basse, assez étalée et à larges piquans. Appliquée extérieurement, elle est, dit-on, excellente pour arrêter les hémorrhagies.

De glycyrrhiza, sive adipso, xv.

XI. Alii eryngen falso eamdem putaverunt esse et glycyrrhizam, quare subjungi eam protinus refert. Et ipsa sine dubio inter aculeatas est, foliis echinatis, pinguibus, tactuque gumminosis, fruticosa, binum cubitorum altitudine, flore hyacinthi, fructu pilularum platani magnitudinis. Præstantissima in Cilicia, secunda Ponto, radice dulci; et hæc tantum in usu. Capitur ea Vergiliarum occasu, longa ceu vitium : coloris buxei melior, quam nigra : quæque lenta, quam quæ fragilis. Usus in subditis decoctæ ad tertias, cetero ad mellis crassitudinem, aliquando et tusæ : quo genere et vulneribus imponitur, et faucium vitiis omnibus. Item voci utilissimo succo : sic ut spissatus est, linguæ subdito. Item thoraci, jocineri. Hac diximus sitim famemque sedari. Ob id quidam adipson appellavere eam, et hydropicis dedère, ne sitirent. Ideo et commanducata stomatice est, et ulceribus oris inspersa sæpe, et pterygiis. Sanat et vesicæ scabiem, renum dolores, condylomata, ulcera genitalium. Dedere eam quidam potui in quartanis, drachmarum duarum pondere, et pipere, hemina aquæ. Commanducata sanguinem ex vulnere sistit. Sunt et qui calculos ea pelli tradiderunt.

Quinze remèdes tirés de la réglisse ou adipsos.

XI. D'autres auteurs ont pris mal à propos la réglisse pour une espèce d'*eryngion;* voilà pourquoi nous allons en parler ici. La réglisse appartient sans contredit à la classe des plantes épineuses, car ses feuilles sont grasses, gluantes et hérissées de piquans. Elle a le port d'un arbrisseau, et s'élève à la hauteur de deux coudées. Elle a la fleur semblable à celle de l'hyacinthe, et le fruit de la grosseur de celui du platane. La plus estimée est celle de Cilicie, et ensuite celle du Pont. Sa racine est douce; c'est la seule partie employée en médecine. On la recueille au coucher des Pléiades. Elle est longue comme celle de la vigne. Celle qui est jaune comme le buis est préférable à la noire, et celle qui est flexible à celle qui est cassante. On emploie sa décoction faite dans de l'eau jusqu'à réduction à un tiers, quelquefois jusqu'à ce qu'elle ait acquis la consistance du miel; ou bien on la pile pour l'appliquer sur les plaies, et pour tous les maux de gorge. Son suc, épaissi et tenu sous la langue, est très-bon pour la voix, et aussi pour le foie et la poitrine. Nous avons dit ailleurs que cette racine apaisait la faim et la soif; aussi quelques auteurs l'appellent *adipsos*, et la prescrivent aux hydropiques pour prévenir la soif. Mâchée ou appliquée en poudre à plusieurs reprises, elle guérit les ulcères de la bouche et fait tomber les pellicules membraneuses des yeux. Elle guérit encore les aspérités de la vessie, les douleurs de reins, les condylomes et les ulcères des parties génitales. Quelques médecins l'ordonnent en breuvage pour la fièvre quarte, à la dose de deux drachmes dans une hémine d'eau, avec un peu de poivre. Mâchée et ap-

Tribuli genera, II; medicinæ, XII.

XII. 10. Tribuli unum genus in hortis nascitur, alterum in fluminibus tantum. Succus ex his colligitur ad oculorum medicinas. Est enim refrigerantis naturæ, et ideo utilis contra inflammationes collectionesque. Ulcera per se erumpentia, et præcipue in ore, cum melle sanat: item tonsillas. Potus calculos frangit. Thraces, qui ad Strymona habitant, foliis tribuli equos saginant: ipsi nucleo vivunt, panem facientes prædulcem, et qui contrahat ventrem. Radix caste pureque collecta, discutit strumas. Semen adalligatum, varicum dolores sedat: tritum vero, et in aquam sparsum, pulices necat.

Stœbe.

XIII. 11. Stœbe, quam aliqui pheon vocant, decocta in vino, præcipue auribus purulentis medetur: item oculis ictu cruentatis: hæmorrhagiæ quoque et dysenteriæ infusa.

Hippophyes genera, II; medicinæ, II.

XIV. 12. Hippophyes in sabulosis maritimisque nascitur, spinis albis. Ederæ modo racemosa est, candidis, et ex parte rubentibus acinis. Radix succo madet, qui

pliquée sur une blessure, elle arrête l'hémorrhagie. Enfin on prétend qu'elle expulse les calculs de la vessie.

Des deux espèces de tribulus ; remèdes, 12.

XII. 10. Des deux espèces de *tribulus*, l'une croît dans les jardins, l'autre ne se trouve que dans les rivières. On en tire un suc qui s'emploie pour les maladies des yeux, car il est rafraîchissant, et par conséquent très-bon contre les inflammations et les fluxions de ces organes. Appliqué avec du miel, il guérit les ulcères spontanés, et surtout ceux de la bouche et des amygdales. Pris en breuvage, il brise les pierres de la vessie. Les Thraces qui habitent les bords du Strymon engraissent leurs chevaux avec les feuilles de tribulus. Avec l'amande, ils font un pain très-agréable au goût, et qui resserre le ventre. La racine, cueillie par une personne chaste et pure, guérit les écrouelles. La graine, appliquée sur les varices, en apaise la douleur; broyée et mêlée dans l'eau, elle fait mourir les puces.

Stœbe.

XIII. 11. Le *stœbe*, appelé par d'autres *pheos*, cuit dans du vin, est un bon remède pour les flux purulens de l'oreille, et pour le sang extravasé dans les yeux par quelque contusion. En injection ou en lavement, il est utile pour les hémorrhagies et la dysenterie.

Hippophyes : ses deux espèces; des deux remèdes qu'on en tire.

XIV. 12. L'*hippophyes* croît dans les sables et sur les bords de la mer ; cette plante a les piquans blancs, et produit, comme le lierre, des grappes dont les grains

aut per se conditur, aut pastillis farinæ. Hæc bilem detrahit obolo ponderis, saluberrime cum mulso. Est altera hippophyes, sine caule, sine flore, foliis tantum minutis. Hujus quoque succus hydropicis mire prodest. Debent accommodatæ esse et equorum naturæ, neque ex alia causa nomen accepisse. Quippe quædam animalium remediis nascuntur, locupleti divinitate ad generanda præsidia : ut non sit mirari satis ingenium ejus, disponentis auxilia in genera, in causas, in tempora, ut aliis prosit aliud horis, diesque nullus prope sine præsidiis reperiatur.

Urtica; medicinæ, LXI.

XV. 13. Urtica quid esse invisius potest? At illa præter oleum, quod in Ægypto ex ea fieri diximus, vel plurimis scatet remediis. Semen ejus cicutæ contrarium esse Nicander adfirmat : item fungis et argento vivo. Apollodorus et salamandris cum jure decoctæ testudinis. Item adversari hyoscyamo, et serpentibus, et scorpionibus. Quin illa ipsa amaritudo mordax, uvas in ore, procidentesque vulvas, et infantium sedes, tactu resilire cogit : lethargicos expergisci, tactis cruribus, magisque fronte. Eadem canis morsibus addito sale medetur. San-

sont blancs et rouges en partie. La racine fournit un suc que l'on emploie seul, ou en trochisques avec de la farine. A la dose d'une obole, elle évacue la bile, surtout avec du vin miellé. Il y a une autre espèce d'hippophyes qui ne produit ni tige ni fleurs, mais seulement de petites feuilles. Le suc de cette dernière est excellent dans l'hydropisie. Au reste, ces deux plantes doivent être fort utiles pour les chevaux, comme leur nom paraît l'indiquer; car il est certain que la nature, dont le fonds est si riche et si varié, a étendu sa prévoyance sur les animaux, et a créé pour eux des remèdes particuliers. Peut-on assez admirer la sagesse qu'elle montre dans la distribution de ses secours, dans leurs espèces différentes, leurs causes, leurs effets, et les époques où il faut les employer ! car elles ne sont pas les mêmes pour tous, et il n'y a presque point de jour où l'on ne puisse recourir à un remède particulier.

Soixante-un remèdes fournis par l'ortie.

XV. 13. Quelle plante plus odieuse que l'ortie? mais, sans parler de l'huile que l'on en fait en Égypte, elle a des propriétés sans nombre. Sa graine, selon Nicandre, combat les mauvais effets de la ciguë, des champignons vénéneux et du vif-argent. Apollodore la prescrit, avec du bouillon de tortue, contre la jusquiame, et contre le venin des salamandres, des serpens et des scorpions. L'ortie, par son amertume mordicante, rétablit la situation des parties, et guérit les relâchemens de la luette, les chutes de la matrice, et celles de l'anus chez les enfans. Elle réveille les léthargiques si l'on en frotte les jambes, ou mieux encore le front des malades. Appli-

guinem trita naribus indita sistit, et magis radice. Carcinomata et sordida ulcera, sale admixto : item luxata sanat, et panos, parotidas, carnesque ab ossibus recedentes. Semen potum cum sapa, vulvas strangulantes aperit, et profluvia narium sistit impositum. Vomitiones in aqua mulsa sumptum a cena faciles præstat, duobus obolis : uno autem in vino poto lassitudines recreat. Vulvæ vitiis tostum, acetabuli mensura : potum in sapa resistit stomachi inflationibus. Orthopnoicis prodest cum melle : et thoracem purgat eodem ecligmate. Et lateri medetur cum semine lini. Addunt hyssopum et piperis aliquid. Illinitur lieni. Difficilem ventrem tostum cibo emollit. Hippocrates vulvam purgari poto eo pronuntiat. Dolore levari tosto acetabuli mensura, dulci poto, et imposito cum succo malvæ. Intestinorum animalia pelli cum hydromelite et sale. Defluvia capitis semine illito cohonestari. Articulariis morbis et podagricis plurimi cum oleo vetere, aut folia cum ursino adipe trita imponunt. At eadem radix tusa cum aceto non minus utilis : item lieni. Et cocta in vino discutit panos, cum axungia vetere salsa. Eadem psilothrum est sicca.

quée avec du sel, elle guérit la morsure des chiens. Broyée et introduite dans les narines, elle en arrête l'hémorrhagie; mais, dans ce cas, sa racine est préférable. On l'applique encore avec du sel sur les chancres, les ulcères sordides, les luxations, les tumeurs inflammatoires, les parotides, et lorsque les chairs se séparent des os. La graine, prise avec du vin cuit, remédie aux suffocations de la matrice, et introduite dans le nez, en arrête les hémorrhagies. Prise à la dose de deux oboles dans de l'eau miellée, après le souper, elle rend le vomissement facile; à la dose d'une obole dans du vin, elle dissipe les lassitudes. Pour les maladies de la matrice, on la prescrit, rôtie, à la mesure d'un acétabule; et, dans du vin cuit, pour les gonflemens d'estomac; avec du miel, elle soulage les asthmatiques et favorise l'expectoration; avec de la graine de lin, elle apaise les douleurs de côtés: on y ajoute quelquefois de l'hyssope et un peu de poivre; en liniment, elle est bonne pour la rate; mangée rôtie, elle lâche le ventre. Suivant Hippocrate, la graine d'ortie, prise en breuvage, purge la matrice; elle en apaise les douleurs si on la donne rôtie, dans du vin doux, à la mesure d'un acétabule, et si on l'applique en pessaire avec du suc de mauve; avec de l'hydromel et du sel, c'est un bon vermifuge; en cataplasme, elle fait renaître les cheveux tombés. Plusieurs en forment, avec de vieille huile, un topique pour la goutte des pieds et des mains; ils emploient aussi les feuilles broyées avec de la graisse d'ours. La racine, pilée et appliquée avec du vinaigre, n'est pas moins utile; cuite dans du vin et incorporée avec de la vieille graisse salée, elle résout les tumeurs érysipélateuses; sèche, c'est un bon dépilatoire.

Condidit laudes ejus Phanias physicus, utilissimam cibis coctam conditamve professus arteriæ, tussi, ventris destillationi, stomacho, panis, parotidibus, pernionibus : cum oleo sudorem, coctam cum conchyliis ciere alvum: cum ptisana pectus purgare, mulierumque menses : cum sale, ulcera quæ serpant cohibere. Succo quoque in usu est. Expressus illitusque fronti, sanguinem narium sistit : potus urinam ciet, calculos rumpit : uvam gargarizatus reprimit. Semen colligi messibus oportet. Alexandrinum maxime laudatur. Ad omnia hæc et mitiores quidem teneræque efficaces, sed præcipue silvestris illa, et amplius lepras e facie tollit, in vino pota. Si quadrupes fetum non admittat, urticâ naturam fricandam monstrant.

Lamium, VII.

XVI. 14. Ea quoque, quam lamium inter genera earum appellavimus, mitissima, et foliis non mordentibus, medetur cum mica salis contusis, incussisque, inustis, et strumis, tumoribus, podagris, vulneribus. Album habet in medio folio, quod ignibus sacris medetur. Quidam e nostris tempore discrevere genera. Autumnalis urticæ radicem alligatam in tertianis, ita ut

Le physicien Phanias a vanté les vertus de l'ortie. Suivant lui, cette plante, cuite ou confite, est un aliment très-sain et bon pour l'estomac. Elle calme la toux, rend la respiration libre, arrête le dévoiement, guérit les tumeurs érysipélateuses, les parotides et les engelures. Cuite dans l'huile, elle provoque la sueur; avec des coquillages, elle lâche le ventre; avec de l'orge mondé, elle purge la poitrine et provoque le flux menstruel; avec du sel, elle arrête les ulcères rongeans. Le suc d'ortie a aussi ses usages en médecine. Si l'on s'en frotte le front, il arrête l'hémorrhagie nasale. Pris en boisson, il provoque l'urine et brise les calculs; en gargarisme, il raffermit la luette relâchée. On doit recueillir la graine d'ortie pendant la moisson. Celle d'Alexandrie est la plus estimée. Au reste, ce sont les orties les plus douces et les plus tendres qui ont le plus de vertus, surtout l'ortie sauvage, qui, prise dans du vin, guérit en outre la lèpre du visage. Enfin, quand les quadrupèdes refusent de s'accoupler, on les y excite en leur frottant les parties naturelles avec de l'ortie.

Remèdes tirés du lamium, 7.

XVI. 14. Parmi les diverses espèces d'orties, celle que nous avons appelée *lamium* est la plus douce de toutes, car ses feuilles n'ont pas de piquans. On l'applique avec un grain de sel sur les contusions, les meurtrissures, les brûlures, les écrouelles, les tumeurs, les parties malades de la goutte, et les plaies. La partie blanche du milieu de la feuille est bonne pour l'érysipèle. Des auteurs latins distinguent les espèces d'orties, suivant les saisons de chacune. Ainsi la racine de l'ortie d'automne,

ægri nuncupentur, quum eruitur ea radix, dicaturque cui, et quorum filio eximatur, liberare morbo tradiderunt. Hoc idem et contra quartanas pollere. Iidem urticæ radice addito sale, infixa corpori extrahi. Foliis cum axungia strumas discuti : vel si suppuraverint, erodi complerique.

Scorpionis genera, II; medicina, I.

XVII. 15. Ex argumento nomen accepit scorpio herba. Semen enim habet ad similitudinem caudæ scorpionis, folia pauca. Valet et adversus animal nominis sui. Est et alia ejusdem nominis effectusque sine foliis, asparagi caule, in cacumine aculeum habens, et inde nomen.

Leucacantha, sive phyllos, sive ischias, sive polygonatos, IV.

XVIII. 16. Leucacantham alii phyllon, alii ischiada, alii polygonaton appellant, radice cyperi, quæ commanducata dentium dolores sedat. Item laterum, et lumborum, ut Hicesius tradit, semine poto drachmis octo, aut succo. Eadem ruptis, convulsis medetur.

Helxine, XII.

XIX. 17. Helxinen aliqui perdicium vocant, quoniam

portée en amulette, guérit la fièvre-tierce ou la fièvre-quarte, pourvu qu'en l'arrachant on ait eu soin de nommer la personne à qui on la destinait, et en même temps le père et la mère de cette personne. Ces auteurs ajoutent que la racine d'ortie, appliquée avec du sel, fait sortir des plaies les corps étrangers; que les feuilles, incorporées avec de la graisse, dissipent les écrouelles, ou les rongent si elles sont en suppuration, et y font renaître de nouvelle chair.

Des deux espèces de scorpio; remède, 1.

XVII. 15. Le *scorpio* ne produit qu'un petit nombre de feuilles. Cette plante doit son nom à la forme de sa graine, qui ressemble à la queue d'un scorpion; elle en guérit aussi les piqûres. On connaît encore une autre plante de ce nom qui a la même propriété; cette dernière n'a point de feuilles: sa tige est semblable à celle de l'asperge, et se termine par un aiguillon, ce qui lui a fait donner le nom de scorpion.

Du leucacantha ou phyllos, autrement ischias ou polygonatos, 4.

XVIII. 16. Le *leucacantha*, appelé aussi *phyllos*, *ischias* et *polygonatos*, a la racine semblable à celle du *cyperus*. Mâchée, cette racine apaise le mal de dents. Suivant Hicesius, la graine à la dose de huit drachmes, ou bien le suc pris intérieurement, soulagent les douleurs des côtés et des lombes. Cette plante est bonne encore pour les dislocations et les ruptures.

De l'helxine, 12.

XIX. 17. L'*helxine*, appelé autrement *sideritis* ou

perdices ea præcipue vescantur. Alii sideritin, nonnulli parthenium. Folia habet mixtæ similitudinis plantagini et marrubio, cauliculos densos, leviter rubentes, semina in capitibus lappaceis adhærentia vestibus : unde et helxinem dictam volunt. Sed nos qualis vera esset helxine, diximus priore libro. Hæc autem inficit lanas, sanat ignes sacros, et tumores, collectionesque omnes, et adusta. Panos succus cum psimmythio, et guttura incipientia turgescere. Item veterem tussim cyatho hausto, et omnia in humido, sicut tonsillas, et varices, cum rosaceo. Imponitur et podagris cum caprino sevo, ceraque cypria.

Perdicium, sive parthenium, quæ urceolaris, sive astericum, XI.

XX. Perdicium sive Parthenium (nam sideritis alia est) a nostris herba urceolaris vocatur, ab aliis astericum, folio similis ocimo, nigrior tantum, nascens in tegulis, parietinisque. Medetur cum mica salis trita iisdem omnibus, quibus lamium, et eodem modo : item vomicæ, calfacto succo potu. Sed contra ulcera, rupta, lapsusque, et præcipitia, aut vehiculorum eversiones, singularis. Verna carus Pericli Atheniensium principi, quum is in arce templum adificaret, repsissetque super altitudinem fastigii, et inde cecidisset, hac herba dicitur

parthenium, est encore nommé *perdicium* par quelques auteurs, parce que les perdrix font de cette plante leur principale nourriture. Ses feuilles ressemblent à la fois à celles du plantain et du marrube. Ses tiges sont serrées et légèrement rouges. Ses graines, comme celles du *lappa*, s'accrochent aux habits, ce qui lui a fait donner le nom d'*helxine;* mais, dans le livre précédent, nous avons donné les caractères du véritable helxine. Celui dont nous parlons sert à teindre les laines. Il guérit les érysipèles, les brûlures, les tumeurs et les dépôts de toute espèce. Son suc, appliqué avec de la céruse, résout les tumeurs inflammatoires et les goîtres naissans. Pris à la dose d'un cyathe, il guérit les toux invétérées. En liniment avec de l'huile rosat, il est bon pour les inflammations des amygdales, les varices et les tumeurs des parties humides; avec du suif de chèvre et de la cire de Chypre, il forme un bon topique pour la goutte des pieds.

Du perdicium, parthenium, urcéolaire ou astericum, 11.

XX. Le *perdicium* ou *parthenium* est appelé par les Latins *urcéolaire*, et quelquefois *astericum* (le *sideritis* est une plante toute différente). L'*urcéolaire* a les feuilles semblables à celles de l'ocimum, mais il est plus noir. Il croît sur les toits et les murailles. Broyé et appliqué avec un grain de sel, il opère comme le lamium, et convient aux mêmes maladies. Son suc, avalé chaud, est un bon remède pour les abcès intérieurs; mais on l'emploie encore pour les ulcères, les ruptures, les chutes, lorsqu'on est tombé d'un lieu élevé, ou qu'on a été renversé d'un char. On dit qu'un jeune esclave fort aimé de Périclès, premier citoyen d'Athènes, étant tombé du faîte du temple de

sanatus, monstrata Pericli somnio a Minerva. Quare Parthenium vocari cœpta est, adsignaturque ei deæ. Hic est vernula, cujus effigies ex ære fusa est, et nobilis ille Splanchnoptes.

Chamæleon, sive ixias, sive ulophyton, sive cynozolon: genera ejus, II; medicinæ, XII.

XXI. 18. Chamæleonem aliqui ixiam vocant. Duo genera ejus. Candidior asperiora folia habet : serpit in terra, echini modo spinas erigens, radice dulci, odore gravissimo. Quibusdam in locis viscum gignit album sub alis foliorum, maxime circa Canis ortum, quo modo thura nasci dicuntur : unde et ixia appellatur. Hoc, ut mastiche, utuntur mulieres. Quare et chamæleon vocetur, varietate foliorum evenit. Mutat enim cum terra colores, hic niger, illic viridis, aliubi cyaneus, aliubi croceus, atque aliis coloribus.

Ex his candidus hydropicos sanat succo radicis decoctæ. Bibitur drachma in passo. Pellit et interaneorum animalia acetabuli mensura succi ejusdem, in vino austero, cum origani scopis. Facit ad difficultatem urinæ. Hic succus occidit et canes suesque in polenta. Addita aqua et oleo contrahit in se mures ac necat, nisi pro-

Minerve, que l'on construisait alors dans la citadelle, fut guéri par le secours de cette plante, que la déesse avait montrée en songe à Périclès. Dès-lors, cette même plante fut consacrée à Minerve, et nommé *parthenium*. Cet esclave, dont on a fait la statue en bronze, est le fameux Splanchnoptès.

Des deux espèces de caméléon, ixias, ulophyton ou cynozolon ; remèdes, 12.

XXI. 18. Le *caméléon* est nommé par quelques auteurs *ixias*. Il y en a deux espèces, le noir et le blanc : celui-ci a les feuilles très-rudes ; il rampe à terre, élevant ses pointes comme un hérisson. Sa racine est douce au goût, mais elle a une odeur très-forte. En certains lieux, et surtout vers le commencement de la Canicule, il produit, comme on dit que fait l'encens, une espèce de glu blanche, qui s'amasse dans l'aisselle des feuilles, ce qui l'a fait nommer ixias. Les femmes l'emploient aux mêmes usages que le mastic. Les couleurs diverses de ses feuilles lui ont fait donner le nom de caméléon ; elles varient, en effet, suivant les terrains : tantôt noires, tantôt vertes, quelquefois bleues, quelquefois jaunes, ou d'une autre couleur encore.

Le suc de la racine cuite du caméléon blanc guérit l'hydropisie : on en fait prendre une drachme dans du vin cuit. A la dose d'un acétabule, dans du gros vin où l'on a fait bouillir de l'origan, il tue les vers intestinaux. C'est encore un bon remède pour la strangurie. Ce même suc, mêlé à la farine d'orge, fait périr les chiens et les pourceaux ; mêlé avec de l'eau et de l'huile, il tue les rats, à moins qu'ils ne boivent sur-le-champ

tinus aquam sorbeant. Radicem ejus aliqui concisam servari jubent funiculis pendentem, decoquuntque in cibo contra fluxiones, quas Græci rheumatismos vocant.

Ex nigris aliqui marem dixere, cui flos purpureus esset : et feminam, cui violaceus. Uno nascuntur caule cubitali, crassitudine digitali. Radicibus earum lichenes curantur, cum sulphure et bitumine una coctis : commanducatis vero dentes mobiles, aut in aceto decoctis. Succo scabiem etiam quadrupedum sanant. Et ricinos canum necant : juvencos quoque anginæ modo. Quare a quibusdam ulophyton vocatur, et cynozolon, propter gravitatem odoris. Ferunt et hæc viscum ulceribus utilissimum. Omnium autem generum eorum radices scorpionibus adversantur.

Coronopus.

XXII. 19. Coronopus oblonga herba est cum fissuris. Seritur interim, quoniam radix cœliacis præclare facit in cinere tosta.

Anchusa, XIV.

XXIII. 20. Et anchusæ radix in usu est, digitali crassitudine. Finditur papyri modo : manusque inficit sanguineo colore : præparat lanas pretiosis coloribus. Sanat ulcera in cerato, præcipue senum : item adusta.

de l'eau pure. Quelques-uns coupent la racine de la plante par morceaux, qu'ils enfilent pour les laisser sécher : ils les font manger cuits pour les fluxions que les Grecs nomment catarrhes.

Quant au caméléon noir, le mâle, selon quelques auteurs, a les fleurs pourpres, et la femelle les a violettes. L'un et l'autre n'ont qu'une seule tige, haute d'une coudée et grosse comme le doigt. Leurs racines, cuites avec du soufre et du bitume, s'appliquent avantageusement sur les dartres ; mâchées ou cuites dans le vinaigre, elles raffermissent les dents. Leur suc guérit la gale des bestiaux, et tue la tique des chiens ; mais il fait périr les jeunes bœufs, en leur causant l'esquinancie : c'est ce qui l'a fait nommer par quelques-uns *ulophyton*, et *cynozolon*, à cause de sa mauvaise odeur. Le caméléon noir fournit aussi une espèce de glu excellente pour les ulcères. Au reste, les racines de toutes les espèces sont salutaires contre la piqûre des scorpions.

Coronopus.

XXII. 19. Le *coronopus* est une herbe à feuilles oblongues et découpées. On la cultive dans quelques jardins, parce que sa racine, cuite sous la cendre, est un excellent remède contre le flux de ventre.

De l'anchusa (orcanette), 14.

XXIII. 20. On emploie aussi la racine de l'*anchusa;* elle est de la grosseur du doigt, et se divise en feuillets comme le papyrus. Elle colore les mains en rouge : aussi fournit-elle pour les laines une teinture précieuse. Avec du cérat, elle guérit les brûlures et les ulcères,

Liquari non potest in aqua : oleo dissolvitur : idque sinceræ experimentum est. Datur et ad renum dolores drachma ejus potui in vino : aut si febris sit, in decocto balani. Item in jocinerum vitiis, et lienis, et bile suffusis. Lepris et lentigini illinitur ex aceto. Folia trita cum melle et farina, luxatis imponuntur : et pota drachmis duabus in mulso alvum sistunt. Pulices necare radix in aqua decocta traditur.

Pseudoanchusa, sive echis, sive doris, III.

XXIV. Est et alia similis, pseudoanchusa ob id appellata, a quibusdam vero echis, aut doris, et multis aliis nominibus : lanuginosior, et minus pinguis, tenuioribus foliis et languidioribus. Radix in oleo non fundit rubentem succum : et hoc ab anchusa discernitur. Contra serpentes efficacissima potu foliorum, vel seminis. Folia ictibus imponuntur. Virus serpentium fugat. Bibitur et propter spinam. Folium ejus sinistra decerpi jubent magi, et cujus causa sumatur dici, tertianisque febribus adalligari.

surtout des vieillards. Le suc de cette racine ne se dissout pas dans l'eau, mais seulement dans l'huile; c'est une épreuve sûre pour distinguer le véritable. On la donne, à la dose d'une drachme dans du vin, pour les douleurs de reins, ou dans une décoction de *balanus* s'il y a de la fièvre, comme aussi dans les obstructions du foie ou de la rate, ou dans la jaunisse. On l'applique, avec du vinaigre, sur les gales et les taches de rousseur. Ses feuilles, broyées avec du miel et de la farine, forment un bon topique pour les luxations. Prises au poids de deux drachmes dans du vin miellé, elles arrêtent le cours de ventre. Enfin, la décoction de cette racine dans l'eau tue les puces.

De la fausse anchuse, echis ou doris, 3.

XXIV. On connaît une autre plante qui ressemble beaucoup à l'*anchusa*, et qu'on appelle pour cette raison *pseudoanchusa*. D'autres la nomment *echis* ou *doris*, et de bien d'autres noms encore. Elle est plus cotonneuse, moins grasse, et a les feuilles plus minces et plus faibles. La racine, mise dans l'huile, ne rend point de suc rouge; c'est ce qui la distingue de la véritable anchuse. Ses feuilles ou sa graine, prises en breuvage, sont un remède des plus efficaces contre la morsure des serpens. Ses feuilles s'appliquent sur la plaie, et en font sortir le venin. On la prescrit aussi en breuvage pour les douleurs de l'épine du dos. Les auteurs de l'école des mages veulent qu'on cueille les feuilles de cette plante de la main gauche, et qu'on nomme le malade à qui on les destine; portées en amulette, elles guérissent les fièvres-tierces.

Onochilon, sive archebion, sive onocheli, sive rhexia, sive enchrysa, xxx.

XXV. 21. Est et alia herba proprio nomine onochiles, quam aliqui anchusam vocant, alii arcebion, alii onochelim, aliqui rhexiam, multi enchrysam, parvo frutice, flore purpureo, asperis foliis et ramis, radice messibus sanguinea, cetero nigra, in sabulosis nascens, efficax contra serpentes, maximeque viperas, et radice et foliis, æque cibo ac potu. Vires habet messibus. Folia trita odorem cucumeris reddunt. Datur in cyathis tribus vulva procidente. Pellit et tineas cum hyssopo. Et in dolore renum aut jocineris ex aqua mulsa, si febris sit : sin aliter, ex vino bibitur. Lentigini ac lepris radix illinitur. Habentes eam, a serpentibus feriri negantur. Est et alia huic similis flore rubro, minor, et ipsa ad eosdem usus. Traduntque commanducata ea, si inspuatur, mori serpentem.

De anthemide, sive leucanthemide, sive chamæmelo, sive melanthio : genera, III ; medicinæ, XI.

XXVI. Anthemis magnis laudibus celebratur ab Asclepiade. Aliqui leucanthemida vocant, alii leucanthemum, alii eranthemon, quoniam vere floreat : alii chamæme-

De l'onochilon, archebion, onocheli, rhexia ou enchrysa, 30.

XXV. 21. Il y a une autre plante connue particulièrement sous le nom d'*onochiles*, mais que quelques auteurs ont appelée *anchusa*, d'autres *arcebion*, ou *onochelis*, ou *rhexia*, plusieurs encore *enchrysa*. Ses tiges sont petites, ses fleurs pourpres, ses rameaux et ses feuilles rudes; sa racine est rouge au temps de la moisson, et noire en tout autre temps. Elle croît dans les lieux sablonneux. Ses feuilles ou sa racine, mangées ou prises en breuvage, sont très-bonnes contre la morsure des serpens, et principalement de la vipère. Sa vertu est plus grande dans le temps de la moisson. Ses feuilles, froissées, rendent une odeur de concombre. On l'ordonne, à la dose de trois cyathes, pour les chutes de matrice; avec de l'hyssope, elle fait mourir les vers. Dans les douleurs de reins ou de foie, on la prend dans de l'eau miellée s'il y a de la fièvre; et, s'il n'y en a pas, dans du vin. On applique la racine sur les gales et les taches de rousseur. Quand on la porte sur soi, elle préserve, dit-on, de la morsure des serpens. Il est encore une autre plante à fleurs rouges qui ressemble à celle-ci: on l'emploie aux mêmes usages; mais on prétend qu'en la mâchant et en crachant sur un serpent, on le fait périr aussitôt.

Des trois espèces d'anthemis, leucanthemis, chamæmelon, melanthion; remèdes, 11.

XXVI. L'*anthemis* est une plante dont Asclépiade vante extrêmement les vertus. Quelques-uns l'appellent *leucanthemis* ou *leucanthemum*; d'autres, *eranthemon*,

lon, quoniam odorem mali habeat. Nonnulli melanthemon vocant. Genera ejus tria flore tantum distant, palmum non excedentia, parvisque floribus, ut rutæ, candidis, aut melinis, aut purpureis. In macro solo, aut juxta semitas colligitur vere, et in coronamenta reponitur. Eodem tempore et medici folia tusa in pastillos digerunt : item florem et radicem. Dantur omnia mixta drachmæ unius pondere, contra serpentium omnium ictus. Pellit mortuos partus : item menstrua in potu, et urinam, calculosque. Inflationes, jocinerum vitia, bilem suffusam, ægilopia commanducata, ulcerum eruptiones manantes sanat. Ex omnibus his generibus ad calculos efficacissima est, quæ florem purpureum habet : cujus et foliorum et fruticis amplitudo majuscula est. Hanc proprie quidam eranthemon vocant.

Lotos herba, IV.

XXVII. Loton qui arborem putant tantum esse, vel Homero auctore coargui possunt. Is enim inter herbas subnascentes deorum voluptati, loton primam nominavit. Folia ejus cum melle, oculorum cicatrices, argema, nubeculas discutiunt.

parce qu'elle fleurit au printemps ; d'autres, *chamæmelon*, parce qu'elle a une odeur de pomme ; d'autres, enfin, *melanthemon*. Il y en a trois espèces qui ne diffèrent que par la fleur ; aucune n'a plus d'un palme de hauteur. Les fleurs sont petites, comme celles de la rue, blanches, jaunes ou pourpres. Cette plante croît dans les terrains maigres et sur les bords des chemins. On la cueille au printemps pour en faire des couronnes. Les médecins alors pilent ses feuilles pour en former des trochisques ; ils emploient indistinctement la fleur et la racine. Toutes les parties de la plante, mêlées et prises à la dose d'une drachme, sont utiles contre la morsure de toute espèce de serpent. On l'ordonne, en breuvage, pour faire sortir le fœtus mort dans la matrice, pour provoquer les règles et les urines, et pour expulser les calculs de la vessie. Mâchée, elle guérit les maladie du foie, les épanchemens de bile, l'ægilops, et les ulcères en pleine suppuration. De toutes les espèces d'anthemis, la plus efficace contre les calculs est celle qui a la fleur rouge, et la tige ainsi que les feuilles un peu plus grandes. C'est celle que l'on désigne aussi proprement sous le nom d'eranthemum.

Du lotos, herbe, 4.

XXVII. Ceux qui croient que le *lotos* ne peut être qu'un arbre, sont dans l'erreur : il est facile de les en convaincre par le témoignage d'Homère lui-même, qui, en nommant les herbes qui croissent pour le plaisir des dieux, cite le lotos tout le premier. Ses feuilles, appliquées avec du miel, guérissent les ulcères des yeux, ceux de l'iris, et dissipent les nuages qui offusquent la vue.

Lotometra, II.

XXVIII. Est et lotometra, quæ fit ex loto sata, ex cujus semine, simillimo porri, fiunt panes in Ægypto a pastoribus, maxime aqua vel lacte subacto. Negatur quidquam illo pane salubrius esse, aut levius, dum caleat : refrigeratus difficilius concoquitur, fitque ponderosus. Constat eos qui illo vivant, nec dysenteria, nec tenesmo, neque aliis morbis ventris infestari. Itaque inter remedia eorum habetur.

Heliotropion, genera, II. Helioscopium, sive verrucaria, XIII. Tricoccon, sive scorpiurum, XIV.

XXIX. Heliotropii miraculum sæpius diximus, cum sole se circumagentis, etiam nubilo die : tantus sideris amor est : noctu velut desiderio contrahi cæruleum florem. Genera ejus duo : tricoccum, et helioscopium.

Hoc altius (quamquam utrumque semipedalem altitudinem non excedit), ab ima radice ramosum. Semen in folliculo messibus colligitur. Nascitur non nisi in pingui solo, cultoque maxime : tricoccum ubique. Si decoquatur, invenio cibis placere : et in lacte jucundius alvum molliri : et si decocti succus bibatur, efficacissime exinaniri. Majoris succus excipitur æstate, hora sexta : miscetur cum vino, sic firmior. Capitis dolores sedat,

Du lotometra, 2.

XXVIII. Le *lotometra* est une plante produite de la graine du *lotos*. Sa semence ressemble à celle du millet, et les pâtres d'Égypte en font du pain, en pétrissant la farine avec de l'eau ou du lait. On dit que c'est, de tous les pains, le plus sain et le plus léger quand il est chaud; quand il est froid, il est pesant et plus difficile à digérer. Il est constant que ceux qui s'en nourrissent n'éprouvent jamais ni dysenterie, ni ténesme, ni aucun autre mal de ventre : aussi passe-t-il pour être un bon remède contre toutes ces maladies.

L'héliotrope; ses deux espèces. De l'helioscopium ou verrucaire, 13. Du tricoccum ou scorpiure, 14.

XXIX. Nous avons souvent parlé de l'héliotrope, cette plante extraordinaire qui, par une sorte d'inclination sympathique, se tourne toujours vers le soleil, même par un temps couvert, et qui renferme sa fleur bleue pendant la nuit, comme si elle regrettait l'absence de cet astre. On en connaît deux espèces, le *tricoccum* et l'*helioscopium*.

Tous deux n'ont pas plus d'un demi-pied de hauteur, mais le dernier est le plus grand. Il pousse des tiges de l'extrémité même de sa racine. Sa graine, renfermée dans une sorte de bourse ou follicule, se recueille au temps de la moisson. Il ne vient que dans les terrains gras, et surtout dans ceux qui sont cultivés, au lieu que le tricoccum vient partout. On prétend qu'il est bon à manger cuit; qu'il lâche doucement le ventre si on le fait cuire avec du lait, et que sa décoction est un puissant purgatif. Le suc de l'helioscopium se recueille en

rosaceo admixto. Verrucas cum sale tollit succus e folio : unde nostri verrucariam herbam appellavere, aliis cognominari effectibus digniorem. Namque et serpentibus, et scorpionibus resistit, ex vino aut aqua mulsa, ut Apollophanes, et Apollodorus tradunt. Folia infantium destillationibus, quod siriasin vocant, illita medentur. Item contractionibus, etiam si id comitialiter accidat. Decocto quoque foveri os saluberrimum est. Potum id pellit tineas, et renum arenas. Si cuminum adjiciatur, calculos frangit. Decoqui cum radice oportet, quæ cum foliis et hircino sevo podagris illinitur.

Alterum genus, quod tricoccum appellavimus, et alio nomine scorpiuron vocatur, foliis non solum minoribus, sed etiam in terram vergentibus. Semen ei est effigie scorpionis caudæ : quare ei nomen. Vis ad omnia venenata et phalangia : sed contra scorpiones præcipue illita. Non feriuntur habentes. Et si terram surculo heliotropii circumscribat aliquis, negant scorpionem egredi. Imposita vero herba, aut uda omnino respersum, protinus mori. Seminis grana quatuor pota, quartanis prodesse dicuntur; tria vero tertianis : vel si herba ipsa ter circumlata subjiciatur capiti. Semen et Vene-

été, à la sixième heure. Pour le mieux conserver, on y mêle du vin. Avec de l'huile rosat, il apaise les douleurs de tête. Le suc des feuilles, appliqué avec du sel, emporte les verrues : voilà pourquoi les Latins ont appelé cette herbe *verrucaria*, quoiqu'elle pût être désignée plus noblement, si l'on considère ses autres propriétés. Suivant Apollophane et Apollodore, si on la prend dans de l'eau miellée et du vin, elle neutralise le venin des serpens et des scorpions. Ses feuilles, appliquées en liniment, guérissent les fluxions des enfans, ou siriasis, et sont utiles pour les contractions nerveuses, fussent-elles même causées par l'épilepsie. La décoction est très-salutaire à ceux qui s'en lavent la bouche ; en breuvage, elle chasse les vers intestinaux, et expulse le gravier des reins ; prise avec du cumin, elle dissout les calculs de la vessie. La plante cuite, avec sa racine et ses feuilles, s'applique avantageusement, avec du suif de bouc, sur les parties affligées de la goutte.

L'autre espèce d'héliotrope, que nous avons nommée tricoccum, et qui s'appelle encore *scorpiuron*, diffère de la première par ses feuilles plus petites et penchées vers la terre. Sa graine, d'ailleurs, a la forme d'une queue de scorpion, d'où lui est venu ce dernier nom. Cette herbe, appliquée en liniment, neutralise le venin de l'araignée-phalange et de tous les insectes malfaisans, mais principalement du scorpion, qui ne pique même pas ceux qui la portent sur eux. Si l'on trace avec l'héliotrope un cercle autour de l'animal, il n'ose en sortir; il meurt sur-le-champ si on le couvre de la plante même, ou si on l'arrose avec de l'eau où elle ait été macérée. Quatre grains de la semence, avalés dans de l'eau, guérissent la fièvre-quarte; trois grains suffisent pour la

rem stimulat. Cum melle panos discutit. Et verrucas hoc utique heliotropium radicitus extrahit, et excrescentia in sedibus. Spinæ quoque ac lumborum sanguinem corruptum trahit illitum semen, et potum, in jure gallinacei decoctum, aut cum beta et lente. Cortex seminis liventibus colorem reddit. Magi heliotropium quartanis quater, in tertianis ter alligari jubent ab ipso ægro, precarique eum, soluturum se nodos liberatum, et ita facere non exempta herba.

De callitricho, sive adianto, sive trichomane, sive polytricho, sive saxifraga : genera II ; medicinæ, XXVIII.

XXX. Aliud adianto miraculum : æstate viret, bruma non marcescit : aquas respuit, perfusum mersumve sicco simile est : tanta dissociatio deprehenditur : unde et nomen a Græcis : alioqui frutici topiario. Quidam callitrichon vocant, alii polytrichon, utrumque ab effectu. Tingit enim capillum : et ad hoc decoquitur in vino cum semine apii, adjecto oleo copiose, ut crispum densumque faciat : defluere autem prohibet. Duo ejus genera : candidius, et nigrum breviusque. Id quod majus est, polytrichon : aliqui, trichomanes vocant. Utrique ramuli nigro colore nitent, foliis filicis : ex quibus in-

fièvre-tierce; ou bien, après avoir promené la plante trois fois autour du malade, on la met sous le chevet du lit. La graine du tricoccum provoque à l'amour; avec du miel, elle dissipe les tumeurs inflammatoires. L'héliotrope guérit encore les excroissances de chair à l'anus, et emporte les verrues. La graine, en liniment, fait sortir le sang corrompu des lombes ou de l'épine du dos; on la prend aussi cuite dans un bouillon de poulet, ou avec des bettes ou des lentilles. L'écorce de la plante fait disparaître les traces des meurtrissures. Suivant les auteurs de l'école des mages, l'héliotrope guérit la fièvre-tierce et la fièvre-quarte, si le malade, sans arracher la plante, y fait trois nœuds dans le premier cas, et quatre dans le second, en promettant de les défaire quand il sera rétabli.

Des deux espèces de callitrichos; adianton ou trichomanes, autrement polytrichos ou saxifrage; remèdes, 28.

XXX. L'*adianton* n'est pas une plante moins singulière sous d'autres rapports: il est vert en été, et ne se flétrit point en hiver. Son antipathie pour l'eau est telle, qu'étant arrosé, ou même plongé dans ce liquide, il paraît toujours sec: cette propriété lui a valu le nom qu'il porte en grec; du reste, il a le port d'un arbrisseau de parterre. Quelques-uns l'appellent *callitrichos* ou *polytrichos*, dénominations relatives à ses vertus, car il empêche les cheveux de tomber et il les noircit. Pour cet effet, on le fait cuire dans du vin avec de la graine d'ache, en y ajoutant beaucoup d'huile, pour qu'il rende la chevelure épaisse et crépue. On en connaît deux espèces, le blanc et le noir; celui-ci est le plus petit, le blanc est le plus grand: c'est le polytrichos proprement dit, ou *trichomanes*. L'un et

feriora aspera ac fusca sunt : omnia autem contrariis pediculis densa inter se ex adverso : radix nulla. Umbrosas petras, parietumque aspergines, ac fontium maxime specus sequitur : et saxa manantia, quod miremur, quum aquas non sentiat. Calculos e corpore mire pellit, frangitque, utique nigrum. Qua de causa potius quam quod in saxis nasceretur, a nostris saxifragum appellatum crediderim. Bibitur e vino, quantum terni decerpsere digiti. Urinam cient. Serpentium et araneorum venenis resistunt. In vino decocti alvum sistunt. Capitis dolores corona ex his sedat. Contra scolopendræ morsus illinuntur, crebro auferendi, ne perurant : hoc et in alopeciis. Strumas discutiunt, furfuresque in facie, et capitis manantia ulcera. Decoctum ex his prodest suspiriosis, et jocineri, et lieni, et felle suffusis, et hydropicis. Stranguriæ illinuntur, et renibus cum absinthio. Secundas cient, et menstrua.

Sanguinem sistunt ex aceto, aut rubi succo poti. Infantes quoque exulcerati perunguntur ex iis cum rosaceo et vino prius. Folium in urina pueri impubis, tritum quidem cum aphronitro, et illitum ventri mulierum, ne rugosus fiat, præstare dicitur. Perdices et gallinaceos

l'autre ont les feuilles semblables à celles de la fougère, et attachées à de petits rameaux d'un noir brillant. Elles sont rudes et brunes en dessous, mais toutes opposées l'une à l'autre et serrées sur le même rang. Cette plante n'a pas de racines; elle croît sur les rochers ombragés, dans les murailles humides, et surtout dans les grottes où il y a des fontaines, ce qui est singulier dans une herbe si antipathique pour l'eau. L'adianton, et principalement le noir, s'emploie avec succès contre les calculs, qu'il brise même dans la vessie : aussi est-ce plutôt à cause de cette vertu que les Latins l'ont appelé saxifrage, que parce qu'il croît dans les rochers. On en fait prendre dans du vin autant qu'on en peut saisir avec trois doigts. Les deux espèces poussent les urines, neutralisent le venin des serpens et des araignées. Cuites dans du vin, elles arrêtent les diarrhées. Une couronne d'adianton apaise le mal de tête. On applique la plante sur la morsure des scolopendres; mais il faut la changer souvent, car elle deviendrait caustique. On l'emploie aussi pour l'alopécie. Elle dissipe les écrouelles, les dartres du visage et les ulcères humides de la tête. Sa décoction est utile dans l'asthme, dans les maladies du foie et de la rate, dans la jaunisse et l'hydropisie. En liniment avec de l'absinthe, elle est bonne pour la strangurie et les maux de reins. Elle provoque les règles et fait sortir l'arrière-faix.

Prise avec du vinaigre ou du suc de ronce, elle arrête les hémorrhagies. Avec de l'huile rosat, on en fait un onguent pour les écorchures des enfans, après les avoir lavées d'abord avec du vin. La feuille, broyée avec de l'aphronitrum dans de l'urine d'un jeune enfant, et appliquée sur le ventre d'une femme, empêche, dit-on, qu'il

pugnaciores fieri putant, in cibum eorum additis: pecorique esse utilissimos.

De picride, I. Thesium, I.

XXXI. 22. Picris ab insigni amaritudine cognominatur, ut diximus: rotundo folio. Tollit eximie verrucas.

Thesium quoque non dissimili amaritudine est: sed purgat alvum: in quem usum teritur ex aqua.

Asphodelum, LI.

XXXII. Asphodelum de clarissimis herbarum, quam heroneon aliqui appellaverunt, Hesiodus et in silvis nasci dixit. Dionysius, marem ac feminam esse. Defectis corporibus et phthisicis constat bulbos ejus cum ptisana decoctos, aptissime dari: panemque ex his cum farina subactis, saluberrimum esse. Nicander et contra serpentes ac scorpiones, vel caulem, quem anthericon vocavimus, vel semen, vel bulbos dedit in vino tribus drachmis: substravitque somno contra hos metus. Datur et contra venenata marina, et contra scolopendras terrestres. Cochleæ mire in Campania caulem eum persequuntur, et sugendo arefaciunt. Folia quoque illinuntur venenatorum vulneribus ex vino. Bulbi nervis articulisque cum polenta tusi illinuntur. Prodest et concisis ex aceto lichenas fricare: item ulceribus putrescentibus

ne se ride. Enfin, l'adianton, mêlé dans la nourriture des coqs et des perdrix, les rend plus hardis au combat. On prétend encore qu'il est très-bon aux troupeaux.

De la picris, 1. Du thesium, 1.

XXXI. 22. La *picris*, comme nous l'avons dit, doit son nom à sa grande amertume. Elle a la feuille ronde, et la propriété spéciale d'emporter les verrues.

Le *thesium* n'est pas moins amer; mais on l'emploie comme purgatif après l'avoir broyé dans de l'eau.

De l'asphodèle, 51.

XXXII. L'asphodèle, appelé aussi *heroneon*, est une des plantes les plus connues; Hésiode dit qu'elle croît aussi dans les bois. Dionysius la distingue en mâle et en femelle. Il est sûr que ses bulbes, cuites avec de l'orge mondé, conviennent très-bien dans le marasme et la phthisie, et que le pain où on les mêle, en les pétrissant avec de la farine, est très-salutaire. Nicandre prescrivait ou la tige, que nous avons nommée *anthericon*, ou la graine, ou bien les bulbes, à la dose de trois drachmes dans du vin, contre la morsure des serpens et la piqûre des scorpions. Il faisait mettre cette plante sous le chevet du lit, pour éloigner ces animaux dangereux. On l'emploie encore contre le venin de quelques animaux marins et des scolopendres terrestres. Dans la Campanie, les escargots sont très-friands de cette plante, qu'ils sucent et font périr sur pied. Les feuilles s'appliquent, avec du vin, sur les plaies venimeuses. Les bulbes, broyées avec du gruau, s'appliquent également sur les nerfs et les articulations.

ex aqua imponere : mammarum quoque et testium inflammationibus. Decocti in fæce vini, oculorum epiphoris supposito linteolo medentur. Fere in quocumque morbo magis decoctis medici utuntur. Item ad tibiarum tetra ulcera, rimasque corporum quacumque in parte, farina arefactorum. Autumno autem colliguntur, quum plurimum valent. Succus quoque tusis expressus aut decoctis utilis fit corporis dolori, cum melle : idem odorem corporis jucundum affectantibus, cum iri arida et salis exiguo. Folia etiam supra dictis medentur, et strumis, panis, ulceribus in facie, decocta in vino. Cinis e radice alopecias emendat, et rimas pedum. Decoctæ radicis in oleo succus, perniones et ambusta. Et ad gravitatem aurium infunditur : a contraria aure in dolore dentium. Prodest et urinæ pota modice radix, et menstruis, et lateris doloribus : item ruptis, convulsis, tussibus, drachmæ pondere in vino pota. Eadem et vomitiones adjuvat commanducata. Semine sumpto turbatur venter.

Chrysermus et parotidas in vino decocta radice curavit : item strumas, admixta cachry ex vino. Quidam aiunt, si imposita radice pars ejus in fumo suspenda-

On frotte les dartres avec ces mêmes bulbes hachées dans le vinaigre. On les met en cataplasme, avec de l'eau, sur les ulcères putrides et les tumeurs inflammatoires des mamelles et des testicules. Cuites dans de la lie de vin, et appliquées comme collyre dans un petit linge, elles guérissent les fluxions des yeux. Dans presque tous les cas, elles valent mieux cuites. Pulvérisées, elles sont utiles pour les ulcères malins des jambes et les crevasses de la peau, en quelque endroit du corps qu'elles puissent se former. On les recueille en automne, c'est la saison où elles ont le plus de force. Le suc exprimé des bulbes cuites ou pilées, et mêlé avec du miel, est bon pour les douleurs du corps; il forme une essence agréable si l'on y joint de la poudre d'iris et un peu de sel. Les feuilles sont utiles dans tous les cas précités; cuites dans du vin, elles guérissent les écrouelles, les tumeurs érysipélateuses et les ulcères du visage. Les cendres de la racine sont employées dans l'alopécie et pour les crevasses des pieds. Le suc de cette même racine cuite dans l'huile est excellent pour les engelures et les brûlures; on l'injecte dans les oreilles pour la surdité. Il apaise le mal de dents, mais alors on applique le remède à l'oreille, du côté opposé à la douleur. La décoction de la racine, à faible dose, provoque les urines, le flux menstruel, et guérit les douleurs de côtés. Prise avec du vin, au poids d'une drachme, elle est bonne pour la toux, les ruptures et les spasmes; mâchée, elle facilite le vomissement. La graine, prise intérieurement, cause de grandes agitations d'entrailles.

Chryserme employait la racine, cuite dans du vin, pour les parotides; il y joignait le *cachrys* pour guérir les écrouelles. Quelques auteurs prétendent que si, après

tur, quartoque die solvatur, una cum radice arescere strumam. Sophocles ad podagras utroque modo, cocta crudaque, usus est. Ad perniones decoctam ex oleo dedit, et suffusis felle in vino, et hydropicis. Venerem quoque concitari cum vino et melle perunctis, aut bibentibus tradidere. Xenocrates et lichenas, psoras, lepras, radice in aceto decocta, tolli dicit. Item si cocta sit cum hyoscyamo et pice liquida alarum quoque et feminum vitia: et capillum crispiorem fieri, raso prius capite, si radice ea fricetur. Simus lapides renum in vino decocta atque pota eximit. Hippocrates semen ejus ad impetus lienis dari censet. Jumentorum quoque ulcera ac scabiem, radix illita, aut decoctæ succus ad pilum reducit. Mures etiam eadem fugantur, caverna præclusa moriuntur.

Alimon, XIV.

XXXIII. Asphodelum ab Hesiodo quidam alimon appellari existimavere, quod falsum arbitror. Est enim suo nomine alimon, non parvi et ipsum erroris inter auctores. Alii enim fruticem esse dicunt densum, candidum, sine spina, foliis oleæ, sed mollioribus: coqui autem hæc ciborum gratia. Radix tormina discutit,

avoir appliqué la racine sur les écrouelles, on en met sécher une partie à la fumée pendant quatre jours, les écrouelles sècheront en même temps que cette portion de racine. Sophocle l'employait également, cuite ou crue, dans la goutte ; il l'ordonnait, cuite dans l'huile, pour les engelures, et dans du vin, pour la jaunisse et l'hydropisie. Cette racine, appliquée en liniment ou prise avec du vin et du miel, passe encore pour exciter aux plaisirs de l'amour. Suivant Xénocrate, cuite dans le vinaigre, elle emporte les dartres, la lèpre et la gale. On la fait cuire avec de la jusquiame et de la poix liquide, pour la mauvaise odeur des cuisses et des aisselles. Elle rend la chevelure plus fournie et plus épaisse, si l'on s'en frotte la tête après l'avoir fait raser. Simus la prescrit, cuite dans du vin, pour expulser les calculs des reins. Hippocrate ordonne la graine d'asphodèle pour les obstructions de la rate. La racine, appliquée à l'extérieur, ou bien le suc qu'on en exprime, après l'avoir fait cuire, est très-utile pour faire renaître le poil sur les parties du corps des animaux qui ont eu des gales ou des ulcères. Enfin, elle chasse les rats; et si l'on en met une à l'entrée de leur trou, ils y périssent.

De l'alimon, 14.

XXXIII. Quelques auteurs ont cru qu'Hésiode nommait l'asphodèle *alimon ;* je pense qu'ils se sont trompés. L'alimon est une espèce particulière, et sur laquelle les botanistes sont loin d'être d'accord. Les uns en font un arbrisseau touffu, blanc, sans épines, à feuilles semblables à celles de l'olivier, mais plus molles, et qu'on mange cuites. Ils ajoutent que sa racine, prise à la dose

drachmæ pondere in aqua mulsa pota : item convulsa, et rupta. Alii olus maritimum esse dixere salsum, et inde nomen, foliis in rotunditatem longis, laudatum in cibis. Duorum præterea generum, silvestre, et mitius : utrumque prodesse dysentericis etiam exulceratis cum pane, stomacho vero ex aceto. Ulceribus vetustis illini crudum, et vulnerum recentium impetus leniri, et luxatorum pedum ac vesicæ dolores. Silvestri tenuiora folia, sed in eisdem remediis effectus majores, et in sananda hominum ac pecorum scabie. Præterea nitorem corpori fieri; dentibusque candorem, si fricentur radice ea. Semine linguæ subdito sitim non sentiri. Hoc quoque mandi, et utraque etiam condiri. Cratevas tertium quoque genus tradidit, longioribus foliis et hirsutioribus, odore cupressi : nasci sub edera maxime : prodesse opisthotonis, contractionibus nervorum, tribus obolis in sextarium aquæ.

Acanthos, sive pæderos, sive melamphyllos, v.

XXXIV. Acanthi, topiariæ et urbanæ herbæ, elato longoque folio, crepidines marginum, adsurgentiumque pulvinorum toros vestientis, duo genera sunt : aculea-

d'une drachme dans de l'eau miellée, apaise les tranchées, et convient dans les ruptures et les contractions nerveuses. Les autres prétendent que c'est une sorte de légume à feuilles longues et arrondies, qui croît sur les bords de la mer, et qui a le goût du sel, ce qui lui a fait donner son nom; du reste, il est bon à manger. Ils en distinguent deux espèces, l'une sauvage, l'autre cultivée. Toutes deux, mangées avec du pain, guérissent la dysenterie, quand même les intestins seraient ulcérés. Avec du vinaigre, elles fortifient l'estomac. On les applique crues sur les ulcères invétérés, pour apaiser l'inflammation des plaies récentes, pour calmer les douleurs de la vessie et guérir les luxations des pieds. L'alimon sauvage, qui a les feuilles plus petites, agit, dit-on, plus efficacement pour toutes ces maladies, et particulièrement pour la gale de l'homme ou des bestiaux. Avec la racine, on se frotte la peau pour la rendre nette et polie, et les dents pour les blanchir. La graine, tenue sous la langue, prévient la soif. L'alimon sauvage est usité comme aliment : les deux espèces, d'ailleurs, se mangent aussi confites. Cratevas en établit une troisième qui a les feuilles plus longues et plus hérissées, et une odeur de cyprès; elle croît de préférence sous le lierre. On la donne, à la dose de trois oboles dans un setier d'eau, pour l'opisthotone et les contractions de nerfs.

De l'acanthe, pæderos ou melamphyllos, 5.

XXXIV. L'acanthe est une plante urbaine, et qui sert à l'embellissement des jardins; ses feuilles sont droites et longues : on en fait des bordures autour des bassins, et des carreaux de parterres. On en distingue

tum et crispum, quod brevius : alterum læve, quod aliqui pæderota vocant, alii melamphyllum. Hujus radices ustis luxatisque mire prosunt : item ruptis, convulsis, et phthisin metuentibus incoctæ cibo, maxime ptisana. Podagris quoque illinuntur tritæ et calefactæ calidis.

Bupleuron, v.

XXXV. Bupleuron in sponte nascentium olerum numero Græci habent, caule cubitali, foliis multis longisque, capite anethi, laudatum in cibis ab Hippocrate : in medicina a Glaucone, et Nicandro. Semen contra serpentes valet. Folia ad secundas feminarum, vel succum ex vino illinunt : et strumis folia cum sale et vino. Radix contra serpentes datur in vino, et urinæ ciendæ.

Buprestis, I.

XXXVI. Buprestim magna inconstantia Græci in laudibus ciborum etiam habuere : iidemque remedia tamquam contra venenum prodiderunt. Et ipsum nomen indicio est boum certe venenum esse, quos dissilire degustata fatentur. Quapropter nec de hac plura dicemus. Est vero causa, quare venena monstremus inter

deux espèces : l'une est épineuse et frisée ; c'est la plus petite : l'autre est lisse, et s'appelle aussi *pæderos* ou *melamphyllum*. La racine de celle-ci est excellente pour les brûlures et les luxations. Mangée cuite, surtout avec de l'orge mondé, elle convient dans les ruptures, les tiraillemens de nerfs, et à ceux qui craignent la phthisie. Broyée et appliquée chaude, elle est bonne pour la goutte accompagnée d'inflammation.

Du bupleuron, 5.

XXXV. Le *bupleuron* est mis par les Grecs au nombre des légumes qui croissent sans culture. Sa tige est haute d'une coudée ; ses feuilles sont longues et nombreuses ; ses têtes sont semblables à celles de l'aneth. Hippocrate l'estime comme aliment ; Glaucon et Nicandre vantent ses vertus médicinales. Sa graine est bonne contre la morsure des serpens. Le suc des feuilles, ou les feuilles mêmes appliquées avec du vin, font sortir l'arrière-faix ; avec du vin et du sel, elles guérissent les écrouelles. La racine, prise dans du vin, est utile contre la morsure des serpens, et provoque les urines.

De la buprestis, 1.

XXXVI. Les Grecs regardent la *buprestis* comme un aliment agréable ; et, par une inconséquence étonnante, ils proposent des remèdes contre cette plante, comme si elle était vénéneuse ; du moins il est certain, de l'avis des Grecs et comme son nom l'indique assez, qu'elle est un poison pour les bœufs, qui périssent dès qu'ils en ont goûté. Ainsi, nous n'entrerons pas sur la buprestis dans de plus grands détails. En effet, pour-

gramineas coronas, nisi libidinis causa expetenda alicui videtur, quam non aliter magis accendi putant, quam pota ea.

Elaphoboscon, IX.

XXXVII. Elaphoboscon ferulaceum est, geniculatum digiti crassitudine, semine corymbis dependentibus, silis effigie, sed non amaris, foliis olusatri : et hoc laudatum in cibis. Quippe etiam conditum prorogatur ad urinam ciendam, lateris dolores sedandos, rupta, convulsa sananda, inflationes discutiendas, colique tormenta. Contra serpentium omniumque aculeatorum ictus. Quippe fama est, hoc pabulo cervos resistere serpentibus. Fistulas quoque radix nitro addito illita sanat. Siccanda autem in eos usus prius est, ne succo suo madeat, qui contra serpentium ictus non facit eam deteriorem.

Scandix, X. Anthriscus, II.

XXXVIII. Scandix quoque in olere silvestri a Græcis ponitur, ut Opion et Erasistratus tradunt. Item decocta alvum sistit. Semine singultus confestim ex aceto sedat. Illinitur ambustis, urinas ciet. Decoctæ succus prodest stomacho, jocineri, renibus, vesicæ. Hæc est, quam

quoi parlerions-nous de poisons en traitant des couronnes graminées? Peut-être cependant voudrait-on connaître cette plante pour la faire servir aux plaisirs de l'amour, car sa décoction passe pour un aphrodisiaque des plus puissans.

De l'élaphoboscon, 9.

XXXVII. L'*elaphoboscon* est une plante férulacée, noueuse, et de la grosseur du doigt. Sa graine pend en grappes comme celle du sili, mais elle n'est point amère. Ses feuilles ressemblent à celles de l'olusatrum. On estime l'elaphoboscon comme aliment; on le garde confit pour s'en servir lorsqu'il faut provoquer les urines, apaiser les douleurs de côtés, guérir les ruptures et les contractions nerveuses, dissiper les gonflemens et les tranchées. C'est un bon remède contre la morsure des serpens et les piqûres de tous les insectes venimeux; aussi prétend-on que les cerfs n'ont rien à redouter des serpens en mangeant de cette plante. Sa racine, appliquée avec du nitre, guérit les fistules. On doit la faire sécher avant de s'en servir, pour en enlever le suc, qui, du reste, ne la rend pas moins efficace contre la morsure des serpens.

Du scandix, 10. De l'anthriscus, 2.

XXXVIII. Le *scandix*, suivant Opion et Érasistrate, est mis aussi par les Grecs au rang des plantes sauvages employées comme aliment. Cuit, il arrête le flux de ventre. Sa graine, prise dans du vinaigre, fait cesser de suite les hoquets. Il s'applique aussi sur les brûlures. Il provoque les urines. Sa décoction est bonne pour

Aristophanes Euripidi poetæ objicit jocülariter, matrem ejus ne olus quidem legitimum venditasse, sed scandicem.

Eadem erat anthriscus, si tenuiora folia et odoratiora haberet. Peculiaris laus ejus, quod fatigato Venere corpori succurrit, marcentesque senio jam coitus excitat. Sistit profluvia alba feminarum.

Iasione, IX.

XXXIX. Et iasione olus silvestre habetur, in terra repens, cum lacte multo : florem fert candidum : concilium vocant. Et hujus eadem commendatio ad stimulandos coitus. Cruda ex aceto in cibo sumpta, mulieribus lactis ubertatem præstat. Salutaris est phthisin sentientibus. Infantium capiti illita, nutrit capillum, tenacioremque ejus cutem efficit.

Caucalis, XII.

XL. Estur et caucalis, feniculo similis, brevi caule, flore candido, cordi utilis. Succus quoque ejus bibitur, stomacho perquam commendatus, et urinæ, calculisque et arenis pellendis, et vesicæ pruritibus. Extenuat et lienis, jocineris, renumque pituitas. Semen menses feminarnm adjuvat, bilemqne a partu siccat. Datur et

l'estomac et pour les maladies du foie, des reins et de la vessie. C'est cette plante que désigne Aristophane lorsque, raillant le poète Euripide sur sa naissance, il lui reproche que sa mère n'a jamais vendu de véritables légumes, mais du scandix.

L'*anthriscus* ne différerait pas du scandix, s'il avait les feuilles plus menues et plus odorantes. Sa vertu spéciale est de ranimer ceux qui se sont épuisés par le commerce des femmes, et de rallumer dans les vieillards le goût du plaisir. Il arrête aussi les flueurs blanches.

De l'iasione, 4.

XXXIX. L'*iasione* est encore une sorte de légume sauvage. C'est une plante laiteuse et rampante. Sa fleur est blanche, et s'appelle *concilium*. Elle a aussi la propriété d'exciter aux plaisirs de l'amour. Mangée crue avec du vinaigre, elle fait venir le lait aux nourrices. Elle est très-bonne à ceux qui sont attaqués de la phthisie. Appliquée sur la tête des enfans, elle raffermit la peau et fait croître les cheveux.

Du caucalis, 12.

XL. Le *caucalis* est aussi usité comme aliment. Il ressemble au fenouil. Sa tige est courte, sa fleur blanche. Il passe pour un bon cordial. Son suc, pris intérieurement, fortifie l'estomac, provoque les urines, expulse les calculs et le gravier, et apaise les démangeaisons de la vessie. Il atténue le phlegme de la rate, du foie et des reins. La graine excite le flux menstruel, et purge la bile après l'accouchement. On la prescrit

contra profluvia genituræ viris. Chrysippus et conceptionibus eam putat conferre multum : bibitur in vino jejunis. Illinitur et contra venena marinorum, sicut Petrichus in carmine suo significat.

Sium, XI.

XLI. His adnumerant et sium, latius apio, in aqua nascens, pinguius, nigriusque, copiosum semine, sapore nasturtii. Prodest urinis, renibus, lienibus, mulierumque mensibus, sive ipsum in cibo sumptum, sive jus decocti, sive semen e vino drachmis duabus. Calculos rumpit, aquisque quæ gignunt eos, resistit. Dysentericis prodest infusum. Item illitum lentigini, et mulierum vitiis in facie noctu illitum, momentoque cutem emendat, et ramices lenit, equorum etiam scabiem.

Silybum.

XLII. Silybum, chamæleoni albo similem, æque spinosam, ne in Cilicia quidem, aut Syria, aut Phœnice, ubi nascitur, coquere tanti est : ita operosa ejus culina traditur. In medicina nullum usum habet.

Scolymon, sive limonion, v.

XLIII. Scolymon quoque in cibos recipit Oriens, et

aux hommes pour la gonorrhée. Chrysippe prétend que, prise à jeun dans du vin, elle favorise la conception. On l'applique sur les plaies faites par les animaux marins venimeux, comme Petrichus le dit dans son poëme.

Du sium, 11.

XLI. Au nombre des plantes comestibles, on range le *sium*, qui croît dans l'eau; il a les feuilles plus grandes que celles de l'ache, plus grasses et plus noires. Sa graine est abondante, son goût semblable à celui du cresson. Il est bon pour les maux des reins et de la rate, pour faire couler les urines et les menstrues, soit qu'on le mange simplement, soit qu'on en boive la décoction, ou la graine dans du vin, à la dose de deux drachmes. Il brise les calculs et tarit les humeurs dont ils sont formés. En lavement, il est utile dans la dysenterie; en liniment, pour les taches de rousseur; appliqué la nuit sur le visage d'une femme, il en nettoie la peau en quelques instans. On l'emploie aussi pour guérir les hernies, et la gale des chevaux.

Du silybum.

XLII. Le *silybum*, semblable au caméléon blanc, et également épineux, croît en Cilicie, en Syrie et en Phénicie; mais on ne l'admet point sur les tables, parce qu'il est trop difficile à apprêter: du reste, il n'est d'aucun usage en médecine.

Du scolymon ou limonium, 5.

XLIII. Le *scolymos* se mange dans l'Orient; on l'ap-

alio nomine limoniam appellat. Frutex est numquam cubitali altior, cristisque foliorum ac radice nigra, sed dulci : Eratostheni quoque laudata in pauperis cœna. Urinam ciere præcipue traditur : sanare lichenas et lepras ex aceto. Venerem stimulare in vino, Hesiodo et Alcæo testibus : qui florente ea cicadas acerrimi cantus esse, et mulieres libidinis avidissimas, virosque in coitum pigerrimos scripsere, velut providentia naturæ hoc adjumento tunc valentissimo. Item graveolentiam alarum emendat radicis emedullatæ uncia, in vini Falerni heminis tribus decocta ad tertias, et a balineo jejuno, itemque post cibum cyathis singulis pota. Mirum est, quod Xenocrates promittit experimento, vitium id ex alis per urinam effluere.

Sonchos, genera II; medicinæ XV.

XLIV. Estur et sonchos (ut quem Theseo apud Callimachum adponat Hecale), uterque, albus et niger : lactucæ similes ambo, nisi spinosi essent : caule cubitali, anguloso, intus cavo, sed qui fractus copioso lacte manet. Albus, qui e lacte nitor, utilis orthopnoicis lactucarum modo, ex embammate. Erasistratus calculos per urinam pelli eo monstrat, et oris graveolentiam

pelle aussi *limonia*. Il n'a jamais plus d'une coudée de hauteur. Les côtes de ses feuilles et sa racine sont noires, mais douces au goût. Suivant Ératosthène, c'est un des meilleurs alimens du pauvre. Sa principale vertu est de pousser les urines. Appliqué avec du vinaigre, il guérit les dartres et la lèpre. Il passe pour un puissant aphrodisiaque, au rapport d'Hésiode et d'Alcée, qui, avides de volupté, prétendent qu'à l'époque de sa floraison les cigales ont le chant plus fort, et que les femmes sont le plus amoureuses, tandis que les hommes sont le moins portés au plaisir : comme si la nature eût voulu ranimer l'ardeur de ceux-ci en leur présentant dans cette plante un secours qui n'est jamais plus efficace. Sa racine guérit la mauvaise odeur des aisselles : on en fait bouillir une once, sans moelle, dans trois hémines de vin de Falerne, jusqu'à réduction à un tiers. On prend un cyathe de cette décoction à jeun, au sortir du bain, et aussi après le repas. D'après Xénocrate, l'effet de ce breuvage est singulier, en ce qu'il chasse au dehors les causes de la maladie par la voie des urines.

Des deux espèces de sonchos ; remèdes, 15.

XLIV. Le *sonchos* aussi est comestible ; car nous voyons, dans Callimaque, Hécale servir cette plante à Thésée. Il y en a deux espèces, l'une blanche et l'autre noire : toutes deux ressemblent à la laitue, si ce n'est qu'elles sont épineuses. La tige est anguleuse, fistuleuse, et de la hauteur d'une coudée. Quand on la rompt, il en découle un suc laiteux abondant. Le sonchos blanc, dont le suc a la couleur du lait, est bon dans la difficulté de respirer, étant pris assaisonné comme la laitue.

commanducato corrigi. Succus trium cyathorum mensura, in vino albo et oleo calefactus, adjuvat partus, ita ut a partu ambulent gravidæ. Datur et in sorbitione. Ipse caulis decoctus facit lactis abundantiam nutricibus, coloremque meliorem infantium : utilissimus his, quæ lac sibi coire sentiant. Instillatur auribus succus, calidusque in stranguria bibitur cyathi mensura, et in stomachi rosionibus cum semine cucumeris, nucleisque pineis. Illinitur et sedis collectionibus. Bibitur contra serpentes scorpionesque : radix vero illinitur. Eadem decocta in oleo, punici mali calyce, aurium morbis præsidium est. Hæc omnia ex albo. Cleemporus nigro prohibet vesci, ut morbos faciente, de albo consentiens. Agathocles etiam contra sanguinem tauri demonstrat succum ejus. Refrigeratoriam tamen vim esse convenit nigro, et hac causa imponendum cum polenta. Zenon radice albi stranguriam docet sanari.

Condrillon, sive condrille, III.

XLV. Condrillon, sive condrille, folia habet intubi, circumrosis similia, caulem minus pedalem, succo madentem amaro, radice fabæ simili, aliquando numerosa. Habet proximam terræ mastichen tuberculo fabæ, quæ

Érasistrate croit qu'il expulse les graviers de la vessie, et que, mâché, il corrige les défauts de l'haleine. Son suc, pris chaud dans de l'huile et du vin blanc, à la dose de trois cyathes, aide les femmes en travail, mais elles doivent se promener aussitôt après l'accouchement. On l'ordonne aussi en bouillon. La tige cuite augmente le lait des nourrices, et donne une meilleure couleur aux nourrissons : il est d'ailleurs très-utile pour résoudre le lait qui se caille dans les mamelles. On en injecte le suc dans les oreilles; on le boit chaud pour la strangurie, à la dose d'un cyathe; et pour les déchiremens d'estomac, avec de la graine de concombre et des pignons. On l'applique sur les abcès à l'anus. On le boit pour la morsure des serpens et la piqûre des scorpions, ou bien l'on applique la racine sur les plaies. Cette même racine, cuite avec autant d'huile qu'en peut contenir une écorce de grenade, est utile pour les maux d'oreilles. Cléempore reconnaît les vertus du sonchos blanc, mais il rejette le noir comme malsain et dangereux. Agathocle le recommande à ceux qui ont bu du sang de taureau. On convient néanmoins que le sonchos noir est rafraîchissant, et qu'on peut en conséquence l'employer en cataplasme avec du gruau. Zénon ajoute que la racine du blanc guérit la strangurie.

Du condrillon ou condrille, 3.

XLV. Le *condrillon* ou *condrille* a les feuilles rongées à leur circonférence, comme celles de la chicorée; la tige haute de moins d'un pied, et remplie d'un suc amer; la racine quelquefois très-divisée, et semblable à celle de la fève. Cette plante produit, presque à fleur de

adposita feminarum menses trahere dicitur. Tusa cum radicibus tota dividitur in pastillos, contra serpentes, argumento probabili : si quidem mures agrestes læsi ab his, hanc esse dicuntur. Succus ex vino coctæ, alvum sistit. Eadem palpebrarum pilos inordinatissimos, pro gummi efficacissime regit. Dorotheus stomacho et concoctionibus utilem carminibus suis pronuntiavit. Aliqui feminis, et oculis, generationique virorum contrariam putavere.

De boletis : proprietates eorum in nascendo.

XLVI. Inter ea quæ temere manduntur, et boletos merito posuerim, optimi quidem hos cibi, sed immenso exemplo in crimen adductos, veneno Tiberio Claudio principi per hanc occasionem a conjuge Agrippina dato : quo facto illa terris venenum alterum, sibique ante omnes, Neronem suum dedit. Quorumdam ex his facile noscuntur venena, diluto rubore, rancido aspectu, livido intus colore, rimosa stria, pallido per ambitum labro.

Non sunt hæc in quibusdam : siccique, et nitri similes, veluti guttas in vertice albas ex tunica sua gerunt.

terre, une espèce de mastic en forme de fève, qui, appliqué, fait couler les règles, suivant quelques auteurs. Broyée tout entière avec ses racines, on en forme des trochisques qui paraissent véritablement utiles contre la morsure des serpens ; car les rats des champs mangent, dit-on, de cette herbe quand ils ont été blessés par ces reptiles. La décoction faite dans du vin arrête le cours de ventre. On se sert avec succès du suc du condrillon comme d'une gomme, pour assujettir les poils des paupières, quelque hérissés qu'ils puissent être. Dorothée, dans ses vers, dit qu'il est bon pour l'estomac et qu'il facilite la digestion. Quelques auteurs prétendent qu'il est contraire aux femmes, nuisible à la vue, et qu'il empêche la génération.

Des bolets : particularités relatives aux bolets; leur naissance.

XLVI. Au nombre des plantes dont il est dangereux, ou du moins imprudent de faire usage, nous rangerons avec raison les bolets. Ces espèces forment, il est vrai, un mets très-délicat, mais fort décrié depuis le fameux attentat d'Agrippine, qui s'en servit pour empoisonner l'empereur Claude son mari, attentat qui la conduisit à infecter l'univers d'un autre poison, qui lui devint funeste à elle-même par l'avènement de Néron, objet de toute sa tendresse. On reconnaît sans peine plusieurs espèces de bolets vénéneux à leur couleur d'un rouge faible au dehors, livide au dedans, aux crevasses de leurs feuillets, à leur aspect sombre, et à la bordure pâle de leur chapeau.

D'autres ne présentent point les marques dont nous parlons; ils sont secs, ont l'aspect du nitre et des taches

Volvam enim terra ob hoc prius gignit, ipsum postea in volva, ceu in ovo est luteum. Nec tunicæ minor gratia in cibo infantis boleti. Rumpitur hæc primo nascente : mox increscente, in pediculi corpus absumitur, raroque umquam geminis ex uno pede. Origo prima causaque e limo, et acescente succo madentis terræ, aut radicis fere glandiferæ : initioque spuma lentior, dein corpus membranæ simile, mox partus. Ut diximus, illa pernicialia, prorsus improbanda. Si enim caligaris clavus, ferrive aliqua rubigo, aut panni marcor adfuit nascenti, omnem illico succum alienum saporemque in venenum concoquit : deprehendisse qui, nisi agrestes, possunt, atque qui colligunt? Ducunt ipsi alia vitia : et quidem si serpentis caverna juxta fuerit, si patescentem primo adhalaverit, capaci venenorum cognatione ad virus accipiendum. Itaque caveri conveniet, prius quam se condant serpentes.

Signa erunt tot herbæ, tot arbores fruticesque, ab emersu earum ad latebram usque vernantes: et vel fraxini tantum folia, nec postea nascentia, nec ante decidentia.

blanches sur le chapeau, restes de leur enveloppe : en effet, l'enveloppe ou *volva* sort de terre la première pour renfermer le bolet, comme le jaune de l'œuf est renfermé dans le blanc qui l'environne. Cette espèce de tunique sert également de nourriture au bolet à l'état d'embryon ; elle se rompt lorsqu'il est au moment d'éclore ; à mesure qu'il croît, elle s'allonge en pédicule, et il est bien rare qu'on trouve deux bolets sur le même pied. Les principes générateurs de ces plantes sont le limon et le suc fermentescible des terres humides, ou bien des racines des arbres à gland. Ce n'est d'abord qu'une écume visqueuse, ensuite une espèce de corps membraneux, et enfin un bolet tout formé. En général, ils sont pernicieux, et l'on devrait s'en interdire l'usage. En effet, si un clou de bottine, ou un morceau de fer rouillé, ou quelque étoffe pourrie, se trouvent à l'endroit où ils croissent, ils en contractent sur-le-champ les qualités nuisibles, et les tournent en véritable poison. Et quel autre qu'un habitant de la campagne, ou un homme habitué à les recueillir, pourrait se flatter de les bien distinguer ? D'autres circonstances encore les rendent vénéneux. Si, par exemple, ils croissent près du trou de quelque serpent, et qu'ils soient frappés de son haleine lorsqu'ils commencent à s'ouvrir, ils en attirent le venin, comme une substance analogue et qui leur est propre : aussi devra-t-on s'en abstenir jusqu'à ce que les serpens se soient enfoncés dans leurs retraites.

Cette époque se reconnaît à une infinité de plantes, d'arbres et d'arbrisseaux dont la verdure subsiste depuis que ces reptiles sont sortis de terre jusqu'à ce qu'ils y soient rentrés ; même il suffit d'observer la feuille du

Et boletis quidem ortus occasusque omnis intra dies septem est.

De fungis : notæ venenatorum. Medicinæ ex his, IX.

XLVII. 23. Fungorum lentior natura, et numerosa genera, sed origo non nisi ex pituita arborum. Tutissimi, qui rubent callo, minus diluto rubore, quam boleti. Mox candidi, velut apice flaminis insignibus pediculis. Tertium genus suilli, venenis accommodatissimi. Familias nuper interemere, et tota convivia, Annæum Serenum præfectum Neronis vigilum, et tribunos, centurionesque. Quæ voluptas tanta ancipitis cibi? Quidam discrevere arborum generibus, fico, ferula, et gummim ferentibus : nos item fago, aut robore, aut cupresso, ut diximus. Sed ista quis spondet in venalibus? Omnium colos lividus. Hic habebit veneni argumentum, quo similior fuerit arborum fici. Adversus hæc diximus remedia, dicemusque : interim sunt aliqua et in his.

Glaucias stomacho utiles putat boletos. Siccantur pen-

frêne, qui ne se montre qu'à partir du moment de leur apparition jusqu'à celui de leur retraite. Au surplus la durée totale des bolets, de la naissance à la mort, n'est que de sept jours.

Des champignons ; signes pour reconnaître ceux qui sont vénéneux. Remèdes qu'ils fournissent, 9.

XLVII. 23. Les champignons ont moins de consistance. Il y en a beaucoup d'espèces, mais toutes produites de l'humeur vicieuse des arbres. Les moins à craindre sont ceux qui sont d'une couleur rouge plus foncée que celle des bolets; ensuite sont les blancs, dont le pédoncule a quelque ressemblance avec la houpe du flamine; ceux de la troisième espèce, appelés *suilli*, sont très-vénéneux. Il y a quelques années qu'ils firent périr des familles entières et tous les convives d'un festin, entre autres Annéus Serenus, préfet des gardes de Néron, avec les tribuns et les centurions. Quel si grand plaisir peut-on trouver dans l'usage d'un mets si suspect? Quelques auteurs les distinguent par les arbres sur lesquels ils croissent, comme le figuier, la férule, et les arbres qui produisent une gomme : nous avons nous-mêmes cité ceux du hêtre, du rouvre et du cyprès. Mais qui nous assure que ces différences ont été observées dans ceux qui se vendent au marché? Tout champignon vénéneux est d'une couleur livide, et il est d'autant plus nuisible, que sa couleur approche davantage de celle du figuier. Nous avons indiqué quelques remèdes contre cette sorte de poison; nous en proposerons d'autres encore : mais citons d'abord ceux qu'ils nous présentent eux-mêmes pour certaines maladies.

Glaucias prétend que les bolets sont utiles à l'estomac.

dentes suilli, junco transfixi, quales e Bithynia veniunt. Hi fluxionibus alvi, quas rheumatismos vocant, medentur, excrescentibusque in sede carnibus : minuunt enim eas, et tempore absumunt. Item lentiginem, et mulierum vitia in facie. Lavantur etiam, ut plumbum, oculorum medicamento. Sordidis ulceribus et capitis eruptionibus, canum morsibus ex aqua illinuntur.

Libet et coquendi dare aliquas communes in omni eo genere observationes, quando ipsæ suis manibus deliciæ præparant hunc cibum solum, et cogitatione ante pascuntur, succineis novaculis, aut argenteo apparatu comitante. Noxii erunt fungi, qui in coquendo duriores fient : innocentiores, qui nitro addito coquentur, si utique percoquantur. Tutiores fiunt cum carne cocti, aut cum pediculo piri. Prosunt et pira confestim sumpta. Debellat eos et aceti natura, contraria iis.

Silphium, VII.

XLVIII. Imbribus proveniunt omnia hæc. Imbre et silphion. Venit primo e Cyrenis, ut dictum est. Ex Syria nunc maxime importatur, deterius Parthico, sed Medico melius, extincto omni Cyrenaico, ut diximus. Usus silphii in medicina : foliorum, ad purgandas vulvas pellendosque emortuos partus : decoquuntur in vino albo et

Le *suillus*, qu'on a mis sécher enfilé dans un jonc, comme ceux qui viennent de Bithynie, guérit les flux de ventre; et, appliqué sur les excroissances de chair à l'anus, il les rouge et les consume peu à peu. Il efface les taches de rousseur et nettoie la peau du visage des femmes; en outre, on le lave, comme le plomb, pour le faire entrer dans les collyres. Enfin, appliqué avec de l'eau, il guérit les ulcères putrides, les éruptions à la tête et la morsure des chiens.

Je veux bien encore ajouter ici quelques réflexions générales sur la manière de faire cuire les champignons, puisque nos gourmets ne dédaignent pas de les apprêter eux-mêmes avec des couteaux de succin, dans des plats d'argent, pour satisfaire au moins leur imagination avant leur goût. Tout champignon qui durcit en cuisant est vénéneux; les moins malfaisans sont ceux qui cuisent avec une addition de nitre, si toutefois on parvient à les bien faire cuire ainsi; mais il est plus sûr de les apprêter avec des viandes ou avec des queues de poires. Aussi est-il bon de manger des poires aussitôt après les champignons. Le vinaigre encore neutralise leurs qualités vénéneuses.

Silphium, 7.

XLVIII. Les champignons doivent leur naissance à la pluie: il en est de même du silphium. Au commencement, le silphium venait de la Cyrénaïque, comme nous l'avons dit; aujourd'hui on l'apporte le plus communément de la Syrie: il vaut mieux que celui de la Médie, mais il est inférieur à celui des Parthes. On n'en trouve plus dans la Cyrénaïque, ainsi que nous l'avons fait observer. On

odorato, ut bibatur mensura acetabuli a balineis. Radix prodest arteriis exasperatis : et collectionibus sanguinis illinitur. Sed in cibis concoquitur ægre. Inflationes facit et ructus. Urinæ quoque noxia. Sugillatis cum vino et oleo amicissima, et cum cera strumis. Verrucæ sedis crebriore ejus suffitu cadunt.

Laser, XXXIX.

XLIX. Laser e silphio profluens, quo diximus modo, inter eximia naturæ dona numeratum, plurimis compositionibus inseritur. Per se autem algores excalfacit, potum nervorum vitia extenuat. Feminis datur in vino. Et lanis mollibus admovetur vulvæ ad menses ciendos. Pedum clavos circumscarificatos ferro, mixtum ceræ extrahit. Urinam ciet ciceris magnitudine dilutum.

Andreas spondet, copiosius sumptum nec inflationes facere, et concoctioni plurimum conferre senibus et feminis : item hieme, quam æstate, utilius, et tum aquam bibentibus : cavendumque ne qua intus sit exulceratio. Ab ægritudine recreationi efficax in cibo. Tempestive

emploie en médecine les feuilles de silphium pour purger la matrice et en expulser le fœtus mort; on les fait bouillir dans du vin blanc aromatisé, qu'on doit prendre, à la dose d'un acétabule, au sortir du bain. La racine est bonne pour les irritations de la gorge, et s'applique avec succès sur les dépôts sanguins; mais, lorsqu'on la mange, elle est d'une digestion difficile et cause des vents et des rapports. Elle nuit, en outre, à l'écoulement des urines. Avec de l'huile et du vin, elle est excellente pour les meurtrissures; et avec de la cire, pour les écrouelles. Un parfum de cette racine, souvent réitéré, fait tomber les verrues à l'anus.

Du laser, 39.

XLIX. Le *laser,* qui n'est que le suc du silphium, comme nous l'avons dit précédemment, est un des médicamens les plus précieux, et entre dans une infinité de compositions utiles. Employé seul, il réchauffe les parties engourdies par le froid; en potion, il apaise les maux de nerfs. Les femmes le prennent dans du vin. En pessaire avec de la laine, il provoque le flux menstruel; en onguent avec de la cire, il détruit les cors aux pieds, si l'on a soin auparavant de les scarifier tout autour avec un instrument de fer. Pris détrempé, à la grosseur d'un pois chiche, il pousse les urines.

Andréas garantit qu'avalé en certaine quantité il ne cause aucun gonflement d'estomac, et facilite la digestion des femmes et des vieillards. Il convient mieux l'hiver que l'été, surtout quand on ne boit que de l'eau; mais on doit s'en abstenir quand il existe quelque ulcère interne. Il est bon pour rétablir les forces dans

enim datum, cauterii vim obtinet; adsuetis etiam utilius, quam expertibus.

Ad extera corporum, indubitatas confessiones habet. Venena telorum et serpentium extinguit potum : ex aqua vulneribus his circumlinitur : scorpionum tantum plagis ex oleo : ulceribus vero non maturescentibus cum farina hordeacea, vel fico sicca. Carbunculis cum ruta, vel cum melle, vel per se visco superlitum, ut hæreat : sic et ad canis morsus. Excrescentibus circa sedem, cum tegmine punici mali ex aceto decoctum. Clavis, qui vulgo morticini appellantur, nitro mixto. Alopecias nitro ante subactas replet cum vino, et croco, aut pipere, aut murium fimo, et aceto. Perniones ex vino fovet, et ex oleo coctum imponitur : sic et callo. Clavis pedum superrasis præcipuæ utilitatis. Contra aquas malas, pestilentes tractus, vel dies.

In tussi, uva, fellis veteri suffusione, hydropisi, raucitatibus : confestim enim purgat fauces vocemque reddit. Podagras in spongia dilutum posca lenit. Pleuriticis in sorbitione vinum poturis datur : contractionibus, opisthotonicis, ciceris magnitudine cera circumlitum. In angina gargarizatur. Anhelatoribus, et in tussi

la convalescence. Appliqué à temps, il produit l'effet d'un cautère. En général, il est plus salutaire à ceux qui sont accoutumés d'en prendre, qu'à ceux qui n'en ont point encore fait usage.

Pour les maladies extérieures, il est d'une utilité généralement avouée. En potion, il neutralise le venin des serpens et des traits empoisonnés; on l'applique avec de l'eau sur ces sortes de plaies; avec de l'huile, sur les piqûres des scorpions; avec de la farine d'orge ou des figues sèches, sur les ulcères qui ne viennent point à maturité. On l'emploie, avec de la rue ou avec du miel, pour les charbons et pour les morsures des chiens, ou seulement avec quelque substance visqueuse, pour le faire tenir. Cuit avec une écorce de grenade dans du vinaigre, il détruit les excroissances à l'anus; avec du nitre, il guérit les durillons ou cors aux pieds; avec du vin et du safran, ou du poivre, ou avec de la fiente de rats et du vinaigre, il est bon pour l'alopécie; mais on doit d'abord se frotter la tête avec du nitre. Il s'emploie en fomentation avec du vin, ou s'applique, cuit dans de l'huile, sur les engelures et sur les durillons. Il est excellent pour les cors aux pieds, si l'on a soin de les couper auparavant. C'est encore un utile préservatif contre les eaux malsaines et contre les maladies épidémiques qui ont pour cause le sol ou la température.

On le prescrit pour la jaunisse invétérée, l'hydropisie, la chute de la luette, la toux et l'enrouement, car il nettoie sur-le-champ la gorge et rétablit la voix. Délayé dans de l'oxycrat et appliqué avec une éponge, il calme les douleurs de la goutte. On l'ordonne dans du bouillon pour la pleurésie; on fait prendre ensuite aux malades un peu de vin. Pour les contractions nerveuses et l'opistho-

vetusta cum porro ex aceto datur : æque ex aceto his qui coagulum lactis sorbuerint. Præcordiorum vitiis syntecticis, comitialibus in vino, in aqua mulsa linguæ paralysi. Coxendicibus et lumborum doloribus cum decocto melle illinitur.

Non censuerim, quod auctores suadent, cavernis dentium in dolore inditum cera includi : magno experimento hominis, qui se ea de causa præcipitavit ex alto. Quippe tauros inflammat naribus illitis : serpentes avidissimas vini admixtum rumpit. Ideo nec inungi suaserim cum attico melle, licet præcipiant. Quas habeat utilitates admixtum aliis, immensum est referre : et nos simplicia tractamus : quoniam in his naturam esse apparet, in illis conjecturam sæpius fallacem, nulli satis custodita in mixturis concordia naturæ ac repugnantia. Qua de re mox plura.

De melle. Propolis, v. Mellis, xvi.

L. 24. Non esset mellis auctoritas in pretio minor, quam laseris, ni ubique nasceretur. Illud ipsa fabricata

tone, on en forme, avec de la cire, des pilules de la grosseur d'un pois chiche. On l'emploie en gargarisme dans l'esquinancie. Pour la courte haleine et les toux invétérées, on le fait prendre dans du vinaigre avec du suc de porreau, et avec du vinaigre seulement à ceux qui ont pris du lait caillé. On le prescrit dans les maladies de poitrine ou dans les consomptions; avec du vin, dans l'épilepsie; avec de l'eau miellée, dans la paralysie de la langue. On l'applique avec du miel cuit pour la sciatique et les douleurs des lombes.

Pour l'odontalgie, je ne conseillerais pas, comme quelques auteurs, de l'introduire avec de la cire dans le creux d'une dent cariée; car j'ai vu un homme, après avoir employé ce remède, se précipiter du haut de sa maison. On remarque en effet que le laser, appliqué sur le mufle des taureaux, les échauffe prodigieusement. Mêlé avec du vin, il fait périr les serpens, qui sont très-avides de cette liqueur : aussi ne serais-je pas d'avis qu'on s'en frottât les gencives avec du miel attique, malgré le conseil des mêmes auteurs. Je ne finirais point si je rapportais tous les différens usages des compositions où l'on fait entrer le laser; nous ne traitons ici que des remèdes simples, où la nature seule agit d'une manière sensible; dans les autres, on n'est guidé que par des conjectures trop souvent trompeuses, parce qu'on n'observe pas assez l'analogie ou l'opposition réciproque des ingrédiens qu'on emploie. Nous reviendrons sur ce sujet avec plus de détails.

Du miel. De la propolis, 5. Du miel même, 16.

L. 24. Le miel serait une production tout aussi précieuse que le laser, si elle était moins commune. La na-

sit natura : sed huic gignendo animal, ut diximus : innumeros ad usus, si quoties misceatur, æstimemus.

Prima propolis alvorum (de qua diximus) aculeos et omnia infixa corpori extrahit, tubera discutit, dura concoquit, dolores nervorum mulcet, ulceraque jam desperantia in cicatricem cludit.

Mellis quidem ipsius natura talis est, ut putrescere corpora non sinat, jucundo sapore atque non aspero, alia quam salis natura. Faucibus, tonsillis, anginæ, omnibusque oris desideriis utilissimum, arescentique in febribus linguæ. Jam vero peripneumonicis, pleuriticis decoctum. Item vulneribus, a serpente percussis. Et contra venena fungorum. Paralyticis in mulso : quamquam suæ mulso dotes constant. Mel auribus instillatur cum rosaceo : lendes et fœda capitis animalia necat. Usus despumati semper aptior : stomachum tamen inflat, bilem auget, fastidium creat, et oculis per se inutile aliqui arbitrantur. Rursus quidam angulos exulceratos melle tangi suadent. Mellis causas, atque differentias, nationesque, et indicationem, in apium, ac deinde florum natura diximus, quum ratio operis dividi cogeret miscenda rursus, naturam rerum pernoscere volentibus.

ture seule produit le laser; mais, pour le miel, elle a créé un animal particulier, comme nous l'avons dit. Ses usages sont innombrables, si nous considérons les diverses compositions où on le fait entrer.

La substance qui se trouve à l'entrée des ruches, et que nous avons nommée *propolis*, fait sortir des plaies les pointes et les corps étrangers qui y sont engagés; elle résout les tumeurs, amollit les duretés, calme les maux de nerfs, et sèche les ulcères les plus rebelles à se cicatriser.

Le miel lui-même a la propriété de préserver les corps de la pourriture, quoiqu'il ait la saveur douce, agréable, et totalement opposée à la nature du sel. Il est très-utile dans les inflammations de la gorge et des amygdales, dans l'esquinancie et toutes les maladies de la bouche. Dans la fièvre, on le prescrit aux malades qui ont la langue sèche; et en décoction, pour la péripneumonie, la pleurésie, et aussi pour les plaies, la morsure des serpens et les champignons vénéneux. Pris dans du vin miellé, qui d'ailleurs a des vertus particulières, il est bon pour la paralysie. On l'introduit dans les oreilles avec de l'huile rosat. Il fait périr la vermine de la tête, et les lentes qui la produisent. Il est toujours meilleur quand on a eu soin de l'écumer : néanmoins il gonfle l'estomac, augmente la bile, cause des dégoûts, et, employé seul, nuit à la vue, selon certains auteurs; d'autres, au contraire, recommandent d'en frotter les ulcères qui se forment aux angles des yeux. Quant aux principes du miel, à ses différentes espèces, au prix et à la qualité de chacune, nous en avons parlé d'abord en traitant des abeilles, ensuite en traitant des fleurs; car le plan de notre ouvrage nous a forcés de séparer

Quo genere ciborum mores quoque mutentur.

LI. In mellis operibus et aqua mulsa tractari debet. Duo genera ejus : subitæ ac recentis, alterum inveteratæ. Repentina despumato melle præclaram utilitatem habet in cibo ægrotantium levi, hoc est, alicæ elutæ : viribus recreandis, ore stomachoque mulcendo, ardore refrigerando. Frigidam enim utilius dari ventri molliendo, invenio apud auctores. Hunc potum bibendum alsiosis : item animi humilis et præparci, quos illi dixere micropsychos. Et est ratio subtilitatis immensæ a Platone descendens : corpusculis rerum lævibus, scabris, angulosis, rotundis, magis aut minus ad aliorum naturam accedentibus : ideo non eadem omnibus amara aut dulcia esse. Sic et in lassitudine proniores esse ad iracundiam, et in siti. Ergo et hæc animi asperitas, seu potius animæ, dulciore succo mitigatur. Lenit transitum spiritus, et molliores facit meatus, ne scindant euntem redeuntemque.

Experimenta in se cuique : nullius non ira luctusque, tristitia et omnis animi impetus cibo mollitur. Ideoque

des objets qu'il faut réunir si l'on veut connaître à fond les merveilles de la nature.

Quelles espèces d'alimens influent sur les mœurs.

LI. En parlant des vertus du miel, nous ne devons pas omettre l'eau miellée (hydromel). Il y en a de deux sortes, la vieille et la nouvelle : celle-ci se prépare à l'instant avec du miel écumé et purifié. Elle est excellente pour les malades qui ne prennent qu'une nourriture légère, comme l'*alica* lavée, car elle rétablit les forces, humecte la bouche et l'estomac, et en apaise les ardeurs par sa vertu rafraîchissante. Prise froide, elle est, selon quelques auteurs, plus utile pour amollir et relâcher le ventre. Ils recommandent ce breuvage à ceux qui sont naturellement froids, et à ceux qui ont le tempérament faible et abattu, et qu'ils appellent *micropsychi*. Platon nous a laissé à ce sujet un système extrêmement subtil. Suivant ce philosophe, les molécules des corps étant unies ou raboteuses, anguleuses ou rondes, affectent différemment, selon les différens rapports qu'ils ont avec nos organes : voilà pourquoi les mêmes choses ne sont pas également douces ou amères pour toutes sortes de personnes. C'est ainsi que, dans la soif ou dans la fatigue, on se trouve plus enclin à la colère. Pour adoucir cette aigreur de l'esprit, ou plutôt des esprits, on devra faire usage d'un breuvage doux, qui amollit et débarrasse les conduits de la respiration, afin que l'air, ce principe de la vie, puisse y passer sans déchirer les canaux qu'il parcourt.

Il n'est personne qui n'ait reconnu, par sa propre expérience, que la nourriture calme la colère, l'afflic-

observanda sunt, quæ non solum corporum medicinam, sed et morum habent.

De aqua mulsa, XVIII.

LII. Aqua mulsa et tussientibus utilis traditur, calefacta invitat vomitiones. Contra venenum psimmythii salutaris, addito oleo. Item contra hyoscyamum, cum lacte maxime asinino, et contra halicacabum, ut diximus. Infunditur et auribus, et genitalium fistulis. Vulvis imponitur cum pane molli, subitis tumoribus, luxatis, leniendisque omnibus. Inveteratæ usum damnavere posteri, minus innocentem aqua minusque vino firmum. Longa tamen vetustate transit in vinum, ut constat inter omnes, stomacho inutilissimum, nervisque contrarium.

Mulsum, VI.

LIII. Semper mulsum ex vetere vino utilissimum, facillimeque cum melle concorporatur, et quod in dulci numquam evenit. Ex austero factum non implet stomachum, neque ex decocto melle, minusque inflat, quod fere evenit. Adpetendi quoque revocat aviditatem cibi.

tion, la tristesse, et les autres mouvemens impétueux de l'âme. Aussi nos observations ne se borneront-elles pas aux remèdes considérés sous les rapports physiques: nous examinerons encore leur effet moral.

Remèdes tirés de l'eau miellée (hydromel), 18.

LII. L'eau miellée est encore bonne pour la toux; chaude, elle provoque le vomissement; avec de l'huile, c'est un contre-poison de la céruse. Elle neutralise les mauvais effets de la jusquiame, surtout si on la prend avec du lait d'ânesse. Elle n'est pas moins salutaire contre l'halicacabum, comme nous l'avons déjà remarqué. On l'emploie en injection pour les maux d'oreilles, et pour les fistules des parties génitales. On l'applique, avec du pain tendre, pour les maladies de la vulve, pour les tumeurs subites, pour les luxations, et enfin dans tous les cas où il est besoin d'amollir et de résoudre. On rejette aujourd'hui l'usage de l'hydromel vieilli, comme étant moins sain que l'eau pure et moins efficace que le vin: néanmoins, lorsqu'on le garde long-temps, il passe à l'état vineux; mais on convient généralement qu'il est alors nuisible à l'estomac, et qu'il attaque les nerfs.

Du vin miellé, 6.

LIII. Quant au vin miellé, le meilleur est celui qui se fait avec du vin vieux; le miel s'y mêle très-facilement, ce qui n'a pas lieu avec du vin doux nouveau. Celui que l'on compose avec du vin rude et sec, ou avec du miel cuit, a l'avantage de ne pas gonfler l'estomac et d'être moins flatueux, inconvénient ordinaire

Alvum mollit frigido potu, pluribus calido sistit. Corpora auget. Multi senectam longam mulsi tantum nutritu toleravere, neque alio ullo cibo, celebri Pollionis Romilii exemplo. Centesimum annum excedentem eum divus Augustus hospes interrogavit, « quanam maxime ratione vigorem illum animi corporisque custodisset. » At ille respondit : « Intus mulso, foris oleo. » Varro regium cognominatum morbum arquatum tradit, quoniam mulso curetur.

Melitites, III.

LIV. Melitites quo fieret modo ex musto et melle, docuimus in ratione vini. Sæculis jam fieri non arbitror hoc genus, inflationibus obnoxium. Solebat tamen inveteratum alvi causa dari in febre : item articulario morbo, et nervorum infirmitate laborantibus, et mulieribus vini abstemiis.

Cera, VIII.

LV. Mellis naturæ adnexa cera est : de cujus origine, bonitate, nationibus, suis diximus locis. Omnis autem mollit, calefacit, explet corpora : recens melior. Datur in sorbitione dysentericis, favique ipsi, in pulte alicæ prius tostæ. Adversatur lactis naturæ : ac milii magni-

du vin miellé. Cette boisson ranime l'appétit. Prise froide, elle lâche le ventre; prise chaude, elle le resserre pour l'ordinaire. Le vin miellé augmente l'embonpoint; plusieurs même sont parvenus à une extrême vieillesse par l'usage seul du pain trempé dans cette liqueur pour toute nourriture. Romilius Pollion nous en fournit un exemple remarquable : il avait plus de cent ans lorsque l'empereur Auguste, qui logeait chez lui, s'informa comment il avait pu se maintenir dans cette vigueur de corps et d'esprit jusqu'à un âge si avancé. Le vieillard lui répondit : «En humectant de vin miellé le dedans, et d'huile le dehors.» Suivant Varron, la jaunisse se guérit avec cette boisson, et voilà pourquoi les Latins l'ont appelée le mal de roi (*morbus regius*).

Du melitites, 3.

LIV. En traitant des vins, nous avons indiqué la manière de composer le *melitites* avec du miel et du moût; mais ce breuvage donne des vents, et depuis long-temps on a renoncé à son usage. Néanmoins on le faisait prendre autrefois pour lâcher le ventre dans la fièvre, pour la goutte, pour les faiblesses de nerfs, et on en donnait aussi aux femmes, qui ne buvaient pas de vin.

De la cire, 8.

LV. Nous ne pouvons parler du miel sans dire un mot de la cire. Nous avons indiqué ailleurs son origine, ses qualités et ses différentes espèces : toutes ont la vertu d'échauffer, d'amollir, et de remplir de nouvelle chair le vide des plaies. La nouvelle est toujours la meilleure. On l'ordonne dans du bouillon pour la dysente-

tudine decem grana ceræ hausta non patiuntur coagulari lac in stomacho. Si inguen tumeat, albam ceram in pube fixisse remedio est.

Contra compositiones medicorum.

LVI. Nec hujus usus, quos mixta aliis præstat, enumerare medicina possit : sicuti nec ceterorum, quæ cum aliis prosunt. Ista, ut diximus, ingeniis constant. Non fecit cerotum, malagmata, emplastra, collyria, antidota, parens illa ac divina rerum artifex : officinarum hæc, immo verius avaritiæ commenta sunt. Naturæ quidem opera absoluta atque perfecta gignuntur : paucis ex causa, non ex conjectura, rebus adsumptis, ut succo aliquo sicca temperentur ad meatus : aut corpore alio humentia, ad nexus. Scripulatim quidem colligere ac miscere vires, non conjecturæ humanæ opus, sed impudentiæ est.

Nos nec indicarum arabicarumque mercium, aut externi orbis adtingimus medicinas. Non placent remediis tam longe nascentia : non nobis gignuntur : immo

rie. Les rayons de miel se prennent, pour le même cas, dans la bouillie d'*alica* rôtie. La cire combat les mauvais effets du lait; elle l'empêche de se cailler dans l'estomac, si l'on en prend dix pilules de la grosseur d'un grain de millet. La cire blanche est un bon remède pour les enflures des aines, si on l'applique sur la région du pubis.

Contre les compositions médicinales.

LVI. Quant aux usages de la cire mêlée à d'autres remèdes, il est aussi impossible de les détailler ici, qu'il serait inutile de l'entreprendre pour les autres substances qui entrent dans les compositions médicinales: toutes sont dues à l'imagination des médecins. La nature, cette mère bienfaisante de tous les êtres, n'a point inventé les cérats, les emplâtres, les collyres, les antidotes; ce sont toutes inventions de la médecine, ou plutôt de la cupidité. Les ouvrages de la nature sortent entiers et parfaits de ses mains; elle ne permet que les compositions les plus simples, où la raison nous guide, et non la conjecture; ainsi nous mêlons aux substances sèches une liqueur qui leur sert de véhicule, ou aux médicamens liquides une substance solide qui leur donne de la consistance. Mais prétendre réunir par poids et par mesure les vertus de différens médicamens pour n'en former qu'un seul, ce n'est pas une chimère seulement, c'est une véritable charlatanerie.

Nous ne traiterons pas des médicamens qu'on tire de l'Inde, de l'Arabie et des autres climats étrangers. Nous n'approuvons pas les remèdes qui viennent de si loin: ils ne sont pas faits pour nous, pas même pour

ne illis quidem, alioqui non venderent. Odorum causa, unguentorumque, et deliciarum, si placet, etiam superstitionis gratia emantur, quoniam thure supplicamus et costo. Salutem quidem sine istis posse constare, vel ob id probabimus, ut tanto magis sui delicias pudeat.

Medicinæ ex frugibus. Siligine, I. Tritico, I. Palea, II. Farre, I. Furfuribus, I. Olyra, arinca, II.

LVII. 25. Sed medicinas e floribus coronamentisque et hortensiis, quæque manduntur herbis, prosecuti, quonam modo frugum omittimus? Nimirum et has indicare conveniat. In primis sapientissima animalium esse constat, quæ fruge vescantur. Siliginis grana combusta, et trita in vino amineo, oculis illita epiphoras sedant : tritici vero ferro combusta iis, quæ frigus usserit, præsentaneo sunt remedio. Farina tritici ex aceto cocta, nervorum contractionibus : cum rosaceo vero et fico sicca, myxisque decoctis, furfures tonsillis faucibusque gargarizatione prosunt. Sextus Pomponius prætorii viri pater, Hispaniæ Citerioris princeps, quum horreis suis ventilandis præsideret, correptus dolore podagræ, mersit in triticum sese super genua : levatusque siccatis pedibus mirabilem in modum, hoc postea

ceux dans le pays desquels ils naissent, autrement ils ne s'en déferaient pas en faveur des étrangers. Qu'on les achète, si l'on veut, à titre d'essences et de parfums; qu'on les fasse servir aux délices de la vie, ou même pour l'appareil superstitieux des sacrifices, puisqu'on implore les dieux en brûlant le costus et l'encens; mais nous prouverons qu'ils sont inutiles à la santé, ne fût-ce que pour faire rougir le luxe de sa mollesse et de sa frivolité.

Remèdes tirés des grains. Du siligo, 1. Du froment, 1. De la paille, 2. Du far, 1. Du son, 1. De l'olyra ou arinca, 2.

LVII. 25. Après avoir indiqué les vertus médicinales des fleurs, des herbes qui servent aux couronnes, des plantes comestibles et potagères, pourrions-nous passer sous silence les remèdes que fournissent les blés? C'est un devoir d'examiner, sous ce rapport, les céréales, aliment principal du plus sage des animaux. Les grains du *siligo*, rôtis, pulvérisés, et appliqués avec du vin aminéen, apaise les fluxions des yeux. Les grains du froment, rôtis sur une plaque de fer, s'appliquent avec succès sur les parties gelées par la violence du froid. La farine de ce blé, cuite dans le vinaigre, est bonne pour les contractions de nerfs; le son, employé en gargarisme, après avoir bouilli dans de l'huile rosat avec des figues sèches et des sébestes, est utile pour les inflammations de la gorge et des amygdales. Sextus Pomponius, qui tenait le premier rang dans l'Espagne Citérieure, et dont le fils a été préteur, étant un jour occupé à faire vanner ses grains, fut saisi d'une violente attaque de goutte : il s'enfonça jusqu'au dessus

remedio usus est. Vis tanta est, ut cados plenos siccet. Paleam quoque tritici, vel hordei, calidam imponi ramicum incommodis experti jubent, quaque decoctæ sunt aqua foveri. Est et in farre vermiculus teredini similis: quo cavis dentium cera incluso, cadere vitiati dicuntur, etiam si fricentur. Olyram, arincam diximus vocari. Hac decocta fit medicamentum, quod Ægyptii atheram vocant, infantibus utilissimum : sed et adultos illinunt eo.

E farina per genera : medicinæ XXVIII.

LVIII. Farina ex hordeo et cruda et decocta collectiones, impetusque discutit, lenit, concoquitque. Decoquitur alias in mulsa aqua aut fico sicca. Jocineris doloribus cum posca concoqui opus est, aut cum vino. Quum vero inter coquendum discutiendumque cura est, tunc in aceto melius, aut in fæce aceti, aut in cotoneis, pirisve decoctis. Ad multipedarum morsus cum melle : ad serpentium, in aceto : et contra suppurantia, ad extrahendas suppurationes, ex posca, addita resina et galla. Ad concoctiones vero, et ulcera vetera, cum re-

des genoux dans un tas de blé, et l'humeur qui s'était portée sur les jambes étant subitement desséchée, il se trouva soulagé, et ne recourut dans la suite qu'à ce seul remède. La vertu dessiccative du blé est si grande, qu'il peut tarir des tonneaux de liqueur. La paille du froment et de l'orge, appliquée chaude, est un remède éprouvé pour les hernies. L'eau dans laquelle on l'a fait bouillir est employée en fomentation. On trouve dans le *far* un ver semblable au térédon. On lui attribue la vertu de faire tomber les dents gâtées; on l'introduit, enveloppé avec de la cire, dans le trou de la carie, ou bien même on se contente d'en frotter la dent malade. L'*olyra*, appelé aussi *arinca*, comme nous l'avons dit ailleurs, donne une sorte de bouillie très-bonne pour les enfans. Les Égyptiens l'appellent *athera*; ils en font aussi des cataplasmes pour les adultes.

De diverses espèces de farines; remèdes, 28.

LVIII. La farine d'orge, crue ou cuite, apaise les inflammations, amollit et fait aboutir les abcès: quelquefois aussi on la fait cuire dans de l'eau miellée ou avec des figues sèches. Pour les maladies du foie, on doit la faire cuire dans du vin ou de l'oxycrat. Si l'on veut mûrir et faire aboutir un abcès, il est plus à propos de l'employer cuite avec de la lie de vinaigre, ou du vinaigre même, ou bien avec des coings ou des poires. Avec du miel, elle remédie à la morsure des chenilles venimeuses; avec du vinaigre, à la morsure des serpens; avec de l'oxycrat, de la résine et de la noix de galle, elle mûrit les abcès et les fait suppurer; avec la résine seule, elle fait aboutir les abcès et guérit les ulcères

sina. Ad duritias cum fimo columbarum, aut fico sicca, aut cinere. Ad nervorum inflammationes, aut intestinorum, vel laterum, vel virilium dolores, cum papavere aut meliloto, et quoties ab ossibus caro recedit. Ad strumas cum pice et impubis pueri urina, cum oleo. Cum græco feno contra tumores præcordiorum, vel in febribus cum melle vel adipe vetusto.

Suppuratis triticea farina multo lenior. Nervis cum hyoscyami succo illinitur : ex aceto et melle, lentigini. Zeæ, ex qua alicam fieri diximus, efficacior etiam hordeacea videtur : trimestris, mollior. Ex vino rubro ad scorpionum ictus tepida, et sanguinem exscreantibus : item arteriæ. Tussi cum caprino sebo, aut butyro. Ex feno græco mollissima omnium. Ulcera manantia sanat, et furfures corporis, stomachi dolores, pedes et mammas cum vino et nitro cocta. Ærina magis ceteris purgat ulcera vetera, et gangrænas : cum raphano et sale et aceto, lichenas : lepras cum sulphure vivo : et capitis dolores cum adipe anserino imposita fronti. Strumas et panos coquit, cum fimo columbino et lini semine decocta in vino.

invétérés; avec de la fiente de pigeon, des figues sèches ou de la cendre, elle résout les tumeurs dures; avec le pavot ou le mélilot, elle est bonne pour les inflammations des nerfs et des intestins, pour les douleurs des côtés et des parties génitales, et pour les cas où la chair se sépare des os. On l'applique, avec de la poix, de l'huile et de l'urine d'enfant, sur les écrouelles; avec du fenugrec, sur les tumeurs des parties nobles; ou avec du miel et de la vieille graisse, s'il y a de la fièvre.

La farine de froment fait mûrir plus doucement les abcès. On l'applique avec du suc de jusquiame pour les maladies de nerfs; avec du vinaigre et du miel, pour les taches de rousseur. La farine de *zea*, dont on fait l'*alica*, a plus de vertu que la farine d'orge; celle du blé de trois mois (blé de mars) agit avec moins de force. On l'emploie tiède, avec du vin rouge, pour les piqûres des sorpions, pour les crachemens de sang et les maux de gorge; et avec du beurre ou du suif de chèvre, pour la toux. La farine du fenugrec est la plus douce de toutes. Cuite avec du vin et du nitre, elle guérit les ulcères humides, les douleurs de l'estomac, des pieds, des mamelles, et les dartres farineuses. La farine d'*aira* (ivraie) est la plus efficace pour déterger les ulcères invétérés et les chairs gangrenées. Avec du sel, du vinaigre et des raiforts, elle s'applique sur les dartres; et avec du soufre vif, sur la lèpre. Mise sur le front avec de la graisse d'oie, elle calme les douleurs de tête. Cuite dans du vin avec de la fiente de pigeon et de la graine de lin, elle résout les écrouelles et les tumeurs érysipélateuses.

E polenta, VIII.

LIX. De polentæ generibus in frugum loco satis diximus, locorum ratione. A farina hordei distat eo quod torretur, ob id stomacho utilis. Alvum sistit, impetusque rubicundi tumoris. Et oculis illinitur, et capitis dolori cum menta, aut alia refrigerante herba. Item pernionibus et serpentium plagis : item ambustis ex vino. Inhibet quoque pusulas.

E polline, V. Pulte, I. Farina chartaria, I.

LX. Farina in pollinem subacta, vim extrahendi humoris habet : ideo et cruore suffusis in fascias usque sanguinem perducit : efficacius in sapa. Imponitur et pedum callo, clavisque. Nam cum oleo vetere ac pice decocto polline, condylomata, et alia omnia sedis vitia, quam maxime calido mirabilem in modum curantur. Pulte corpus augetur. Farina, qua chartæ glutinantur, sanguinem exscreantibus datur tepida sorbenda efficaciter.

Ex alica, VI.

LXI. Alica res romana est, et non pridem excogitata : alioqui non ptisanæ potius laudes scripsissent

De la polenta (gruau), 8.

LIX. En traitant des céréales, nous avons parlé du gruau, et des différentes manières de le préparer en différens pays. Le gruau n'est que de la farine d'orge qu'on a fait rôtir; c'est ainsi qu'elle devient utile à l'estomac. Il arrête le flux de ventre et guérit les tumeurs inflammatoires. On l'applique sur les yeux malades, et, avec de la menthe ou quelque autre plante rafraîchissante, pour calmer le mal de tête. C'est un bon topique pour les engelures, pour la morsure des serpens, et, avec du vin, pour les brûlures. Il empêche aussi l'éruption des boutons.

Du pollen, 5. De la bouillie, 1. De la farine qui sert à coller le papyrus, 1.

LX. La fleur de farine, en pâte, attire les humeurs au dehors. Appliquée sur les meurtrissures, elle en fait sortir le sang de telle sorte, que les bandages en sont pénétrés. Elle est encore plus efficace employée avec du vin cuit. On en fait des emplâtres pour les durillons et les cors aux pieds. Cuite avec de la vieille huile et de la poix, et appliquée le plus chaudement possible, c'est un remède excellent pour les condylomes, et toutes les autres maladies de l'anus. La bouillie engraisse, et la pâte qui sert à coller le papier, prise un peu chaude, est bonne pour l'hémoptysie.

De l'alica, 6.

LXI. L'*alica* est un mets particulier aux Romains, et qui n'a été inventé que depuis peu; autrement, les Grecs

Græci. Nondum arbitror Pompeii Magni ætate in usu fuisse, et ideo vix quidquam de ea scriptum ab Asclepiadis schola. Esse quidem eximie utilem nemo dubitat, sive eluta detur ex aqua mulsa, sive in sorbitiones decocta, sive in pultem. Eadem in alvo sistenda torretur : dein favorum cera coquitur, ut supra diximus. Peculiariter tamen longo morbo ad tabitudinem redactis subvenit, ternis ejus cyathis in sextarium aquæ sensim decoctis, donec omnis aqua consumatur. Postea sextario lactis ovilli aut caprini addito per continuos dies, mox adjecto melle. Tali sorbitionis genere emendantur syntexes.

E milio, VI.

LXII. Milio sistitur alvus, discutiuntur tormina, in quem usum torretur ante. Nervorum doloribus, et aliis, fervens in sacco imponitur : neque aliud utilius : quoniam levissimum mollissimumque est, et caloris capacissimum. Itaque talis usus ejus est ad omnia, quibus calor profuturus est. Farina ejus cum pice liquida, serpentium et multipedæ plagis imponitur.

E panico, IV.

LXIII. Panicum Diocles medicus mel frugum appellavit. Effectus habet, quos milium. In vino potum

l'eussent vantée préférablement à l'orge mondé, ou *ptisana*. Je ne crois pas même qu'elle fût connue du temps de Pompée, car à peine en est-il fait mention dans les écrits de l'école d'Asclépiade. Tout le monde convient qu'elle est très-salutaire prise en crême, ou dans de l'eau miellée, ou en bouillie. Rôtie, elle arrête le cours de ventre; ou bien, comme nous l'avons dit plus haut, on la fait cuire avec des rayons de miel; mais elle convient particulièrement dans la disposition au marasme à la suite d'une longue maladie. On en fait cuire trois cyathes, à petit feu, dans un setier d'eau, jusqu'à ce que l'eau soit toute consommée. On y ajoute ensuite un setier de lait de chèvre ou de brebis, avec du miel; cette espèce de potage, continuée plusieurs jours de suite, remédie à l'épuisement et rappelle les forces.

Du milium (panis?), 6.

LXII. Le *milium* rôti guérit la colique et la diarrhée; on l'applique chaud, dans un sachet, pour les douleurs, et particulièrement pour celles des nerfs : c'est le meilleur topique en pareil cas, car il est extrêmement mou et léger, et conserve long-temps sa chaleur : aussi l'emploie-t-on dans toutes les occasions où il est besoin d'échauffer la partie affligée. La farine de milium s'applique, avec de la poix liquide, sur la morsure des serpens et des chenilles venimeuses.

Du panicum (millet?), 4.

LXIII. Le *panicum*, que le médecin Dioclès appelle le miel des blés, a les mêmes propriétés que le milium.

prodest dysentericis. Similiter his quæ vaporanda sunt, excalfactum imponitur. Sistit alvum in lacte caprino decoctum, et bis die haustum : sic prodest et ad tormina.

E sesama, VII. Sesamoide, III. Anticyrico, IV.

LXIV. Sesama trita in vino sumpta, inhibet vomitiones. Aurium inflammationi illinitur, et ambustis. Eadem efficit, et dum in herba est. Hoc amplius, oculis imponitur decocta in vino. Stomacho inutilis cibus, et animæ gravitatem facit. Stellionum morsibus resistit. Item ulceribus, quæ cacoethe vocant, et auribus, oleum, quod ex ea fit, prodesse diximus.

Sesamoides a similitudine nomen accepit, grano amaro, folio minore. Nascitur in glareosis. Detrahit bilem in aqua potum. Semen illinitur igni sacro : discutit panos. Est etiamnum aliud sesamoides Anticyræ nascens, quod ideo aliqui Anticyricon vocant : cetera simile erigeronti herbæ, de qua suo dicemus loco : grano sesamæ. Datur in vino dulci ad detractiones, quantum tribus digitis capitur, miscentque ellebori albi unum et dimidium obolum, purgationem eam adhibentes, maxime insaniæ melancholicæ, comitialibus, podagris. Et per se drachmæ pondere exinanit.

Pris dans du vin, il est bon pour la dysenterie. On l'applique chaud, de la même manière, sur les parties où l'on veut exciter la transpiration. Bu deux fois par jour, cuit dans du lait de chèvre, il guérit le flux de ventre et les tranchées.

Du sésame, 7. Du sesamoides, 3. De l'anticyrique, 4.

LXIV. Le sésame, broyé et pris dans du vin, arrête le vomissement. On l'applique sur les inflammations des oreilles et sur les brûlures. Il produit les mêmes effets n'étant qu'en herbe; mais cette herbe, cuite dans du vin, guérit de plus les maladies des yeux. Du reste, le sésame est indigeste et gêne la respiration. Il est ordonné contre la morsure des lézards, contre les ulcères malins appelés *cacoethe* par les Grecs. L'huile de sésame, comme nous l'avons déjà dit, est bonne pour les maux d'oreille.

Le *sesamoides* doit son nom à sa ressemblance avec le sésame; ses feuilles sont plus petites et sa graine amère. Il croît dans les lieux pierreux. Pris dans de l'eau, il évacue la bile. On applique sa graine sur les érysipèles et sur les tumeurs inflammatoires. Il y a une autre espèce de sesamoides qui croît dans l'île d'Anticyre, et qu'on appelle par cette raison *anticyrique*. C'est une plante semblable à l'*erigeron*, dont nous parlerons en son lieu. Sa graine est celle du sésame. On en fait prendre une pincée dans du vin doux pour purger par en haut. On l'ordonne à la même dose, avec une obole et demie d'ellébore, pour la mélancolie, l'épilepsie et la goutte. Cette même graine seule, au poids d'une drachme, purge par en bas.

Ex hordeo, IX. Hordeo murino, III.

LXV. Hordeum optimum, quod candidissimum. Succus decocti in aqua cælesti digeritur in pastillos, ut infundatur exulceratis interaneis et vulvis. Cinis ejus ambustis illinitur, et carnibus quæ recedunt ab ossibus, et eruptionibus pituitæ, muris aranei morsibus. Idem adsperso sale ac melle, candorem dentibus, et suavitatem oris facit. Eos qui pane hordeaceo utuntur, morbo pedum tentari negant. Novem granis si furunculum quis circumducat, singulis ter, manu sinistra, et omnia in ignem abjiciat, confestim sanari aiunt. Est et herba phœnicea appellata Græcis, nostris vero hordeum murinum. Hæc trita e vino pota præclare ciet menses.

E ptisana, IV.

LXVI. Ptisanæ, quæ ex hordeo fit, laudes uno volumine condidit Hippocrates, quæ nunc omnes in alicam transeunt. Contra quanto innocentior alica? Hippocrates tamen sorbitionis gratia laudavit, quoniam lubrica ex facili hauriretur, quoniam sitim arceret, quoniam in alvo non intumesceret, quoniam facile redderetur, et adsuetis hic solus cibus in febri bis die possit dari : tantum remotus ab istis, qui medicinam fame exercent. Sorbitionem tamen dari totam vetuit,

De l'orge, 9. De l'hordeum murinum, 3.

LXV. L'orge la plus blanche est la meilleure. Avec le suc d'orge, cuit dans de l'eau de pluie, on forme des trochisques qui s'emploient en injections pour les ulcères des intestins et de la vulve. La cendre d'orge s'applique sur les brûlures, sur les chairs qui se séparent des os, sur les éruptions phlegmatiques et sur la morsure des musaraignes. Mêlée avec du sel et du miel, elle blanchit les dents et rend l'haleine douce. On prétend que ceux qui se nourrissent de pain d'orge n'ont jamais mal aux pieds. Si l'on prend neuf grains d'orge, et qu'on cerne un furoncle trois fois avec chaque grain de la main gauche, et qu'ensuite on les jette tous au feu, on se trouve, dit-on, guéri sur-le-champ. On connaît une autre plante nommée par les Grecs *phœnicea*, et par les Latins *hordeum murinum*, qui, broyée et prise dans du vin, est très-bonne pour provoquer le flux menstruel.

De la ptisana, 4.

LXVI. Les vertus de l'orge mondé, ou *ptisana*, ont fourni à Hippocrate le sujet d'un volume entier. Aujourd'hui on préfère l'alica, qui est en effet beaucoup plus salutaire. Cependant Hippocrate recommande l'orge mondé comme une potion qui glisse et coule légèrement, qui apaise la soif, qui ne gonfle point le ventre, passe facilement, et peut se donner dans la fièvre deux fois par jour, pour toute nourriture, aux personnes qui ont l'habitude d'en faire usage: tant sa méthode est opposée à celle des médecins qui ont pour maxime d'affamer leurs malades! Néanmoins il n'entend pas qu'on

aliudve quam succum ptisanæ. Item quamdiu pedes frigidi essent, tunc quidem nec potionem dandam. Fit et ex tritico glutinosior, arteriæque exulceratæ utilior.

Ex amylo, VIII. Avena, I.

LXVII. Amylon hebetat oculos, gulæ inutile, contra quam creditur. Item sistit alvum, epiphoras oculorum inhibet, et ulcera sanat : item pusulas, et fluxiones sanguinis. Genas duras emollit. Datur cum ovo his qui sanguinem rejecerint. In vesicæ vero dolore, semuncia amyli cum ovo, et passi tribus ovis suffervefacta, a balineo. Quin et avenacea farina decocta in aceto nævos tollit.

E pane, XXI.

LXVIII. Panis hic ipse, quo vivitur, innumeras pæne continet medicinas. Ex aqua et oleo aut rosaceo mollit collectiones, ex aqua mulsa duritias valde mitigat. Datur et ex vino ad discutienda quæ præstringi opus sit, et si magis etiamnum, ex aceto, adversus acutas pituitæ fluxiones, quas Græci rheumatismos vocant : item ad percussa, luxata. Ad omnia autem hæc fermentatus, qui vocatur autopyros, utilior. Illinitur et paronychiis, et callo pedum in aceto. Vetus aut nauticus panis tusus,

prenne l'orge même, mais seulement le suc en décoction ; encore ne le permet-il qu'autant que les pieds ne sont pas froids. On fait aussi une sorte de ptisana avec le froment mondé; elle est plus mucilagineuse, et convient mieux dans les ulcères de la gorge et des bronches.

De l'amidon, 8. De l'avoine, 1.

LXVII. L'amidon affaiblit la vue; il est nuisible à l'estomac, malgré l'opinion contraire; mais il arrête le cours de ventre, apaise les fluxions des yeux, et guérit les ulcères, les pustules, les éruptions phlegmoneuses et l'engorgement des paupières. On le donne dans un œuf à ceux qui vomissent le sang. Pour les douleurs de la vessie, on le prescrit au poids d'une demi-once, un peu chauffé, avec un œuf et autant de vin cuit que trois coquilles d'œuf peuvent en contenir. Quant à la farine d'avoine, on la fait cuire dans du vinaigre pour effacer les taches du visage.

Du pain, 21.

LXVIII. Le pain même que l'on mange ordinairement a une foule de propriétés. Appliqué avec de l'eau, de l'huile simple ou de l'huile rosat, il amollit les abcès ; et avec de l'eau miellée, les tumeurs dures, dont il calme la douleur. On l'ordonne avec du vin pour arrêter les fluxions ; ou avec du vinaigre, lorsqu'il est besoin de plus d'activité, comme dans les débordemens violens de pituite, appelés par les Grecs catarrhes. Il est bon encore pour les coups et les luxations. Le pain fait avec du levain, et qu'on appelle *autopyros*, est le meilleur pour tous les cas précités. On l'applique avec du vinaigre

atque iterum coctus, sistit alvum. Vocis studiosis, et contra distillationes, siccum esse primo cibo, utilissimum est. Sitanius (hoc est, e trimestri) incussa in facie, aut desquamata, cum melle aptissime curat. Candidus ægris, aqua calida frigidave madefactus, levissimum cibum præbet. Oculorum tumori ex vino imponitur. Sic et pusulis capitis, aut adjecta arida myrto. Tremulis panem ex aqua esse jejunis statim a balineis demonstrant. Quin et gravitatem odorum in cubiculis ustus emendat: et vini, in saccos additus.

E faba, XVI.

LXIX. Auxiliatur et faba. Namque solida fricta, fervensque in acre acetum conjecta, torminibus medetur. In cibo fressa, et cum allio cocta, contra deploratas tusses, suppurationesque pectorum, quotidiano cibo sumitur: et commanducata jejuno ore, etiam ad furunculos maturandos discutiendosve imponitur: et in vino decocta, ad testium tumores, et genitalium. Lomento quoque ex aceto decocto, tumores maturat atque aperit: item livoribus, combustis medetur. Voci eam prodesse, auctor est M. Varro. Fabalium etiam siliquarumque cinis, ad coxendices, et ad nervorum veteres dolores

sur les panaris et les cors aux pieds. Le pain dur, ou le biscuit des matelots, pilé et cuit de nouveau, arrête le cours de ventre. Le pain sec, mangé à jeun, est très-bon pour la voix et contre les rhumes de cerveau. Le pain appelé *sitanius*, fait avec du blé de trois mois, appliqué avec du miel, remédie efficacement aux meurtrissures et aux dartres farineuses du visage. Le pain blanc, détrempé dans de l'eau froide ou chaude, est un aliment fort léger qui convient aux malades. On l'applique avec du vin pour les enflures des yeux : de cette manière encore, il est bon pour les pustules de la tête : on y ajoute aussi du myrte sec. On prescrit le pain trempé dans l'eau, et pris au sortir du bain, à jeun, pour les tremblemens des membres. Brûlé dans une chambre, il en chasse le mauvais air; et, mis dans la toile où on passe les vins, il en corrige le mauvais goût.

De la fève, 16.

LXIX. Les fèves offrent aussi des remèdes utiles. Fricassées tout entières, et jetées chaudes dans de fort vinaigre, elles guérissent les tranchées. Concassées et cuites avec de l'ail, elles sont bonnes pour les maladies de poitrine; on les prend chaque jour, préparées de cette manière, pour les toux chroniques. Mâchées à jeun et appliquées sur les furoncles, elles les mûrissent et les font aboutir. Cuites dans du vin, elles sont bonnes pour les tumeurs de la verge et des testicules. La farine de fèves, cuite dans du vinaigre, fait mûrir et percer les abcès, et guérit les meurtrissures et les brûlures. Selon Varron, elles éclaircissent et fortifient la voix. La cendre des tiges, des feuilles et des gousses, avec de la

cum adipis suilli vetustate prodest. Et per se cortices decocti ad tertias sistunt alvum.

Ex lente, XVII.

LXX. Lens optima, quæ facillime coquitur, et ea quæ maxime aquam absorbet. Aciem quidem oculorum obtundit, et stomachum inflat, sed alvum sistit in cibo, magisque discocta cælesti aqua : eadem solvit, minus percocta. Pusulas ulcerum rumpit, eaque quæ intra os sunt, purgat et adstringit. Collectiones omnes imposita sedat, maximeque exulceratas et rimosas. Oculorum autem epiphoras cum meliloto, aut cotoneo. Contra suppurantia cum polenta imponitur. Decoctæ succus ad oris exulcerationes et genitalium adhibetur : ad sedem, cum rosaceo aut cotoneo. In his, quæ acrius remedium exigant, cum putamine punici, melle modico adjecto. Ad id demum, ne celeriter inarescat, adjiciunt et betæ folia. Imponitur et strumis panisque, vel maturis vel maturescentibus, ex aceto discocta. Rimis ex aqua mulsa : et gangrænis cum punici tegmine. Item podagris cum polenta, et vulvis, et renibus, pernionibus, ulceribus difficile cicatricem trahentibus. Propter dissolutionem stomachi triginta grana lentis devorantur. In choleris quoque et dysenteria efficacior est in tribus aquis cocta : in quo usu melius semper eam torrere

vieille graisse de porc, guérit la sciatique et les douleurs chroniques des nerfs. Enfin, l'enveloppe même des fèves, bouillie jusqu'à diminution des deux tiers, arrête le cours de ventre.

De la lentille, 17.

LXX. Les lentilles qui cuisent le plus aisément et qui boivent le plus d'eau, sont les meilleures : elles affaiblissent la vue et causent des gonflemens ; mais, prises en aliment, elles arrêtent le cours de ventre, surtout étant bien cuites dans de l'eau de pluie ; peu cuites, au contraire, elles sont laxatives. Elles font tomber les croûtes des ulcères, détergent et mondifient ceux de la bouche, et apaisent l'inflammation dans les dépôts de toute espèce, surtout quand ils sont ulcérés et sillonnés de crevasses. Avec du mélilot ou des coings, elles guérissent les fluxions des yeux. On les applique avec du gruau pour empêcher les tumeurs de suppurer. La décoction de lentilles remédie aux ulcères de la bouche et des parties de la génération ; et avec des coings ou de l'huile rosat, aux maladies du siège. Dans les cas où le mal exige un remède plus actif, on joint aux lentilles une écorce de grenade avec un peu de miel ; et, pour que le cataplasme ne sèche point trop vite, on y ajoute des feuilles de bette. Les lentilles, cuites dans le vinaigre, s'appliquent encore sur les écrouelles et sur les tumeurs inflammatoires quand elles sont mûres, ou qu'elles commencent à le devenir. On les emploie, avec de l'eau miellée, pour les crevasses de la peau ; avec une écorce de grenade, pour la gangrène ; avec du gruau, pour la goutte, les maladies de la vulve, les douleurs de reins, les engelures, les ulcères rebelles et opiniâtres. Dans les relâ-

ante, et tundere, ut quam tenuissima detur, vel per se, vel cum cotoneo malo, aut piris, aut myrto, aut intubo erratico, aut beta nigra, aut plantagine. Pulmoni est inutilis, et capitis dolori, nervosisque omnibus, et felli : nec somno facilis : ad pusulas utilis, ignique sacro, et mammis in aqua marina decocta : in aceto autem duritias et strumas discutit. Stomachi quidem causa, polentæ modo potionibus inspergitur. Quæ sunt ambusta, aqua semicocta curat, postea trita, et per cribrum effuso furfure, mox procedente curatione addito melle. Ex posca coquitur ad guttura. Est et palustris lens per se nascens in aqua non profluente, refrigeratoriæ naturæ : propter quod collectionibus illinitur, et maxime podagris, et per se, et cum polenta : glutinat et interanea procidentia.

Ex elelisphaco, sive sphaco, quæ salvia, XIII.

LXXI. Est et silvestris elelisphacos dicta a Græcis, ab aliis sphacos. Ea est sativa lente levior, et folio minore, atque sicciore, et odoratiore. Est et alterum genus ejus silvestrius, odore gravi : hæc mitior. Folia

chemens d'estomac, on fait avaler trente grains de lentilles. Dans le flux de bile et la dysenterie, on les fait cuire en trois eaux: pour qu'elles agissent d'une manière plus efficace, il est mieux de les rôtir et de les pulvériser. On fait prendre cette poudre aussi fine qu'il est possible, ou seule, ou bien avec des coings, ou des poires, ou du myrte, ou de la chicorée sauvage, ou de la bette noire, ou enfin du plantain. Les lentilles nuisent aux poumons, à la tête, aux sécrétions de la bile, aux nerfs en général, et troublent le sommeil; mais, cuites dans de l'eau de mer, elles sont excellentes pour les pustules, l'érysipèle et les enflures des mamelles. Cuites dans le vinaigre, elles résolvent les écrouelles et toutes les tumeurs dures. On en met dans le bouillon, en guise de gruau, pour les faiblesses d'estomac. Pour les brûlures, on les emploie à demi cuites dans de l'eau; ensuite on les broie, on les passe par le tamis pour en ôter le son, puis on les applique sur le mal; on y ajoute du miel sur la fin de la cure. Pour les maux de gorge, on les fait cuire dans de l'oxycrat. On trouve dans les eaux stagnantes une autre espèce de lentilles; c'est une plante rafraîchissante : aussi l'applique-t-on seule, ou avec du gruau, sur les tumeurs et sur les parties affligées de la goutte. C'est encore un bon topique pour les hernies intestinales.

De l'elelisphacos, sphacos ou sauge, 13.

LXXI. La plante que les Grecs appellent *elelisphacos*, ou *sphacos*, est une espèce de lentille sauvage; elle est plus légère que la cultivée, et a les feuilles plus petites, plus sèches et plus odorantes. Il y a encore

habet cotonei mali effigie, sed minora et candida, quæ cum ramis decoquuntur. Menses ciet, et urinas : et pastinacæ ictus sanat. Torporem autem obducit percusso loco. Bibitur cum absinthio ad dysenteriam. Cum vino eadem commorantes menses trahit : abundantes sistit decocto ejus poto. Per se imposita herba vulnerum sanguinem cohibet. Sanat et serpentium morsus. Et si in vino decoquatur, pruritus testium sedat. Nostri, qui nunc sunt, herbarii elelisphacon græce, latine salviam vocant, mentæ similem, canam, odoratam. Partus emortuos ea adposita extrahunt : item vermes aurium ulcerumque.

E cicere, et cicercula, XXIII.

LXXII. Cicer et silvestre est, foliis sativo simile, odore gravi. Si largius sumatur, alvus solvitur, et inflatio contrahitur, et tormina. Tostum salubrius habetur. Cicercula etiamnum magis in alvo proficit. Farina utriusque ulcera manantia capitis sanat, efficacius silvestris. Item comitiales, et jocinerum tumores, et serpentium ictus. Ciet menses et urinas, grano maxime. Emendat et lichenas, et testium inflammationes, regium morbum, hydropicos. Lædunt omnia hæc genera exulceratam vesicam, et renes. Gangrænis utiliora cum

une autre herbe de ce nom, plus sauvage que la précédente ; son odeur est forte : elle est plus douce néanmoins que l'autre. Ses feuilles ressemblent à celles du cognassier, mais elles sont plus blanches et plus petites. On les fait cuire avec leurs rameaux. Cette plante provoque les mois et les urines ; elle guérit la piqûre du *pastinaca*, et engourdit la douleur de la partie blessée. En breuvage avec de l'absinthe, elle guérit la dysenterie ; avec du vin, elle pousse les règles ; mais sa décoction les arrête, si elles sont trop abondantes. Appliquée seule, elle étanche le sang des plaies et guérit la morsure des serpens. Cuite dans du vin, elle apaise les démangeaisons des testicules. L'elelisphacos des Grecs est appelée par les Latins *salvia*. C'est une herbe semblable à la menthe, pâle et aromatique. Employée à l'extérieur, elle fait sortir le fœtus mort de la matrice, et chasse les vers qui s'engendrent dans les oreilles et les ulcères.

Du cicer et du cicercula, 23.

LXXII. On connaît aussi un *cicer* sauvage ; ses feuilles, semblables à celles du cicer cultivé, ont une odeur forte. Pris en certaine quantité, il lâche le ventre et cause des gonflemens et des tranchées. On prétend qu'il vaut mieux rôti. Le *cicercula* est meilleur pour le ventre. La farine de l'une et de l'autre espèce guérit les ulcères humides de la tête ; cependant la farine du cicer sauvage est préférable. Cette farine est un bon remède pour l'épilepsie, pour les tumeurs du foie et pour la morsure des serpens. Le cicer provoque les mois et les urines ; pour cet effet, on emploie surtout le grain. Il est bon pour les dartres, les inflammations des testi-

melle, et his quæ cacoethe vocantur. Verrucarum in omni genere prima luna singulis granis singulas tangunt, eàque grana in linteolo deligata post se abjiciunt, ita fugari vitium arbitrantes. Nostri præcipiunt arietinum in aqua cum sale discoquere, ex eo bibere cyathos binos in difficultatibus urinæ. Sic et calculos pellit, morbumque regium. Ejusdem foliis sarmentisque decoctis, aqua quam maxime calida morbos pedum mollit, et ipsum calidum tritumque illitum. Columbini decocti aqua, horrorem tertianæ et quartanæ minuere creditur. Nigrum autem cum gallæ dimidio tritum, oculorum ulceribus ex passo medetur.

Ex ervo, xx.

LXXIII. De ervo quædam in mentione ejus diximus: nec potentiam ei minorem veteres, quam brassicæ tribuere. Contra serpentium ictus ex aceto, ad crocodilorum hominumque morsum. Si quis ervum quotidie jejunus edat, lienem ejus absumi certissimi auctores adfirmant. Farina ejus varos, sed et maculas toto corpore emendat. Serpere ulcera non patitur : in mammis efficacissimum. Carbunculos rumpit ex vino. Urinæ dif-

cules, la jaunisse et l'hydropisie; mais toutes les espèces nuisent aux reins et à la vessie, quand ces viscères sont ulcérés. Appliquées avec du miel, elles guérissent les ulcères malins et arrêtent la gangrène. Pour faire tomber les verrues, quelques-uns, à la première lune, touchent d'un grain de cicer chaque verrue; puis ils mettent ces grains dans un nouet de linge qu'ils jettent derrière eux, persuadés qu'ils seront bientôt guéris. Selon les auteurs latins, le *cicer arietinum*, cuit dans de l'eau avec du sel, et pris à la dose de deux cyathes, guérit la strangurie et la jaunisse, et expulse les calculs de la vessie. La décoction des feuilles et des tiges, employée en fomentations le plus chaudement possible, ou le cicer même, écrasé et appliqué tout chaud, est un remède excellent pour les douleurs des pieds. La décoction du *cicer columbinum* apaise les frissons dans la fièvre-tierce et dans la fièvre-quarte. Le *cicer nigrum*, broyé avec la moitié d'une noix de galle, et appliqué avec du vin cuit, guérit les ulcères des yeux.

De l'ers, 20.

LXXIII. En traitant de l'ers, nous avons indiqué quelques-unes de ses propriétés. Les anciens prétendent qu'elles ne cèdent en rien à celles du chou. On l'applique avec du vinaigre sur les morsures des hommes, des serpens et des crocodiles. Suivant quelques auteurs d'un grand poids, l'ers, mangé tous les jours à jeun, consume insensiblement la rate. Sa farine fait disparaître les taches de la peau sur le visage et sur tout le reste du corps. L'ers arrête les progrès des ulcères; il est excellent pour les tumeurs des mamelles. Appli-

ficultates, inflationem, vitia jocineris, tenesmon, et quæ cibum non sentiunt, atropha appellata, tostum, et in nucis avellanæ magnitudinem melle collectum devoratumque corrigit : item impetigines, ex aceto coctum et quarto die solutum. Panos in melle impositum suppurare prohibet. Aqua decocti perniones et pruritus sanat fovendo. Quin et universo corpori, si quis quotidie jejunus biberit, meliorem fieri colorem existimant. Cibis idem hominis alienum. Vomitiones movet, alvum turbat, capiti et stomacho onerosum. Genua quoque degravat. Sed madefactum pluribus diebus, mitescit, bubus jumentisque utilissimum. Siliquæ ejus virides, prius quam indurescant, cum suo caule foliisque contritæ, capillos nigro colore inficiunt.

Ex lupino, xxxv.

LXXIV. Lupini quoque silvestres sunt, omni modo minores sativis, præterquam amaritudine. Ex omnibus quæ eduntur, sicco nulli minus ponderis est, nec plus utilitatis. Mitescunt cinere aut aqua calidis. Colorem hominis frequentiores in cibo exhilarant : amari contra aspidas valent. Ulcera atra, aridi decorticatique triti, supposito linteolo, ad vivum corpus redigunt. Strumas,

qué avec du vin, il mûrit les abcès appelés anthrax ou charbons. Rôti, et pris dans du miel à la grosseur d'une aveline, il est utile pour la strangurie, les flatuosités, le ténesme, les maladies du foie et l'atrophie, qui ne permet pas que les alimens profitent, et prive le corps de tout suc nourricier. Pour les dartres, on l'applique cuit dans le vinaigre, et l'on n'enlève le cataplasme qu'au bout de quatre jours. Appliqué avec du miel, il prévient la suppuration des tumeurs inflammatoires. Sa décoction, employée en fomentation, guérit les engelures et les démangeaisons. Si l'on en boit à jeun tous les jours, elle donne à la peau plus d'éclat et de fraîcheur. Mais ce légume est une nourriture peu saine, car il excite le vomissement, dérange le ventre, appesantit la tête, charge l'estomac et affaiblit les jambes. En le faisant tremper quelques jours dans l'eau, il perd ces mauvaises qualités, et devient excellent pour les bœufs et toutes les bêtes de somme. Le suc des gousses de l'ers, broyées toutes vertes avec la tige et les feuilles, teint les cheveux en noir.

Du lupin, 35.

LXXIV. Les lupins sauvages sont à tous égards plus petits que les lupins cultivés, mais ils ont la même amertume. Ce légume, étant sec, est de tous les alimens le plus léger et le plus sain : il s'adoucit sur les cendres chaudes ou dans l'eau bouillante. Quand on mange souvent des lupins, ils rendent le teint vif et agréable. Ceux qui sont amers remédient à la morsure des aspics. Les lupins secs, dépouillés de leur écorce et pilés, s'appliquent, avec un morceau de linge, sur

parotidas, in aceto cocti discutiunt. Succus decoctorum cum ruta et pipere, vel in febri datur ad ventris animalia pellenda, minoribus triginta annorum : pueris vero impositi, in ventrem jejunis prosunt. Et alio genere tosti, et in defruto poti, vel ex melle sumpti. Iidem aviditatem cibi faciunt, fastidium detrahunt. Farina eorum aceto subacta, papulas pruritusque in balineis illita cohibet, et per se siccat ulcera. Livores emendat : inflammationes cum polenta sedat. Silvestrium efficacior vis est contra coxendicum et lumborum debilitatem. Ex iisdem decocta lentigines, et foventium cutem corrigunt : si vero ad mellis crassitudinem decoquantur vel sativi, vitiligines nigras et lepras emendant. Sativi quoque rumpunt carbunculos impositi : panos et strumas minuunt, aut maturant, cocti ex aceto : cicatricibus candidum colorem reddunt. Si vero cælesti aqua discoquantur, succus ille smegma fit : quo fovere gangrænas, eruptiones pituitæ, ulcera manantia, utilissimum. Expedit ad lienem bibere, et cum melle menstruis hærentibus.

Lieni crudi cum fico sicca triti ex aceto imponuntur. Radix quoque in aqua decocta, urinas pellit. Medentur pecori cum chamæleone herba decocti, aqua in potum

les ulcères noirâtres, pour les mondifier et faire revivre les chairs. Cuits dans le vinaigre, ils résolvent les parotides et les écrouelles. La décoction de lupins, bouillis avec de la rue et du poivre, est un bon vermifuge, qu'on prend même pendant la fièvre, si l'on a moins de trente ans ; on les applique en cataplasme sur le ventre des enfans, lorsqu'ils sont encore à jeun. Les autres lupins s'emploient rôtis, ou en potion dans du vin cuit, ou en bol avec du miel. Ce légume chasse le dégoût et ranime l'appétit. Sa farine, pétrie dans le vinaigre et appliquée dans le bain, guérit les boutons et apaise les démangeaisons ; seule, elle fait sécher les ulcères. Elle dissipe les traces livides des meurtrissures ; avec du gruau, elle apaise les inflammations. Les lupins sauvages sont plus efficaces pour la faiblesse des reins et des lombes. Leur décoction, employée en fomentations, nettoie la peau et efface les taches de rousseur. Les lupins de l'une et de l'autre espèce, cuits jusqu'à consistance de miel, font disparaître les taches noires de la peau et guérissent la lèpre. Les lupins cultivés s'appliquent avec succès pour faire aboutir les charbons. Cuits dans du vinaigre, ils dissipent ou mûrissent les écrouelles et les tumeurs érysipélateuses, et blanchissent les cicatrices. Cuits dans de l'eau de pluie, ils donnent une liqueur savonneuse qui, employée en fomentations, est excellente pour la gangrène, les éruptions phlegmatiques et les ulcères humides. On prescrit leur décoction comme un bon remède pour les maladies de la rate ; on y ajoute du miel pour la suppression des règles.

Pour les maux de rate, on les pile crus, et on les applique avec une figue sèche et du vinaigre. La racine, bouillie dans l'eau, provoque les urines. Bouillis avec

collata. Sanant et scabiem quadrupedum omnium, in amurca decocti, vel utroque liquore postea mixto. Fumus crematorum culices necat.

Ex irione, sive erysimo, quod Galli velam, xv.

LXXV. Irionem inter fruges sesamæ similem esse diximus, et a Græcis erysimon vocari : Galli velam appellant. Est autem fruticosum, foliis erucæ, angustioribus paulo, semine nasturtii. Utilissimum tussientibus cum melle, et in thoracis purulentis exscreationibus. Datur et regio morbo, et lumborum vitiis, pleuriticis, torminibus, cœliacis. Illinitur vero parotidum et carcinomatum malis. Testium ardoribus ex aqua, alias cum melle. Infantibus quoque utilissimum. Item sedis vitiis, et articulariis morbis, cum melle et fico. Contra venena etiam efficax potum. Medetur et suspiriosis, item fistulis, cum axungia veteri, ita ne intus addatur.

Ex hormino, vi.

LXXVI. Horminum semine (ut diximus) cumino simile est, cetero porro, dodrantali altitudine. Duorum generum : alteri semen nigrius, et oblongum. Hoc ad Venerem stimulandam, et ad oculorum argema et albu-

la plante dite caméléon, ils sont salutaires aux bestiaux qui en boivent la décoction. Les lupins cuits avec du marc d'huile, ou leur décoction mêlée avec ce marc, guérissent la gale de tous les animaux à quatre pieds. La fumée du lupin brûlé fait périr les cousins.

De l'irion ou erysimum, en gaulois vela, 15.

LXXV. En traitant des céréales, nous avons dit que l'*irion* était semblable au sésame, et que les Grecs l'appelaient *erysimon*. Les Gaulois le nomment *vela*. Cette plante a le port d'un arbrisseau, les feuilles de la roquette, mais plus étroites, et la graine du cresson. Avec du miel, c'est un excellent remède pour la toux et les crachemens purulens. On le prescrit aussi pour la jaunisse, les douleurs des lombes, la pleurésie, les tranchées et le flux de ventre. On l'applique sur les parotides et les chancres, et, avec de l'eau ou du miel, pour les inflammations des testicules. Il est particulièrement salutaire aux petits enfans. Avec du miel et des figues, il remédie aux maladies du siège et des articulations. En breuvage, il passe pour un bon antidote. Il est bon pour l'asthme, et, avec de la vieille graisse, pour les fistules; mais il ne doit pas entrer dans l'intérieur de la plaie.

De l'horminum, 6.

LXXVI. L'*horminum*, comme nous l'avons remarqué, a la graine semblable à celle du cumin; du reste, il ressemble au porreau et croît à la hauteur de neuf pouces. Il y en a deux espèces: l'une donne une graine noire et oblongue, qui passe pour aphrodisiaque, et

gines. Alteri candidius semen et rotundius. Utroque tuso extrahuntur aculei ex corpore, per se illito ex aqua : folia ex aceto imposita, panos per se vel cum melle discutiunt : item furunculos, priusquam capita faciant, omnesque acrimonias.

E lolio, v.

LXXVII. Quin et ipsæ frugum pestes in aliquo sunt usu. Infelix dictum est a Virgilio lolium. Hoc tamen molitum, ex aceto coctum, impositumque, sanat impetigines, celerius, quo sæpius mutatum est. Medetur et podagris, aliisque doloribus, ex oxymelite. Curatio hæc a ceteris differt. Aceti sextario uno dilui mellis uncias duas justum est : ita temperatis sextariis tribus, decocta farina lolii sextariis duobus usque ad crassitudinem, calidumque ipsum imponi dolentibus membris. Eadem farina extrahit ossa fracta.

E miliaria herba, I.

LXXVIII. Miliaria appellatur herba, quæ necat milium. Hæc trita, et cornu cum vino infusa, podagras jumentorum dicitur sanare.

pour faire disparaître les taies des yeux et les taches de l'iris ; l'autre espèce a la graine blanche et ronde. L'une et l'autre, pilées et appliquées avec de l'eau, font sortir des plaies tous les corps acérés qui y sont restés engagés. Les feuilles, appliquées avec du vinaigre ou du miel, dissipent les tumeurs inflammatoires, les furoncles avant que le bouton soit formé, et toute espèce d'éruptions causées par des humeurs âcres.

De l'ivraie, 5.

LXXVII. Les plantes ennemies des blés ont aussi leurs vertus médicinales. L'ivraie est qualifiée par Virgile d'herbe nuisible et malheureuse ; cependant sa graine moulue, cuite dans le vinaigre et appliquée sur les échauboulures, les guérit d'autant plus promptement, qu'on renouvelle plus souvent le cataplasme. Avec de l'oxymel, elle remédie à la goutte et à toutes les douleurs des membres. Dans ces derniers cas, voici la manière de la préparer : on délaie deux onces de miel dans un setier de vinaigre, et on y jette deux setiers de farine d'ivraie; ce mélange, réduit à la consistance du miel, s'applique tout chaud sur les parties affligées. Cette farine fait encore sortir les esquilles des os fracturés.

De l'herbe miliaire, 1.

LXXVIII. Le *miliaria* est une herbe qui étouffe le millet. Broyée et détrempée dans du vin, on la fait avaler aux bêtes de somme au moyen d'une corne, lorsqu'on veut les guérir de la goutte.

E bromo, I.

LXXIX. Bromos semen est spicam ferentis herbæ : nascitur inter vitia segetis, avenæ genere : folio et stipula triticum imitatur. In cacuminibus dependentes parvulas velut locustas habet. Semen utile ad cataplasmata, atque hordeum, et similia. Prodest tussientibus succus.

Ex orobanche, sive cynomorio, I.

LXXX. Orobanchen appellavimus necantem ervum et legumina : alii cynomorion eam appellant, a similitudine canini genitalis. Cauliculus est sine sanguine, foliis rubens. Estur et per se, et in patinis quum tenera est decocta.

De leguminum bestiolis.

LXXXI. Et leguminibus innascuntur bestiolæ venenatæ, quæ manus pungunt, et periculum vitæ adferunt, solipugarum generis. Adversus has omnia eadem medentur, quæ contra araneos et phalangia demonstrantur. Et frugum quidem hæc sunt in usu medico.

De zytho et cervisia.

LXXXII. Ex iisdem fiunt et potus, zythum in Ægypto,

Du brome, 1.

LXXIX. Le *bromos* est la graine d'une herbe portant épi, et qui croît parmi les blés, auxquels elle est très-nuisible. C'est une espèce d'avoine dont les feuilles et le chaume sont semblables à ceux du froment. Elle porte à son sommet quelques épillets inclinés. Sa graine s'emploie en cataplasmes, comme celle de l'orge ou des autres céréales. Son suc est bon pour la toux.

De l'orobanche ou cynomorium, 1.

LXXX. L'*orobanche* est une herbe qui étouffe l'ers et les autres légumes, comme nous l'avons dit ailleurs. D'autres auteurs l'appellent *cynomorion*, à cause de sa ressemblance avec la partie génitale du chien. Sa tige est sèche et fragile, et ses feuilles tirent sur le rouge. Cette plante se mange crue, ou bien cuite avec d'autres mets, lorsqu'elle est encore tendre.

Des insectes qui infestent les légumes.

LXXXI. Il s'engendre sur les légumes de petits insectes, semblables aux *solipuges*, qui piquent les mains et peuvent mettre en danger la vie. Leur piqûre se guérit par les mêmes remèdes qu'on emploie contre le venin des araignées et des phalanges. Voilà tout ce que nous avions à dire sur les vertus médicinales des céréales.

Du zythum et de la cervoise.

LXXXII. On en compose aussi différentes boissons :

celia et ceria in Hispania, cervisia et plura genera in Gallia, aliisque provinciis, quorum omnium spuma cutem feminarum in facie nutrit. Nam quod ad potum ipsum attinet, præstat ad vini transire mentionem, atque a vite ordiri medicinas arborum.

le *zythum* en Égypte, le *celia* et le *ceria* en Espagne, le *cervisia* et autres espèces de bière dans les Gaules et dans plusieurs autres contrées. L'écume de ces boissons est un cosmétique employé par les femmes pour entretenir la fraîcheur de la peau. Mais, puisqu'il s'agit de breuvages, il vaut mieux passer de suite aux divers usages du vin, et, en commençant par la vigne, exposer les propriétés médicinales des arbres.

NOTES

DU LIVRE VINGT-DEUXIÈME.*

1. — Chap. II, page 2, ligne 16. *Illinunt.... faciem in populis barbarorum feminæ.* La plupart des nations guerrières qui vivent dans un état de civilisation peu avancé, ont pour habitude de se tatouer, c'est-à-dire de se couvrir le corps de figures d'animaux, ou de dessins bizarres qui leur donnent un aspect redoutable. Cet usage est abandonné de tous les peuples de l'Europe, mais pas si universellement, qu'on ne retrouve encore des traces de cet ancien usage presque partout. La plupart de nos soldats se font encore tatouer les bras ou la poitrine, etc. Le mode suivi pour ce tatouage est le même que celui suivi jadis : il consiste à percer l'épiderme avec de petites aiguilles, en suivant un dessin, et à frotter ensuite la peau, ainsi perforée, avec de l'indigo, du pastel, de la laque, etc. ; quelquefois on emploie la poudre à tirer. Quoique le tatouage ait été, dans tous les lieux où il s'est pratiqué, commun aux deux sexes, il est cependant exécuté avec plus de recherche pour les hommes que pour les femmes. On ne retrouve plus de traces de tatouage en Europe chez celles-ci, car le fard en diffère essentiellement. Solin a prétendu que les barbares se faisaient stigmatiser pour montrer combien ils étaient maîtres de leur douleur. Il est plus naturel de croire, avec Pomponius Mela, que c'était pour rehausser leur beauté. On peut remarquer que cet usage n'a eu de vogue que chez les peuples où les arts étaient dans l'enfance. Aussitôt que l'on eut appris à façonner de cent manières l'or et l'argent, pour en faire des bijoux, et que la décence eut fait adopter des vêtemens, le tatouage fut peu à peu abandonné, et la coquetterie prit une autre direction. Il

* Toutes les notes des livres XII à XXVII inclusivement sont dues à M. Fée.

est probable que le tatouage n'était pas le même pour toutes les conditions. Chez les Thraces, par exemple, il était interdit aux esclaves; les personnes de basse condition ne portaient que de petits dessins, écartés les uns des autres, tandis qu'on reconnaissait, au contraire, les gens riches aux larges dessins qui leur couvraient tout le corps. Il est assez singulier que ces distinctions, établies par les Thraces, aient été les mêmes que celles adoptées par les habitans des îles de la mer du Sud, et de tous les pays nouvellement découverts, dans lesquels le tatouage a été observé.

2.— Page 2, ligne 18. *Simile plantagini glastum in Gallia vocatur.* Donnons d'abord la concordance synonymique de cette plante :

Ἴσατις, HIPPOCR.; DIOSCOR., II, 215 et 216. — *Glastum*, PLIN., *loco comm.; Vitrum*, J. CÆS., *de Bello gallic.*, V, 14; MARC. BURDIG., II, 23; POMPON. MELA, III, 6; *Isatis domestica, sive glastum*, MATTH., *Comm.; Isatis tinctoria*, L., *Spec. pl.*, 936. — La guède ou pastel, *guado* des Italiens.

Quelques commentateurs, et entre autres le docte Sprengel, pensent que *glastum* et *vitrum* sont un même mot corrompu; cela n'a rien de vraisemblable. Il est plus probable que l'un de ces mots est une traduction de l'autre. *Glastum* vient du celtique *glass*, verre, parce que l'on avait comparé la nuance de bleu que fournit ce pastel à la couleur du verre (*vitrum*). *Glass* signifie verre dans les langues du nord. J. César et Pomponius Mela ont traduit ce mot par *vitrum* à cause de ce même rapport de couleur.

3. — III, page 4, ligne 8. *Atque ut sileamus Galatiæ, Africæ, Lusitaniæ granis, coccum, etc.* Ce *coccus* de Galatie, d'Afrique et de Portugal est très-vraisemblablement le kermès ou cochenille de l'yeuse.

Κόκκος βαφική, DIOSC., IV, 48; THEOPH., III, 16. — *Coccum infectorium, coccus baphica*, PLIN., *loco comm.*, et XXVI, 8. — Kermès végétal, graine d'écarlate ou vermillon; kermès ou cochenille de l'yeuse (*Quercus coccifera*, L., *Spec. pl.*, 1413.)

4. — Page 4, ligne 15. *Sed culpa non ablui usu* Les peuples de la Gaule Transalpine, qui remplaçaient la pourpre par le suc de certaines herbes, se servaient sans doute de la garance ou de l'orcanette, couleurs brillantes, mais moins solides que celles qu'on obtient de la cochenille.

5. — Page 6, ligne 2. *Quoniam non aliunde sagmina in remediis publicis fuere, etc.* Festus donne sur les *sagmina* quelques renseignemens curieux : *Sagmina vocantur verbenæ, id est, herbæ puræ, quia ex loco sacro arcebantur a consule, prætoreve, legatis proficiscentibus ad fœdus faciendum, bellumque indicendum.* Cf. Vossius, *Étymol.*; Tite-Live, liv. I, 9.

6. — Ligne 3. *Verbenæ.* Nous dirons quelque chose de cette plante curieuse dans nos notes sur le livre xxv, chap. 59. C'est la *Verbena officinalis* des modernes.

7. — IV, page 6, ligne 9. *Corona quidem nulla fuit graminea nobilior, etc.* Nous verrons plus loin, dans ce texte, qu'un assez grand nombre de personnages illustres ont été honorés de la couronne de graminées; malgré cela, il est douteux qu'on puisse en trouver quelque exemple sur les médailles. On avait cru en reconnaître une sur une médaille d'argent de la famille Fabia; mais la couronne, représentée sur le revers, est trop petite pour qu'on puisse prononcer avec certitude de cause.

8. — Ligne 17. *Graminea numquam nisi in desperatione suprema contigit, etc.* Cf. Festus, *Fragm.*

9. — Page 8, ligne 6. *Namque summum apud antiquos signum victoriæ erat, etc.* Servius a donné, sur le vers 128 du livre VIII de l'*Énéide*, un commentaire auquel nous renvoyons. Cf. sur les couronnes, les premières notes du livre précédent.

10. — Ligne 8. *Quem morem etiam nunc durare apud Germanos scio.* Les vieux historiens nous apprennent que nos ancêtres procédaient en effet à l'investiture en mettant dans les mains de l'acquéreur ou du donateur une motte de terre ou de gazon, une branche d'arbre, ou de l'herbe prise sur les lieux. On se contenta, dans la suite, d'une simple baguette, ou d'un bâton qui rappelait cet ancien usage.

11. — VII, page 12, ligne 11. *Nullæ ergo herbæ fuere certæ in hoc honore.* Il résulte de ce passage que le mot *gramen* avait l'acception du mot herbe, et n'était pas, comme aujourd'hui, borné aux graminées.

12. — Page 14, ligne 8. *Dederat, quas diximus.* Pline rappelle e livre XX, où il a traité en effet des plantes délicates qui peuvent servir d'aliment à l'homme.

13. — VIII, page 14, ligne 20. *Clara in primis aculeatarum erynge est, sive eryngion, etc.* Les modernes ont conservé ce nom d'*eryngium* à un genre de plantes ombellifères peu nombreux en espèces. Celles que les commentateurs ont désignées de préférence sont l'éryngium à feuilles planes, l'éryngium dichotome, et quelques autres.

Voici la synonymie des espèces :

I. Ἠρύγγιον, THEOPH., *Hist. pl.*, VI, 1; Ἤρυγγος, NICAND., *de Theriac.*, v. 645, 849 et 945; Ἠρύγγιον *capitulis albis*, DIOSC., III, 24; PLUT., *Symp.*, VII, 2; Ἀγγαθία, GRÆC. RECENT.; Φιδάγαθον, LACON. RECENT. — *Eryngium candidum vel centumcapita*, PLIN., XX, 9, et *Eryngium candicans*, loco cit., cap. 8; *Eryngium campestre*, L., *Spec. pl.*, 337. — Le panicaut herbe à cent têtes, ou chardon-roulant.

II. Ἠρύγγιον *capitulis cœruleis*, DIOSC., *loco cit.*; Σφαλάγγαθο, ZACYNTH. RECENT.; *Eryngion nigrum* (*id est colore intense cœruleo*), et *Eryngium albicans*, PLIN., *loco comm.*; *Eryngium cyaneum*, SIBTH., *Fl. græc.*, édit. Smith, I, 175. — Le panicaut à fleurs bleues.

III. *Eryngium maritimum*, PLIN., XX, 8; *Eryngium maritimum*, L., *Spec. pl.*, 337. — Le panicaut maritime.

Les *eryngium* qui jusqu'ici ont été trouvés en Grèce sont, indépendamment des espèces que nous avons désignées, le *tricuspidatum*, le *multifidum* et le *parviflorum*. L'*Eryngium planum* n'y a point encore été rencontré, et, s'il y existe, il doit y être trop rare pour que les auteurs grecs l'aient désigné de préférence aux autres espèces que nous avons indiquées. L'étymologie du nom d'*eryngium* est tirée de ses propriétés médicinales, du mot ἐρεύγειν, chasser les flatuosités.

Les vertus médicinales du chardon-roulant sont fort peu énergiques. Les modernes le prescrivent quelquefois comme diurétique. Cette plante tombe dans l'oubli. Les anciens lui attribuaient des effets qu'elle est loin de produire.

14. — Page 16, ligne 3. *Omnibus vero contra toxica et aconita efficaciorem, etc.* Nous traiterons des aconits au livre XXVII, chapitre 2. Poinsinet de Sivry donne, au sujet du mot *toxica*, une note fort ridicule. Au lieu de voir dans ce mot le terme générique sous lequel Ovide et Pline comprennent tous les poissons, il préfère chercher dans les langues celtique et celtoscythique pour y trouver les mots *toussac* et *tossa*, crapaud, et regarde le mot *toxica*, qui en serait un dérivé, comme exprimant le venin du crapaud.

15. — Ligne 9. *Sed et sponte nascitur in asperis et saxosis, etc.* Cette espèce d'*eryngium*, qui croît sur le bord de la mer, est notre *Eryngium maritimum*. Cf. plus haut, la troisième synonymie de la note 13. Dalechamp croit qu'on devrait plutôt lire *folio scolymi*, du mot σκόλυμος, à la place duquel Pline aurait lu par erreur σέλινον. Ce commentateur a été conduit à adopter cette opinion par l'examen qu'il a fait des feuilles de l'*Eryngium maritimum*, qui n'ont aucun rapport avec celle de l'ache, *apium*.

16. — IX, page 16, ligne 13. *Ex his candidam nostri centumcapita vocant.* Voyez, plus haut, la première synonymie de la note 13. On explique facilement ce nom vulgaire qui est passé dans notre langue, par la disposition des fleurs qui imitent des capitules. La racine du panicaut, qui était comestible chez les Grecs, n'est plus en usage parmi nous; néanmoins, il est présumable qu'on la mangeait il y a peu de siècles, et c'est la seule manière d'expliquer l'étymologie du mot français panicaut, qui serait la même que celle du mot latin *panicum*, dérivé de *panis*. Cette racine est odorante, et doit son odeur à une petite quantité d'huile essentielle qui lui donne des propriétés excitantes; elles expliquent, jusqu'à un certain point, la fable racontée par Pline, relative à Sapho et à Phaon.

17. — X, page 18, ligne 15. *Sunt qui et acanon eryngio adscribant, etc.* Sprengel a décidé que l'*acanon* était l'*Onopordum Acanthium*. Cela n'est guère vraisemblable, si l'on s'en réfère rigoureusement à la description donnée par Pline, qui en parle comme d'une plante courte, *brevis herba*, et n'ayant d'étendue qu'en largeur, *herba lata*, ce qui indique une plante très-rameuse, et à rameaux courts, tandis que l'*Onopordon Acanthium* est une syngénèse cynarocéphale qui atteint plus d'une toise d'élévation, et qui se ramifie médiocrement. Dioscoride ne fait pas mention de l'*acanos*; mais Théophraste en a parlé (*Hist. pl.*, I, 16). Si l'on voulait ne pas sortir du genre *onopordum*, on pourrait désigner avec plus de raison l'*Onopordum acaulon* ou l'*Onopordum græcum*. C. Bauhin (*Pin.*, 380) paraît croire que l'*acanos* est cette plante qu'il qualifie de *Carduus latifolius echinos obsoletæ purpuræ ferens*. Les commentateurs, qui désignent pour l'*acanos* l'*onopordum*, rattachent à la synonymie l'ὀνόγυρος (NICAND., *Ther.*, V, 71). Nous reviendrons sur ce sujet.

18. — XI, page 20, ligne 3. *Glycyrrhizam.* Pline dit dans ce passage que quelques auteurs ont confondu l'*eryngium* avec la réglisse. Il n'y a cependant aucune ressemblance entre ces deux plantes. Nulle espèce de réglisse n'est épineuse; mais le *Glycyrrhiza echinata* (hérissé) a dû ce nom à ses légumes qui sont ramassés en tête et hérissés de poils raides. Les anciens, qui n'étaient pas fort difficiles en matière de description, ont, à cause de cette particularité, rapproché l'*eryngium* de la réglisse. C'est par erreur que Pline attribue aux feuilles ce qui doit être dit des fruits.

Voici comment nous donnerons la concordance synonymique de cette plante :

Γλυκεῖα ῥίζα σκυθική, THEOPH., *Hist. plant.*, IX, 13; Γλυκύῤῥιζα, DIOSCOR., III, 7; GALEN., *de Fac. simpl. med.*, VI, 167; Γλυκόῤῥιζα et Ῥεγλίτζα, GRÆC. RECENT. — *Glycyrrhiza* et *dulcis radix*, LATINOR.; *Glycyrrhiza*, PLIN., *loco commentato*; *Liquiritium*, ÆVO MEDIO; *Liquiritia*, MARC. EMPIRIC., c. 27, p. 126; *Glycyrrhiza glabra*, L., *Spec. plant.*, 1046, et probablement la *Glycyrrhiza echi-*

nata, loco cit. — La réglisse à légumes lisses et la réglisse à légumes hérissés.

Les commentateurs ont pensé que la *glycyrrhiza*, σκυθικὴ de Théophraste, ne devait pas être rapportée aux deux espèces que nous venons de désigner dans la synonymie, mais bien à la *Glycyrrhiza asperrima*, Linn. fils, que Pallas (*Reise.*, 1, app. nº 121) déclare avoir trouvée très-abondamment dans le désert de Jaïk, et dont les Kalmuks se servent comme plante alimentaire. Enfin Sprengel (*Commentaires sur Dioscoride*) a désigné pour la plante de Dioscoride, la *Glycyrrhiza glandulifera* de Willdenow, qui abonde dans l'Asie centrale. Cette préférence est, suivant ce docte auteur, justifiée par la rudesse de ses fruits et la viscosité de ses feuilles. Nous ne voyons pas pourquoi les Grecs auraient été chercher en Scythie et dans le centre de l'Asie, qui leur était entièrement inconnu, une plante qui abonde en Crète, à Samos, dans l'Élide et dans l'Asie Mineure, près de Smyrne. Il est probable qu'il s'agit des deux espèces désignées dans la synonymie, que les anciens confondaient sans doute, et qui, toutes deux, produisent des racines également sucrées. On lit néanmoins dans le texte de Dioscoride que les feuilles de la réglisse sont visqueuses, et qu'elles s'attachent aux doigts, ce qui n'a pas lieu pour les feuilles des *Glycyrrhiza glabra* et *echinata*; mais ce ne peut être un obstacle à l'adoption de l'opinion émise, et si l'on voulait la rejeter pour adopter celle de Sprengel, on ne pourrait se rendre compte de la couleur des fleurs (*flos hyacinthi colore*), qui s'applique très-bien aux espèces européennes, et qui ne peut être donnée aux espèces asiatiques.

19. — Page 20, ligne 4. *Foliis echinatis, etc.* Il y a dans le texte grec τὰ φύλλα πυκνὰ, ἐοικότα σχίνῳ, ce qui veut dire que les feuilles ressemblent à celles du lentisque. Notre auteur, au lieu de lire σχῖνος (*lentiscus*), a lu ἐχῖνος (hérisson). C'est encore là un de ces nombreux exemples de la légèreté avec laquelle Pline compilait les auteurs grecs.

20. — Ligne 9. *Longa* (*radix*) *ceu vitium.* Dioscoride compare, et avec moins d'exactitude, les racines de la réglisse à celle de la gentiane. La couleur interne de la réglisse est jaune (*colore buxeo*), mais elle est recouverte d'un épiderme plus ou moins noir, et

ne prend une teinte brune dans toutes ses parties que quand elle est détériorée.

21. — Page 20, ligne 14. *Sic ut spissatus est, linguæ subdito.... Hac diximus sitim famemque sedari.* On voit par ce passage que les anciens connaissaient la préparation que nous nommons extrait de réglisse. Ce n'est pas sans quelque apparence de probabilités que Pline dit cette racine nourrissante, car elle est riche en fécule et en sucre. On sait qu'elle est encore aujourd'hui la base d'une boisson populaire que l'on vend dans les grandes villes. Mais l'emploi très-fréquent qu'on en fait s'explique uniquement par la modicité de sa valeur, et non parce qu'on lui suppose la propriété de désaltérer.

Les propriétés médicinales de la réglisse sont à peu près nulles, et si elle joue un rôle dans nos officines, c'est plutôt comme un correctif des médicamens désagréables que comme un médicament utile. Il n'est pas vrai qu'étant appliquée sur une blessure récente elle arrête l'hémorragie. Nous pourrions nier également les différentes indications qu'on lit dans le texte de notre auteur, à l'exception de celles qui tendent à désigner la réglisse comme un médicament béchique.

22. — Ligne 16. *Ob id quidam adipson appellavere eam, et hydropicis dedere, ne sitirent.* Le mot *adipsos* veut dire, en effet, qui apaise la soif, de α privatif et δίψα, soif. Cf. la note précédente. *Et quia famem sitimque sedat glycyrrhiza, ob hoc ἄδιψος vocata est,* dit Auctuarius. Théophraste (IX, 13) parle des propriétés de la réglisse pour calmer la soif; Galien (*de Simpl.*, VI) s'exprime ainsi : Ἐπεὶ δὲ καὶ ὑγρόν ἐστι τῇ κράσει τὶ μετρίως γλυκὺ, δεόντως ἄδιψόν ἐστι τὸ φάρμακον, ὑγρόν τι ἅμα μετρίως καὶ ψυχρότερον ὑπάρχον τῆς ἀνθρώπου φύσεως. Théophraste (*loco cit.*) rappelle la tradition d'après laquelle la réglisse (*radix scytica*) pourrait empêcher, pendant douze jours, l'estomac d'éprouver la faim ou la soif.

Le père Hardouin et son copiste Poinsinet citent, sur le mot *adipson*, le livre I et le chapitre 35 de Columelle; il y a erreur évidente, car le livre cité de Columelle ne renferme que neuf chapitres; c'est Auctuarius qui a donné l'étymologie du mot *adipson*, dans sa phrase citée plus haut, et non Columelle.

23. — XII, page 22, ligne 2. *Tribuli unum genus, etc.* Cf. au livre précédent, les notes 210 et 211. Nous avons attribué à trois plantes différentes les *tribuli* de Pline : le *Tribulus palustris* au *Trapa natans*, le *Tribulus cicerculæfolia* à la herse, *Tribulus terrestris* des botanistes modernes, et le *Tribulus aculeatus, fructu siliquoso*, au *Fagonia cretica*, L., plante commune à Candie, mais rare en Grèce et tout-à-fait étrangère au climat d'Italie. Si Pline l'a vue, il n'a pu la trouver que dans les jardins, ce qui expliquerait pourquoi il lui donne l'épithète de *hortensis*. Peut-être aussi confondait-il avec cette plante quelque légumineuse du genre *medicago*, dont les fruits sont hérissés de piquans; mais ce n'est qu'une simple conjecture. L'histoire des *tribuli* n'est pas exempte d'obscurités et d'incertitudes : les auteurs de l'époque de la renaissance des lettres donnaient à l'*Hippophae rhamnoides*, L., le nom de *tribulus marinus*, nom de tout point impropre, d'abord parce que cet arbrisseau n'est pas le *tribulus* des anciens, et ensuite parce qu'on le trouve ailleurs que sur le bord des mers, en Suisse et dans les vallées de l'Arve, par exemple, à plus de trois cents toises au dessus du niveau de l'Océan.

24. — Ligne 7. *Thraces... foliis tribuli equos saginant, etc.* Tout ceci doit se rapporter au *trapa natans* dont les semences, riches en fécule, sont conséquemment fort nutritives. La fécule agit souvent *contrahendo ventrem*, moins par une vertu astringente particulière, que par la propriété qu'elle a de nourrir l'estomac sans trop le surcharger.

25. — XIII, page 22, ligne 14. *Stœbe, quam aliqui pheon vocant, etc.* Les modernes ont appliqué ces noms de *stœbe* et de *pheos* ou *phleos* à deux plantes de familles fort différentes : l'une est une synanthérée et l'autre une graminée qui ne sont pas aquatiques. Suivant Théophraste (IV, 11), le *phleos* est une plante aquatique et épineuse qui croît surtout dans le lac Orchomène ; il y en a deux, l'un mâle et l'autre femelle : celle-ci sert à faire des liens. Aristophane parle du *phleos* comme d'une plante aquatique, dans un chœur de sa singulière comédie des *Grenouilles* :

Ἡλάμεθα διὰ κυπείρου
Καὶ φλέω, χαίροντες ᾠδῆς.

Il résulte d'un passage de Théophraste (VI, I) que le *phleos* portait aussi le nom de *stœbe*, ce qui est confirmé par le passage de Pline que nous commentons, et par Tiberius (I, 55)', chez qui on lit : Στοίβη· ἐστὶ δὲ φλέως. Galien (lib. I, *de Antidotis*) mentionne une plante rameuse propre à garder les vins : les gens du pays l'appelaient *colymbada*, d'autres *stœbe*; le même auteur (*de Simpl.*) parle d'une autre *stœbe* dont les feuilles et les fruits sont astringens. On doit croire qu'il s'agit de la *stœbe* de Dioscoride (IV, 11), à laquelle il attribue les mêmes propriétés, mais dont il n'a malheureusement donné aucune description. D'après Ruellius et Mentzel, la *stœbe* de cet auteur était nommée *stipa* et *tobion* par les Romains. Les commentateurs n'ont pu s'accorder sur la désignation de cette plante. Dalechamp indique la sagittaire, *Sagittaria sagittifolia*; C. Bauhin veut que ce soit la *Centaurea Calcitrapa*; d'autres ont voulu reconnaître en elle une scabieuse; Clusius et Belli ont pensé que c'était le *Poterium spinosum*, et Sprengel (*Hist. Rei herb.*, I, 103 et 190) s'est rangé à cet avis. Toutes ces opinions sont improbables. N'oublions pas que le *phleos* ou *stœbe* est une plante épineuse, et qu'elle vit dans les marécages. La scabieuse et la sagittaire ne sont point épineuses, et le *poterium spinosum*, ainsi que la *C. Calcitrapa*, L., ne vivent pas dans les marais ; elles se plaisent, au contraire, dans les terrains secs et arides. Dans leurs travaux sur les plantes des anciens, les commentateurs ne veulent jamais que des concordances, lors même qu'il n'est pas possible d'en établir de raisonnables. La *stœbe* ne peut être rapportée avec aucune plante connue.

Voici la seule synonymie probable :

Στοίβη ἢ φλέως, THEOPH., VI, I *et alibi*; GALEN., *de Simpl.*; ARISTOPH., *in Ranib.*, I, 55; DIOSC., IV, 11; TIBERIUS MULOMEDICUS. — *Stœbe* et *Pheos*, PLIN., *loco comment.*; *Herba aquatica spinosa, sapore adstringente.*

26. — XIV, page 22, ligne 19. *Hippophyes in sabulosis maritimisque nascitur, spinis albis.* Il ne faut pas confondre l'*hippophyes* et l'*hippophœstum*. La première de ces plantes est un arbrisseau fort épineux, à baies rouges, à feuilles soyeuses blanchâtres, soigneusement décrit par Dioscoride (IV, 156), et que l'on re-

connaît très-bien dans l'*Hippophae rhamnoides*, L.; l'autre est un *cnicus* indiqué comme une petite plante acaule, à feuilles petites et épineuses, etc. Sprengel a désigné le *Cnicus stellatus*, L., et, si ce n'est cette cynarocéphale, c'est du moins quelque espèce voisine. Ces désignations ne sont pas à l'abri de toute critique; l'*Hippophae rhamnoides* est bien un arbrisseau des bords de la mer, à baies rouges, etc., mais il n'a point de suc propre laiteux, et il n'est pas facile de dire comment il pouvait servir aux foulons dans la préparation des étoffes. La désignation du *Cnicus stellatus* pour l'*hippophœstum* est assez hasardée; car la description donnée par Dioscoride est certainement applicable à plusieurs plantes. On pourrait ajouter, pour l'*hippophae,* qu'il n'est pas mentionné dans la *Flore grecque* de Sibthorp, d'où il est naturel de conclure que, si on le trouve en Grèce, il y est au moins rare. Sprengel, voulant trouver pour l'*hippophyes* une plante à suc propre laiteux, a songé à l'euphorbe épineuse, *Euphorbia spinosa*, qu'on trouve fréquemment sur les rivages de l'Archipel et de diverses autres parties de la Grèce. Rien n'est moins probable que cette opinion. L'euphorbe épineuse ne mérite pas ce nom. Ses rameaux seuls deviennent, en vieillissant, nus et piquans à leur extrémité, mais ne peuvent mériter le nom d'épine. Il y a d'autres objections tirées des fruits, qui sont hérissés, jaunes, et auxquels le nom de baie n'est point applicable. On voit combien est peu fondée l'opinion du docte auteur, et l'on peut hardiment revenir à l'opinion qui fait désigner l'*Hippophae rhamnoides*. C'est pourquoi nous établirons la concordance synonymique suivante :

I. Ἱπποφαὲς, HIPPOCR.; DIOSC., IV, 162; Ἱπποφυὲς, Ἱπποφανὲς, EJUSD., *in Nothis*. — *Hippophaes* et *Hippophyes*, PLIN., lib. XXI, 54 et XXII, 14; *Hippophae rhamnoides*, L., *Spec. pl.*, 1452. — L'arbousier, faux nerprun.

II. Ἱππόφαιστον, Ἱπποφαὲς, QUORUMD. (Nous reviendrons sur l'*hippophæston* dans nos notes sur le livre XXVII). — *Carduus stellatus*, L., *Spec. pl.*, 1153. — Le chardon étoilé.

27. — Page 22, ligne 21. *Radix succo madet*. La racine de l'arbousier est ligneuse et dépourvue de suc propre. Toutefois cette

circonstance ne doit pas nous embarrasser. La description que Dioscoride donne de son *hippophae* se rapporte trop parfaitement à notre plante pour qu'on puisse hésiter à la reconnaître. Quant à la particularité tirée du suc, c'est une inexactitude de Dioscoride, copiée par Pline.

28. — Page 24, ligne 2. *Est altera hippophyes, etc.* Cf. sur l'*hippophæston*, la note précédente et la synonymie qui y est jointe.

29. — Ligne 4. *Debent accommodatæ esse et equorum naturæ, neque ex alia causa nomen accepisse.* P. Hardouin n'adopte pas l'étymologie donnée par Pline ; il pense que cette plante a été nommée ainsi, parce qu'elle servait autrefois à donner du lustre aux étoffes ; de φάος, éclat, lustre, et de ἵππος qui, dans la plupart des composés grecs, n'est qu'une sorte d'augmentatif, d'où il suit que ἱπποφαὲς ne voudrait dire autre chose que *magnus splendor*.

30. — XV, page 24, ligne 13. *Urtica quid esse invisius potest?* Cf. sur l'*urtica*, les notes 228 et 231. Deux seules espèces du genre *urtica* ont été connues des anciens, l'*Urtica urens* et l'*Urtica dioica*. Elles ont été souvent confondues par eux, et notamment par Pline, ainsi que nous l'avons fait remarquer dans nos notes du livre précédent. Voici quelle est la concordance synonymique de ces plantes.

I. Κνίδη, HIPP., *de Vict. ratio*, IV, 360 ; *de Nat. mulier.*, V, 572 ; NICAND., *in Alexiph.*, 211, 529 et ailleurs ; Ἀκαλήφη λεπτόσπερμος, DIOSCOR., IV, 94 ; APOLLODOR., *in Plin.*, loco comm. ; Κατακνήθος χαμηλός, NICAND., *de Ther.*, 944. — *Urtica silvestris acrior, quæ dicitur canina*, PLIN., XXI, 55 ; *Urtica urens*, L., *Spec. plant.*, 1396. — L'ortie brûlante.

II. Ἀκαλήφη τραχύτερα, DIOSC., IV, 94 ; ATHEN., *Deipnos.*, III, 11. — *Urtica silvestris*, PLIN., XXI, 55 ; *Urtica dioica*, L., *Spec. plant.*, 1396. — L'ortie dioïque.

L'*Urtica herculana* de Pline n'est point une véritable ortie, mais quelque labiée ; il la dit odorante : aucune ortie n'est dans ce cas ; peut-être s'agit-il d'une labiée, du *melittis* par exemple, ou de quelque *lamium*. Nous parlerons bientôt de l'ortie morte.

31.—Page 24, ligne 13. *At illa (urtica) prœter oleum... vel plurimis scatet remediis.* Cf. la note 68 du livre XV, 7, auquel Pline renvoie. L'huile d'ortie est une composition médicinale dont les propriétés sont plus qu'hypothétiques. Les propriétés médicinales des orties sont nulles, si on les ingère après la coction ; mais la médecine a tiré quelque parti de l'irritation produite sur la peau par le contact des orties vivantes. Elles déterminent une vive excitation qui, dans certains cas, peut ranimer l'action vitale. On nomme ce moyen thérapeutique *urtication*. Il était, comme on voit par le texte de notre auteur, connu des anciens. Celse (*de Remediis*, III, 27), Aretée (*Curat. acut*, I, 2), Plinius Valerianus (III, 7), en ont parlé.

Rien de ce que notre auteur dit ici des propriétés médicinales de l'ortie n'est fondé en raison. La plante est justement repoussée de notre matière médicale, mais il arrive encore que quelques praticiens l'emploient. Ce qu'on lit aujourd'hui dans divers traités de matière médicale est entièrement puisé dans le texte de Pline. On ne croit plus l'ortie capable d'arrêter les hémorrhagies.

On trouve une phrase curieuse dans ce chapitre, et nous ne pouvons la passer sous silence : c'est celle où Pline dit la semence utile, quand on veut vomir après le souper. On doit se rappeler que l'excès de la gloutonnerie fut tel, que les Romains se faisaient vomir après leurs repas, afin de pouvoir recommencer. Il semble que le passage cité confirme ce fait, à moins qu'on ne préfère penser que, dans certaines affections, les Romains croyaient utile de vomir après leurs repas. Une pareille perturbation dans les fonctions digestives aurait de graves inconvéniens sur la santé.

32.—Page 26, ligne 13. *Hippocrates vulvam purgari poto eo pronuntiat.* Cf. Théophraste, pour les passages auxquels notre auteur fait allusion.

33. — Page 28, ligne 1. *Condidit laudes ejus Phanias.* Galien et Athénée ont parlé de ce médecin auquel on a dû un traité sur les plantes, aujourd'hui inconnu. Considérée sous le rapport alimentaire, l'ortie n'a qu'une très-médiocre importance ; néan-

moins les jeunes pousses, cuites et assaisonnées, sont de très-facile digestion, et la saveur en est assez agréable.

34.— Page 28, ligne 13. *Si quadrupedes fetum non admittat, etc.* Cf. HIPPOCR., *in Hippiatr.*; ANATOL., *in Veterin.*, c. 14.

35. — XVI, page 28, ligne 16. *Ea quoque, quam lamium...... appellavimus, etc.* Les anciens, en mettant le *lamium* parmi les orties, faisaient preuve d'une grande ignorance en botanique. Ce *lamium*, qui porte encore aujourd'hui le nom d'ortie morte, *foliis non mordentibus*, est une labiée dont les feuilles ont quelque ressemblance avec celles de l'ortie. Voici quelle est la concordance synonymique de cette plante.

Λευκὰς ὀρεινή, DIOSC., III, 113.— *Lamium quod habet album in medio folio*, PLIN., *loco comm.*; *Leuce quam vocant mesoleucon*, EJUSD., XXVII, 11; *Lamium Plinii*, CAMER., *Hort.*, 83; *Lamium maculatum*, L., *Spec. plant.*, 809. — *Milzadella* des Italiens. — L'ortie morte à feuilles maculées.

Il n'est pas douteux que le *lamium* de Pline ne soit bien notre *Lamium maculatum*, plante commune en Italie et dans le midi de la France. Nous réunissons au *lamium* le λευκὰς de Dioscoride, qui est évidemment la même plante que le *leuce* de Pline (livre XXVII, 11). Sprengel (*Hist. R. herb.* I, 179) a désigné ce *Lamium album*; mais le texte de Pline, faisant connaître que la feuille est tachée par le milieu, circonstance qui explique le nom de *mesoleucon*, et le mot λευκάς, dérivé de λευκή, qui peut tout aussi bien s'appliquer aux feuilles qu'aux fleurs, empêche d'adopter cette idée, et devra faire prévaloir notre opinion. Au reste, il est un moyen de concilier ces deux opinions. Dioscoride parle d'un λευκὰς de montagne, et d'un λευκὰς qui vit près des lieux cultivés; ce dernier pourrait être le *Lamium album*, tandis que celui des montagnes serait le *Lamium maculatum*, que Sibthorp indique comme abondant sur le mont Athos. On le trouve aussi dans les plaines auprès des haies, et il diffère bien peu du lamier à fleurs blanches.

36. — XVII, page 30, ligne 8. *Ex argumento nomen accepit scorpio herba.* Pline traduit ici, et presque littéralement, ce

que Dioscoride dit de la scorpione (liv. IV, chap. 195). Il est inutile de prévenir que cette plante, inerte, ne peut servir en aucune manière à combattre les morsures d'animaux vénéneux. Quiconque connaît la matière médicale des anciens aurait pu assurer d'avance que la *scorpionne*, qui devait ce nom à la forme des semences, serait indiquée contre la morsure de l'animal qui avait fourni ce rapport de forme. Voici la concordance synonymique de cette plante.

Σκορπιοειδές, DIOSC., IV, ultim. — *Scorpio herba*, PLIN., *loco comm.; Scorpiurus sulcata*, L., *Spec. plant.*, 1050. — La scorpionne sillonnée, famille des légumineuses.

37.—Page 30, ligne 10. *Est et alia ejusdem nominis*. C'est là, s'il faut en croire les commentateurs, le *Salsola Tragus*, plante maritime du midi de la France. Le texte de Pline serait peut-être insuffisant pour décider la question, si l'on ne s'aidait de celui de Dioscoride qui décrit assez bien cette plante. On la nomme, dit-il, *tragos, traganon* et *scorpion;* elle croît sur le bord des mers, s'élève à la hauteur d'un palme et plus; la tige est ligneuse, privée de feuilles, portant de petites baies, rousses, de la grosseur d'un grain de froment, et fort nombreuses; le sommet de la tige est aigu, et la saveur de la plante astringente. Tout ceci peut très-bien se rapporter au *Salsola Tragus;* nous ferons remarquer que cette soude a des feuilles, mais peu nombreuses et fort petites. C'est à tort que Pline dit le contraire. Voici la concordance synonymique de la deuxième scorpionne :

Τράγιον, οἱ δὲ σκορπίος, οἱ δὲ τραγάνος, DIOSC., IV, 51; et EJUSD., *in Nothis*.— *Scorpius alter, sine foliis, asparagi caule*, PLIN., *loco comm.; Tragon*, MATTH.; *Salsola Tragus*, L., *Spec. plant.*, 322. — La soude épineuse, famille des chénopodées.

La comparaison que Pline établit entre la tige de cette plante et celle de l'asperge ne doit pas s'entendre de l'asperge officinale, mais bien de l'*Asparagus acutifolius*, dont les tiges sont un peu piquantes.

38. — XVIII, page 30, ligne 14. *Leucacantham alii phyllon*,

alii ischiada, alii polygonatum appellant. Pline (XXI, 104) a nommé ce chardon *leucanthes.* Cf. au livre cité la note 280. Dioscoride (III, 22) nomme cette plante *leucacantha*, compare, comme Pline, ses racines à celles du *cyperus*, et les dit propres à combattre les douleurs ischiatiques. Dans les notes qui terminent l'ouvrage de l'auteur grec, on lit: Οἱ δὲ πολυγόνατον, οἱ δὲ φύλλον, οἱ δὲ ἰσχιάδα καλοῦσι, Ῥωμαῖοι κνιακάρδους, Θοῦσκοι σπίνα ἄλβα. Cette synonymie prouve évidemment, ou que Pline a connu les notes attribuées à Dioscoride, ou que celui-ci ou plutôt ses commentateurs ont connu l'ouvrage de Pline; ce qui est plus probable. Cette plante, n'ayant pas été décrite par les auteurs, n'est pas d'une détermination possible. On doit seulement en inférer que c'était une carduacée à épines ou à feuilles blanches, remarquable par la singularité de ces mêmes feuilles, et dont la racine, genouillée, était odorante; mais ces données légères ne peuvent conduire à aucune déterminaison fixe. Cf. au livre précédent, la note citée.

39.—Page 30, ligne 15. *Commanducata dentium dolores sedat, etc.* Tout ce que Pline dit ici, touchant les propriétés du *leucanthos*, manque de probabilité, et a été emprunté à Dioscoride (*loco citato*).

40. — XIX, page 30, ligne 20. *Helxinen aliqui perdicium vocant.* Cet *helxine* ou *perdicium* n'est pas la plante à racine tubéreuse, dont Pline a parlé au livre précédent, chapitre 62, et dont la détermination ne nous a pas semblé possible. Il est probable qu'il y a erreur de nomenclature, et que Pline, accoutumé à compiler sans soin, aura rapporté à l'*helxine* de ce livre la synonymie de l'*helxine* du livre cité; cette erreur de nom aura fait répéter ici la particularité relative aux perdrix : nous croyons qu'elle est hasardée pour toutes les espèces de *perdicium.* Nous dirons tout-à-l'heure que le *perdicium* dont il est question dans le passage que nous commentons est vraisemblablement la pariétaire. Donnons ici la concordance synonymique des *helxine* et des *perdicium.*

I. Περδίκιον, THEOPH., I, 11.—*Perdicium ægyptiacum*, PLIN., XXII, 62; *Hieracium bulbosum*, WILD., *teste* C. BAUH.,

Pin., 130[1]; *Polygonum maritimum aut divaricatum*, teste SPRENGEL[2], I, 89; *Planta nobis ignota.*

II. Ἑλξίνη, GALEN., *de Fac. simpl. med.*, VI; DIOSC., IV, 39[3]. —*Polygonum dumetorum*, L., *Spec. plant.*, 522; seu *Convolvulus arvensis*[4], L., *Spec. pl.*, 218; *seu Antirrhinum ægyptiacum*, L., *Spec. plant.*, 851, *teste* SIBTHORP., *Fl. græc.*[5]. —La renouée grimpante, le liseron des champs, ou le muflier d'Égypte.

III. Ἑλξίνη (*herba muralis*), DIOSC., IV, 86.—*Parthenium*, *perdicium et muralis herba*, CELS., II, 33; *Helxine* seu *Perdicium*, *sideritis et parthenium*, PLIN., *loco comm.*— Περδικάκι, GRÆC. RECENT. — *Parietaria officinalis*, L., *Spec. plant.*, 1492. — La pariétaire.

IV. Ἰξίνη de Théophraste, *Helxine* de Pline. Cf. au livre précédent, la note 205.— C'est le χαμαιλέων λευκός, cynarocéphale du genre *acarna*.

V. *Perdicium*, CELS., II, 33, cité par Pline. Cf. au livre précédent, la note 225[6].

VI. *Perdicium*, *sive parthenium*, *sive astericon*, *sive urceolaris*, PLIN., *loco comm.*; *Vitrago*, SCRIB. LARG. (Cette plante doit

1 Cette plante est européenne, et non africaine.

2 Aucune description du περδίκιον n'ayant été donnée par les anciens, cette opinion ne peut être admise que comme une hypothèse.

3 La comparaison que Dioscoride fait des feuilles de cet ἰλξίνη avec le *cissampelos*, indique une plante grimpante; la ressemblance avec les feuilles de lierre, l'existence d'une tige grêle; ces particularités, ainsi que l'*habitat* au milieu des vignes et des moissons, tendent à faire désigner le *Convolvulus arvensis*.

4 Les Grecs modernes nomment cette plante περιπλοκάδι; Sibthorp (*Fl. græc.*) pense que c'est le περικλύμενον de Dioscoride (IV, 14).

5 Il y a bien peu de probabilités pour que Sibthorp ait rencontré juste dans la désignation qu'il fait de l'*anthirrhinum ægyptiacum*, plante à tige droite; nous avons dit qu'il fallait trouver nécessairement une plante grimpante.

6 C'est évidemment par erreur que Pline a rapporté la synonymie de Celse à son *parthenium*, qui est la matricaire des jardins; l'*Herba muralis* du médecin latin est la pariétaire. (*Voyez* la cinquième synonymie.)

être réunie à la précédente, Pline ayant évidemment parlé de la même plante sous des noms différens.)

41. — Page 32, ligne 6. *Hæc autem inficit lanas, etc.* On ne reconnaît à la pariétaire aucune propriété tinctoriale; quant aux vertus médicinales, elles sont peu actives. On assure que quand la pariétaire croît dans les murs, elle contient du nitre; et que, dans ce cas, elle agit comme diurétique. Pline a puisé chez Dioscoride tout ce qu'il dit de l'emploi médical de cette plante.

42. — XX, page 32, ligne 14. *Perdicium sive parthenium (nam sideritis alia est) a nostris herba urceolaris vocatur, ab aliis astericum, etc.* Nous avons dit que cette plante était la même que l'*helxine* du livre précédent, c'est-à-dire la pariétaire. Pline a confondu d'une manière déplorable les synonymies relatives à l'ἰξίνη, à l'ἑλξίνη et aux *perdicium* (Voyez note 40).

43. — Ligne 18. *Lamium.* Cf. au présent livre la note 35.

44. — Ligne 22. *Hac herba dicitur sanatus, etc.* Cf. PLUTARQUE (*Vie de Périclès*).

45. — XXI, page 34, ligne 7. *Chamæleonem aliqui ixiam vocant.* Cf. au livre précédent la note 205. Le caméléon blanc qui est rampant, hérissé de pointes, dont la racine est douce, odorante et résinifère, est l'*Acarna gummifera*, L. Dioscoride ajoute que ses feuilles sont semblables à celles du chardon, aiguës et rudes au toucher. Ce que Pline dit des usages auxquels on l'emploie est confirmé par Olivier (*Voyage dans l'empire Ottoman*, I, 312). Les femmes de l'île de Naxos, à l'imitation de celles de Scio, se plaisent à tenir dans la bouche la substance gommeuse, inodore, que produit cette plante; elles la mâchent et la retournent dans tous les sens, comme les autres font à l'égard du mastic. Cette exsudation est improprement nommée gomme : les Arabes et les Maures la recueillent aux environs d'Alger, et en font une sorte de glu. On sait que l'un des noms grecs de l'*acarna*, ἰξία, signifie glu, et Pline prend le soin de nous le dire. Sprengel (*Hist. Rei herb.*, 101) désigne pour le caméléon blanc le *Carlina acaulis*; ce système ne peut prévaloir, car cette plante ne laisse exsuder aucun corps résineux, et cette condition est rigou-

reuse. Cf. le texte de Dioscoride (III, 10), celui de Théophraste (IX, 13), sur le χαμαιλέων λευκός; et les livres VI, 4 et IX, 1, sur l'ἰξίνη.

46. — Page 34, ligne 9. *Radice dulci, etc.* Théophraste (IX, 13) dit aussi que la racine de caméléon a une saveur douce. On lit dans la *Thériaque* de Nicandre (v. 663) que cette saveur est analogue à celle du miel.

Ῥίζα δ' ὑπαργήεσσα, μελίζωρος δὲ πάσασθαι.

Dioscoride est d'accord sur ce point avec les deux auteurs dont nous venons de parler.

47. — Ligne 13. *Quare et chamæleon vocetur, etc.* Dioscoride a fourni l'étymologie du mot *chamæleon* à Pline; néanmoins nous la croyons hypothétique. Peut-être faudrait-il la chercher dans le mot χαμαί, *humi fusum*. La diversité de couleur de l'*acarna*, suivant la nature des terrains, est une fable.

48. — Ligne 17. *Ex his candidus hydropicos sanat succo radicis decoctæ.* C'est à Dioscoride (III, 10), à Théophraste (IX, 13) et à Galien (*de Fac. simpl. med.*) que Pline emprunte ce qu'il dit ici des propriétés médicinales du caméléon blanc. L'opinion des modernes n'est pas fixée relativement au mode d'action de cette plante sur l'économie vivante. Il est juste de penser qu'elle a un certain degré d'activité : Pline en fait un poison pour les rats, et c'est à tort; le caméléon blanc n'a rien de vénéneux.

49. — Page 36, ligne 4. *Ex nigris aliqui marem dixere, cui flos purpureus esset, etc.* Nous avons donné la concordance synonymique de cette plante, note 205 du livre précédent, et désigné le *Brotera corymbosa*, WILLD., syngénèse horriblement hérissée d'épines, dont les feuilles radicales sont assez grandes, étalées et profondément découpées; elles sont glabres et ressemblent à celles du *scolymus*; la tige est droite, haute d'un pied au plus; elle porte des fleurs disposées en corymbe, et d'un bleu clair. Sibthorp fait remarquer qu'on la trouve abondamment dans les champs arides et pierreux, sur le bord des mers. Dioscoride, dont l'exactitude est ordinairement fort grande, l'a indiquée dans cette localité.

Les propriétés médicinales du carthame à corymbes ne sont pas bien établies. Néanmoins on sait que cette plante n'est point vénéneuse; elle ne mérite donc nullement le nom d'*oulophonon*, ὅλον φόνον φέρον, tout-à-fait pernicieuse ou mortelle; il est plus juste de la qualifier de *cynozolon*, car l'odeur qu'elle exhale est désagréable; et l'on sait que les modernes ont pris aux anciens cette habitude de choisir, pour terme de comparaison de ce qui est mauvais, le chien, pauvre animal que son affection pour l'homme et la supériorité de son instinct devaient au contraire ennoblir et élever dans son estime.

50. — XXII, page 36, ligne 16. *Coronopus.* Cette plante a dû le nom de *coronopus* à la forme de ses feuilles qui ressemblent (imparfaitement) à la patte d'une corneille, κορώνη, corneille, ποῦς, pied. Les modernes lui donnent le nom de corne de cerf, et l'ont rangée dans le genre *cochléaria;* en voici la concordance synonymique.

Κορωνόπους, Theoph., *Hist. plant.*, vii, 9; Galen., *de Fac. simpl. med.;* Diosc., ii, 158. — *Coronopus*, Plin., *loco comm.; Coronopus Ruellii*, Gœrtn., *de Fruct.*, i, 293; *Cochlearia Coronopus,* L., *Spec. plant.*, 904.— Le cochléaria corne de cerf.

Cette plante, qui peut être mangée en salade, est négligée des modernes; ses propriétés sont antiscorbutiques.

51. — XXIII, page 36, ligne 20. *Et anchusæ radix in usu est, digitali crassitudine, etc.* Il y aurait une longue dissertation à faire sur l'orcanette, et une longue liste à donner des plantes auxquelles les modernes ont imposé ce nom. Nous n'entreprendrons point ce travail, nous contentant ici de faire connaître les *anchusa* de Pline: toutes appartiennent à la famille des borraginées, plantes communes dans l'Italie et dans le midi de la France. Commençons par établir la concordance synonymique de ces plantes.

I. *Anchusa vera.* — Ἄγχουσα, Theoph., *Hist. plantar.*, vii, 9; Ἄγχουσα θριδακινίς, Nicand., *Ther.*, v. 838; Galen., *in Orat. ad artes*, vi; Diosc., iv, 23; Orph., *in Argonaut.*; CRATÆV., SUIDAS, etc. — *Anchusa*, PLIN., *loco comm.*; AETIUS, *de Re med.*, I, p. 6.— ابوجلسا, ARABOR. *Anchusa tinctoria*, L., *Spec. plant.*, 192. — La buglosse tinctoriale.

II. *Pseudanchusa.* — Ἔχιον, DIOSC., IV, 27 (dans ce qui a rapport aux propriétés médicinales seulement). — *Pseudanchusa, echis aut doris*, PLIN., *loco comm.*; *Anchusa italica*, RETZ, POIR., *Encycl.* — La buglosse d'Italie.

III. *Anchusa* seu *Onochiles.* — Ἄγχουσα ἑτέρα, ἀλκιβιάδιον ἢ ὀνοχειλές, DIOSC., IV, 24; GALEN., *de Fac. simpl.*, VI, 149; NICAND., *Ther.*, v. 541. — *Anchusa*, *onochiles*, *arcebion*, *anchusa*, *rhexia*, PLIN., XXII, 25; *Echium creticum*, L., *Spec. plant.*, 200. — La vipérine de Crète, peut-être confondue par les Grecs avec l'*echium diffusum.*

IV. *Anchusa minor.* — Ἄγχουσα τρίτη, DIOSC., IV, 25, NICAND., *Ther.*, v. 637; NICAND., *Scol.*, p. 38; GALEN., *de Fac. simpl. med.*, p. 149. — *Anchusa minor flore rubro*, PLIN., *loco comm.*; *Lithospermum fruticosum*, L., *Spec. pl.*, 190. — Le grémil ligneux.

La première *anchusa* de Pline devrait être rapportée à l'*Anchusa italica* et à l'*Anchusa tinctoria*, plantes qui diffèrent à peine, et se trouvent dans les mêmes localités; mais l'*Anchusa italica* ne donne aucun principe colorant : c'est sans doute ce qui aura valu à cette espèce le nom de *pseudanchusa*, car, ressemblant exactement à l'espèce tinctoriale par les formes extérieures, elle ne donne rien à la teinture. Sprengel (*Commentaire sur Dioscoride*, 385) désigne pour cette fausse buglosse, le *Lithospermum fruticosum*, L., dont la tige ligneuse, les feuilles étroites et la racine ligneuse et noirâtre éloignent toute idée de rapprochement entre elle et la véritable orcanette. D'autres commentateurs ont proposé l'*Echium rubrum*, L., mais cette plante n'est point indiquée comme indigène de la Grèce par Sibthorp; elle abonde en Autriche et dans quelques parties de l'Asie Mineure; je doute qu'on la trouve en Italie. Sa racine est noirâtre, dure, presque ligneuse; ses feuilles sont fort étroites; la plante enfin n'a rien qui rappelle le port des *anchusa.* Il faut donc renoncer à adopter le système développé par Sprengel, et s'en tenir à la buglosse d'Italie. En comparant le texte de Dioscoride (chap. 27), on voit bien facilement que Pline a donné à son *pseudanchusa* les mêmes propriétés que celles attribuées par l'auteur grec à l'ἔχιον, et cela explique la confusion nominale dont nous parlons note 53. La *pseudanchusa* de Pline est bien certainement l'*anchusa* de Dioscoride ; il suffit, pour s'en assurer, de comparer le texte des deux auteurs.

Quant à l'*anchusa onochiles*, Pline nous apprend qu'on la trouve dans les terrains sablonneux : elle a, dit-il, de petites tiges, des fleurs de couleur pourpre, des feuilles et des rameaux rudes, une racine rouge au temps de la moisson, et noire dans tout autre temps, ce qui n'est guère probable. Dioscoride, indépendamment de cette particularité qu'il rappelle également, et de quelques autres renfermées aussi dans le texte de Pline, annonce qu'elle diffère de la véritable *anchusa* par des feuilles plus petites et plus rudes, par des rameaux grêles, par des fleurs pourpres et des racines rouges allongées. La vipérine de Crète semble réunir ces divers caractères ; il faudrait néanmoins, pour décider la question d'une manière définitive, s'assurer si les racines sont tinctoriales : *anchusa* est dérivé de ἀγχουσα fard.

52. — Page 36, ligne 23. *Sanat ulcera in cerato, etc.* On se sert encore aujourd'hui de l'orcanette pour colorer quelques cérats. L'usage des borraginées est uniquement borné à l'emploi de la racine ; l'analogie dispose à croire que ces plantes agiraient comme la buglosse officinale et la bourrache que l'on croit diurétiques et adoucissantes ; elles contiennent du nitrate de potasse. Cf. sur les propriétés de l'*anchusa,* Dioscoride (*loc. cit.*) et Aétius : cet auteur dit que, de son temps, les femmes se servaient de l'orcanette pour se colorer les joues. On croit que le fard végétal avait pour base l'orcanette.

53. — XXIV, page 38, ligne 10. *Est et alia similis, pseudanchusa ob id appellata, a quibusdam vero echis, etc.* Sous le nom d'ἔχιον, Dioscoride (III, 27) parle d'une plante qu'on a cru reconnaître dans l'*Echium rubrum*, L. Nous examinerons cette opinion au livre XXV. Pline a mal-à-propos réuni à cette synonymie

le nom d'*echis*, et c'est plus mal-à-propos encore qu'il a attribué à son *pseudanchusa* les propriétés que Dioscoride donne à l'ἔχιον. Personne n'est plus inexact ni plus confus que Pline. Il est heureux qu'au lieu de continuer la synonymie de son *pseudanchusa*, il ait mis *et multis aliis nominibus*, autrement il eût sans doute embrouillé encore plus cette nomenclature.

Tout ce que Pline écrit, touchant les propriétés médicinales du *pseudanchusa*, ne mérite pas les honneurs du commentaire. (Cf. DIOSCORIDE, IV, 25.)

54. — XXV, page 40, ligne 5. *Multi enchrysam.* Quelques éditions portent *anchusam*, ce qui ne nous semble pas régulier. Il n'est guère probable que Pline, après avoir écrit *quam aliqui vocant anchusam*, ait mis presque aussitôt *multi anchusam*. Les commentateurs avaient remarqué avant nous que l'index porte *enchrysam* et *ancrisum*, suivant les manuscrits, mais non *enchusam* ni *anchusam*; si l'index appartient à Pline, il faut nécessairement préférer *enchrysam*.

55. — XXVI, page 40, ligne 20. *Anthemis magnis laudibus celebratur ab Asclepiade. Aliqui leucanthemida vocant, alii leucanthemum, etc.* Il y aurait une longue dissertation à faire pour arriver à la détermination de cet *anthemis*, sous le nom duquel Pline et les Grecs ses prédécesseurs renfermaient des plantes fort différentes. Nous nous contenterons de dire qu'il faut le chercher parmi les radiées : ce mot *anthemis*, de ἄνθος, fleur, avait été primitivement appliqué à une fleur remarquable par sa beauté; c'est ce mot qui a servi de radical au mot *leucanthemum*, anthémide à fleurs blanches; *eranthemon*, fleur printanière; *melanthemum*, anthémide noirâtre, et *chamœmelon*, qui signifie, selon Pline, une fleur qui exhale une odeur de pomme. Trois *anthemis*, différenciés par la couleur de la fleur, ont été désignés. Sibthorp indique l'*Anthemis chia*, L., *Spec. plant.*, 1260, l'*Anthemis rosea* et l'*Anthemis tinctoria.* Sprengel (*Hist. Rei herb.*) veut reconnaître au contraire dans les *anthemis* des Grecs, les *Anthemis lata* et *montana*, et le *Chrysanthemum monspeliense.* Ayant à nous prononcer sur l'opinion de ces deux auteurs, nous préférons

adopter celle de Sibthorp, qui a fait des observations plus directes ; ainsi donc, nous établirons la synonymie suivante :

Anthemis.—Ἄνθεμις, οἱ δὲ λευκάνθεμον, οἱ δὲ ἠράνθεμον, DIOSC., III, 154 ; GALEN., II, 2, p. 381 ; Παποῦνι, CYPRIOT. RECENT.— *Anthemis*, *Leucanthemis*, *Leucanthemon* et *Eranthemon*, PLIN., *loco comm.*; *Anthemis chia*, L., *Spec. plant.*, 1260. — L'anthémide de Chios.

α. Ἄνθεμις πορφυρανθὴς, οἱ δὲ ἠράνθεμον, DIOSC., *loco cit.*; Παπoῦνι, CYPRIOT. RECENT. — *Anthemis flore rubro*, *eranthemon*, PLIN., *loco cit.*; APUL., cap. 23 ; *Anthemis rosea*, SIBTH., *Fl. græc.*, edit. Smith, II, 191.— L'anthémide à fleurs roses.

β. Ἄνθεμις μηλινάνθης, DIOSC., *loco cit.*— *Anthemis melanthemon*, PLIN., *loco cit.*; *Anthemis tinctoria*, L., *Spec. plant.*, 1263. — L'anthémide tinctoriale.

γ. Ἄνθεμις χαμαίμηλον, DIOSC., *loco cit.*; Ἄνθεμον χλωρόν, HIPP., *de Nat. mulier.*, p. 552 ; Εὐάνθεμον χλωρόν, EJUSD., *de Morb. mulier.*, I, p. 625 ; Ἄνθεμον φυλλῶδες, THEOPH., *Hist. plant.*, VII, 8, 14. — بابونج, ARABOR.— Ξαμομῆλα, GRÆC. RECENT. *Chamœmelon*, PLIN., *loco cit.*; *Matricaria Chamomilla*, L., *Spec. plant.*, 1256.—La camomille vulgaire.

56. — XXVII, page 42, ligne 17. *Loton qui arborem putant tantum esse, vel Homero auctore coargui possunt.* La troisième section de notre note 130, au livre XIII, est en entier consacrée aux *lotos* herbacés. Ce *lotos* d'Homère est le *Melilotus officinalis*, L., *Spec. plant.*, 1078, notre mélilot, qui parfume si agréablement les foins du plus grand nombre de nos prairies. Les passages d'Homère auxquels notre auteur fait allusion sont surtout ceux-ci :

Τοῖσι δ' ὑπὸ χθὼν δῖα φύεν νεοθηλέα ποίην,
Λωτόν θ' ἑρσήεντα, ἰδὲ κρόκον, ἠδ' ὑάκινθον.

Iliad., lib. XIV, v. 347.

.... Σὺ γὰρ πεδίοιο ἀνάσσεις,
Εὐρέος, ᾧ ἐνὶ μὲν λωτὸν πολὺν, ἠδὲ κύπειρον.

Odyss., lib. IV, v. 602.

57. — XXVIII, page 44, ligne 2. *Est et lotometra*, *etc.* Ce

texte renferme diverses inexactitudes. Il semblerait, en le lisant, que le *lotus* et le lotomètre, ou grand *lotus*, seraient deux plantes différentes, et cependant il y est dit que le lotomètre naît de la graine du *lotus*, ce qui établit l'identité des deux plantes. Cf. sur ce *lotus*, *Nymphœa Lotus* de Linné, le septième paragraphe de la note 130, au livre XIII : au lieu de *semine simili milio*, on lit, dans plusieurs manuscrits, *semine simillimo porro*. Théophraste (*Hist. plant.*, IV, 10), Dioscoride (IV, 114), Galien (*de Fac. simpl. med.*, VII, p. 205), et Pline lui-même (XIII, 32), comparent les semences de ce *lotus* avec les graines du millet. Prosper Alpin rapporte qu'on en faisait du pain en Égypte à l'époque de ses voyages.

58.— XXIX, page 44, ligne 12. *Heliotropii miraculum sæpius diximus, etc.* Pline a parlé (II, 41) de l'héliotrope. Il est plusieurs fleurs qui semblent se diriger vers le soleil, et ce phénomène peut facilement s'expliquer par le besoin que ces plantes éprouvent de la lumière; la fécondation ne peut s'opérer que par elle : aussi voit-on les plantes immergées s'élever à la surface de l'eau pour opérer le mystère de la reproduction. Ce besoin n'est pas toujours également impérieux; mais quand il l'est, alors les fleurs cherchent à avoir le plus de lumière possible : elles se dirigent donc vers le soleil, d'où elle émane, et suivent son cours en exécutant des mouvemens de torsion fort remarquables. Ce qu'on nomme sommeil, dans les plantes, tient à la présence ou à l'absence de la lumière, qui, avec l'électricité, sont les deux plus grands stimulans de la vie. L'épanouissement des fleurs à diverses heures du jour, dont l'observation est due à Linné, constitue ce qu'il nomme poétiquement l'horloge de Flore. Les diverses heures d'épanouissement établissent entre les fleurs des différences dans la quantité de lumière qu'il leur faut comme stimulant, et, ces différences, le photomètre pourrait peut-être les exprimer. Quand une plante est noctiflore, c'est-à-dire qu'elle ne peut fleurir que pendant la nuit, cela prouve qu'elle a plus besoin d'humidité que de lumière, et que ce fluide agit trop vivement. Ces circonstances sont si rares, qu'elles confirmeraient la règle en présentant l'exception.

Pline déclare reconnaître deux espèces d'héliotrope, l'une qu'il nomme *tricoccum*, probablement à cause de la disposition de sa capsule, qui était à trois loges; l'autre *helioscopium*, parce que probablement le phénomène de la direction de la fleur vers le soleil était plus marquée chez elle que chez l'autre. Il déclare que la couleur de la fleur est bleue. La désignation de la couleur de la fleur de l'héliotrope varie presque dans chaque auteur. Ovide, qui a raconté dans le livre IV de ses *Métamorphoses*, vers 268, l'aventure de Clytie, fait cette fleur d'un bleu violet; Apulée la dit de couleur pourpre. Dioscoride, qui reconnaît aussi deux espèces d'héliotrope, nous apprend que la fleur est légèrement fauve, et blanche vers le sommet. En supposant que les héliotropes dont parlent les auteurs grecs et latins soient bien une seule et même plante, les objections tirées de la couleur n'auraient pas une grande force, car on sait que les plantes à fleurs bleues ont presque toutes des variétés à fleurs teintes de pourpre, ou blanchâtres.

Suivant Dioscoride, le grand héliotrope a une fleur semblable à la queue d'un scorpion, ce qui lui a valu aussi le nom de scorpione, comme sa disposition à chercher le soleil lui a valu celui d'héliotrope. Ses feuilles ressemblent à celles de l'*ocimum*, quoique plus velues, plus blanches et plus grandes. Trois, quatre ou cinq rameaux partent de sa tige, et ces tiges sont elles-mêmes rameuses; ses fleurs, qui sont en tête, sont blanches ou roussâtres, et recourbées (ceci doit s'entendre de l'ensemble des fleurs) à la manière d'une queue de scorpion. La racine est grêle. La description donnée par Pline ne peut rien nous apprendre, non plus que le passage d'Ovide, auquel nous renvoyons. Théophraste (*Hist. plant.*, VII, 14) dit que l'héliotrope est ainsi nommé parce qu'il fleurit à l'époque du solstice; il dit encore que sa floraison est long-temps prolongée. Tout ceci se rapporte fort bien à notre héliotrope, *Heliotropium europœum*, L., et nous devons nous y arrêter.

Quant au petit héliotrope, c'est, suivant Dioscoride, une plante de marais, qui a les feuilles plus rondes que celles de l'espèce précédente, quoique assez semblables. Ses semences sont arrondies et pendantes. Cette description est bien concise, et pourtant les commentateurs se sont accordés pour désigner le *Croton tinctorium,* L., plante à feuilles ovales, blanchâtres, un peu sinuées, et à fruits pendans, composés de trois capsules rondes et tuberculeuses.

Il résulte, de ces investigations, que l'héliotrope des poètes n'est pas la même plante que celle des écrivains prosateurs, et qu'on peut établir la concordance synonymique suivante:

I. Ἡλιοτρόπιον, THEOPH., VII, 3, 7; Ἡλιοτρόπιον μέγα, καὶ σκορπιοῦρον, DIOSC., IV, 193; APUL., c. 49, tit. 3; CELS., IV, 17. — *Heliotropium,* PLIN., *loco comm.*; APOLLOPH. et APOLLOD., cités par Pline, *loco cit.*; *Verrucaria,* LATIN. et PLIN., *loco comm.*; *Heliotropium europæum,* L., *Spec. pl.,* 187. — L'héliotrope d'Europe, ou l'herbe aux verrues.

II. Ἡλιοτρόπιον μικρόν, DIOSCOR., IV, 194. — *Heliotropium tricoccum,* PLIN., *loco comm.*; *Croton tinctorium,* L., *Spec. plant.*, 1424. — Le tournesol.

III. *Heliotropium poetarum,* OVID., *Metam.*, IV, 268; *Hesperis matronalis,* L., *Spec. plant.*, 927, *teste* SPRENGEL. — La julienne.

59. — Page 44, ligne 13. *Tantus sideris amor est, etc.* Les commentateurs ont pensé que Pline avait mal traduit le mot ὑπόπυῤῥον, et qu'il avait lu ὑποπόρφυρον. Dioscoride dit, en parlant du grand héliotrope, ἄνθος λευκόν, ὑπόπυῤῥον......... *Flos in cacumine candidus.......*

60. — Ligne 16. *Hoc altius..... ab ima radice ramosum. Semen in folliculo messibus colligitur.* Le sens renfermé dans cette phrase ne peut se rapporter à l'héliotrope d'Europe, ni au croton-tournesol, dont les semences ne sont pas renfermées dans des follicules. Plus loin, en parlant de l'*helioscopium,* notre auteur semble faire croire, en spécifiant le temps et l'heure de la récolte du suc d'héliotrope, que c'est un suc gommo-résineux qui découlerait naturellement. Nous croyons que Pline a nommé une plante, et qu'il en a décrit une autre. Les propriétés médicinales de l'héliotrope d'Europe sont dénuées de toute énergie; c'est mal-à-propos que Pline dit le contraire. S'il affirme qu'il

est efficace contre la morsure des scorpions, c'est que l'ensemble de ses fleurs simule la queue d'un scorpion ; si ce mode d'inflorescence eût rappelé la forme d'un serpent, Pline n'eût pas manqué de déclarer que la plante pouvait combattre la morsure des serpens.

61. — Page 46, ligne 12. *Alterum genus, quod tricoccum appellavimus, et.... scorpiuron vocatur, etc.* Dioscoride (IV, 193) donne le nom de *scorpiuron* à son ἡλιότροπιον μέγα ; mais (*in Nothis*) on trouve pourtant écrit : Ἡλιοτρόπιον μικρὸν, οἱ δὲ σκορπιοῦρον. Nous ne dirons rien de la partie du texte qui détermine les prétendues propriétés du petit héliotrope ou *tricoccum.* Nous nous étonnerons que ni les Grecs ni les Romains n'aient parlé des propriétés tinctoriales du croton-tournesol. Avant que l'Amérique n'eût été découverte, on avait, et de temps immémorial, mis à profit la plupart des productions végétales européennes. Le croton-tournesol dut attirer l'attention des anciens ; car ses baies tachent le doigt qui les touche, et la richesse de son principe colorant est révélée aux plus inattentifs.

62. — Page 48, ligne 1. *Et verrucas hoc utique heliotropium radicitus extrahit, etc.* On a cru long-temps aux propriétés de l'héliotrope d'Europe pour faire disparaître les excroissances charnues indolentes ; c'est pourquoi il porte encore vulgairement le nom d'herbe aux verrues. On pourrait aussi penser qu'elle a reçu ce nom de la forme de ses fruits.

63. — XXX, page 48, ligne 12. *Aliud adianto miraculum, etc.* Il est hors de doute que ni l'un ni l'autre des deux capillaires ne peut être rapporté à l'ἀδίαντον des Grecs. Dioscoride (IV, 136) dit positivement que l'ἀδίαντον a de petites feuilles semblables à celles de la coriandre, incisées vers le sommet, et que la plante a un palme de haut. Pline donne à son *adianton* de petites feuilles symétriquement disposées et serrées les unes à côté des autres ; c'est ce que Dioscoride écrit aussi de son τριχομανές, auquel il donne aussi le nom d'ἀδίαντον. La synonymie suivante peut être facilement établie :

I. Τριχομανὲς καὶ ἀδίαντον, THEOPH., *Hist. plant.*, VII,

13; Dioscor., iv, 137; *Adianton, Callitrichon, Polytrichon* et *Trichomanes*, Græcor., *teste* Apul., c. 47; Πολύτριχι, Græc. recent.—*Adiantum*, Plin., *loco comm.*; *Saxifraga*, Latinor., *teste* Plin., *loco cit.*; *Saxifraga*, Hildeg., ii, 143; *Asplenium Trichomanes*, L., *Spec. plant.*, 1540.—La doradille des murs.

II. Ἀδίαντον, Hipp., *Fist.*, 888; Theoph., *Hist. plant.*, vii, 13; Nicand., *in Ther.*, v. 846; Ἀδίαντον καὶ πολύτριχον, Diosc., iv, 136; Πολύτριχι, Græc. recent. — *Adiantum Capillus Veneris*, L., *Spec. plant.*, 1138. — Le capillaire cheveux de Vénus, ou capillaire de Montpellier.

L'étymologie du mot ἀδίαντον (α privatif, et διαίνω) rend compte d'un effet qui se reproduit pour toutes les feuilles glauques, revêtues d'une sorte d'enduit céreux qui les vernit et empêche l'action de l'eau. Les feuilles de chou et celles de plusieurs autres végétaux sont dans ce cas. Nicandre (*in Ther.*, loco cit.) rappelle aussi ce phénomène, dont presque tous les auteurs de l'antiquité ont parlé. (Cf. Theoph., vii, 13.)

Il est évident que Pline n'a pas connu l'*Adiantum Capillus Veneris*, L., mais il a, du moins, lu le texte de Dioscoride ayant rapport à cette plante; aussi a-t-il attribué à son adiante *trichomanes* la plupart des propriétés médicinales que Dioscoride donne à son ἀδίαντον: la plante qu'il a décrite n'est donc pas la même que celle dont il énumère les vertus. Il n'est pas vrai que l'adiante *trichomanes* puisse être taillé et façonné pour embellir les jardins; il n'est pas vrai non plus qu'il puisse teindre les cheveux. Il a de nombreuses racines fibreuses, et Pline lui en refuse; enfin, on ne peut craindre qu'il agisse comme caustique, etc., etc.

Les mots *callitrichon*, *trichomanes* et *polytrichon*, belle chevelure et chevelure épaisse, rappellent l'opinion qui faisait croire que cette plante rendait les cheveux plus beaux et plus épais; il suffisait que le pétiole de la fronde de ces fougères fût noir et capillacé, pour que cette croyance fût générale.

Cf. sur les propriétés de l'adiante, Dioscoride (*loco cit.*), Galien (ii, 2), Apulée (*loco cit.*), Marcellus Empiricus, etc.

64. — XXXI, page 52, ligne 5. *Picris ab insigni amaritudine cognominatur, etc.* Pline a déjà parlé de la picride au livre précédent. Il ne paraît pas que Dioscoride ait connu cette plante. Théophraste ne la décrit que fort imparfaitement, et, comme on le voit, Pline en dit bien peu de chose. C'est donc sans avoir une certitude entière que nous proposons la concordance synonymique qu'on va lire :

Πικρίς, THEOPH., *Hist. plant.*, VII, 11 ; Χειροβοτάνι, GRÆC. RECENT. ; Πικράλιδα, ZACINTH.— *Picris*, PLIN., XXI, 59, et *loco comm.*; *Picris asplenioides*, L., *Spec. plant.*, 1115.— La picride à feuilles d'asplénie.

Sprengel désigne l'*Helminthia echioides*, L. ; mais cette plante a des feuilles lancéolées et point arrondies ; elle est munie de fortes aspérités qui la font paraître épineuse. C'est le premier σόγχος de Dioscoride, désigné par l'épithète de ἀκανθωδέστερα.

65.— Ligne 7. *Thesium quoque non dissimili amaritudine est, etc.* Cf. sur le *thesion*, la note 235, au livre précédent. Nous avons cherché à établir que cette plante n'était pas connue des modernes, et que Sprengel avait indiqué à tort le *Thesion linophyllum*, L.

66.— XXXII, page 52, ligne 10. *Asphodelum.* Cf. sur l'asphodèle, la note 236, au livre précédent. Cette plante, dont tous les poètes ont parlé, a changé le nom d'asphodèle qu'elle avait dans la langue d'Homère et d'Hésiode, en celui de *spourdakula* et de *karabouki*, qu'elle porte maintenant chez les Laconiens et chez les Athéniens modernes. De pareils changemens ne s'expliquent que trop. L'esclavage rend les terres incultes, l'homme farouche, et la langue qu'il parle rude et barbare. Une nation libre et heureuse met dans son langage, dans ses mœurs et jusque dans ses monumens, quelque chose de poétique qui s'éteint et s'efface aussitôt qu'elle porte des fers. Ce n'était pas le beau ciel de la Grèce qui seul avait enfanté les prodiges des arts que nous nous efforçons d'imiter : la liberté avait plus fait encore. Il fallait des mains libres pour tenir la lyre d'Homère ou le ciseau de Phidias.

67. — Page 52, ligne 12. *Dionysius, marem ac feminam esse.* Nous avons déjà dit plusieurs fois que la désignation faite par les anciens, de plantes mâles et femelles, n'était nullement établie sur les caractères botaniques. Elle n'indique que des variétés, et rend compte seulement de leur degré d'énergie.

68. — *Defectis corporibus et phthisicis constat......... aptissime dari.* Pline a consacré un long chapitre aux propriétés médicinales de l'asphodèle. Nous ne discuterons pas la validité de ses assertions, qui, pour la plupart, n'ont aucun fondement. La bulbe de l'asphodèle rameux est riche en mucilage ; on en retire une pulpe qui est, dit-on, fort nourrissante. Étant mêlée avec la farine du blé ou de l'orge, elle a pu servir à faire du pain dans les temps de disette. Si nous nous reportons à la constitution chimique de la bulbe de l'asphodèle, nous verrons que, excepté des propriétés émollientes, toutes les autres sont supposées. On peut ranger cette bulbe parmi les analeptiques, et l'appliquer avec avantage sur les tumeurs inflammatoires, ainsi que sur les crevasses ou gerçures de la peau, etc. ; tout le reste est du domaine de la fable.

69. — Ligne 15. *Nicander et contra serpentes ac scorpiones.... dedit.* Les vers de Nicandre, auxquels renvoie notre auteur, sont les suivans :

> Ἄγρει δ' ἀσφοδέλοιο διανθέος ἄλλοτε ῥίζαν,
> Ἄλλοτε καὶ καυλεῖον ὑπέρτερον ἀνθερίκοιο,
> Πολλάκι δ' αὖ καὶ σπέρμα, ὅτου λοβὸς ἀμφὶς ἀέξει.

Dioscoride (II, 199) a adopté cette croyance, que Pline ensuite lui a empruntée. Les erreurs commises par les écrivains à réputation ont cela de dangereux, qu'elles se reproduisent indéfiniment.

70. — Page 54, ligne 4. *Fere in quocumque morbo magis decoctis medici utuntur.* Ce n'était pas sans raison que les médecins de l'antiquité recommandaient de n'employer les bulbes qu'après les avoir fait cuire. Il est rare que les racines féculentes ou mucilagineuses ne contiennent pas un principe âcre que l'action du feu leur enlève.

71. — Ligne 7. *Autumno autem colliguntur, etc.* L'époque précisée pour la récolte des bulbes de l'asphodèle est très-ration-

nelle. C'est alors qu'elles ont acquis leur plus grand développement et remplacé les sucs fournis à la tige et au fruit. C'est en automne que l'on récolte, pour l'usage pharmaceutique, presque toutes les racines médicinales.

72. — Page 54, ligne 21. *Chrysermus, etc.* Fabricius a pris soin de nous prévenir de ne pas confondre ce *Chrysermus* avec l'historien qui portait le même nom, et qui était né à Corinthe.

73. — Page 56, ligne 2. *Sophocles.* Les manuscrits varient sur la manière d'écrire ce nom propre dans le texte de Pline. Ceux de la Bibliothèque royale, les Colbert. et celui de Chifflet écrivent *Socles;* l'*index* du livre porte *Diocles;* enfin, d'autres manuscrits moins connus écrivent *Socrates.* Il paraît qu'il exista un médecin qui porta ce nom. Cf. CÆLIUS AURELIANUS, V, *Chron.*, chap. I.

74. — Ligne 10. *Simus.* Les manuscrits royaux et celui de Chifflet portent *Timon.*

75. — XXXIII, page 56, ligne 17. *Asphodelum ab Hesiodo quidam alimon.* On croit pouvoir désigner pour l'*alimon* des Grecs, un *atriplex* qui vit près des bords de la mer, et que les botanistes ont nommé *A. Halimus.* C'est un arbrisseau qui s'élève environ à deux mètres; sa tige est rameuse; toutes les parties de la plante ont une couleur glauque agréable; ses feuilles sont deltoïdes, un peu charnues et persistantes. La description donnée par Dioscoride, et copiée par Pline dans un passage que nous commentons, permet de reconnaître l'identité des deux espèces, de sorte que nous n'hésitons pas à présenter la concordance synonymique suivante :

Ἅλιμος, THEOPH., *Hist. pl.*, II, 20; DIOSCOR., I, 121; GALEN., *de Fac. simpl. med.*, VI, 22. — PLIN., *loco cit.* — Ἁλιμάλια, GRÆC. RECENT. (*Cretens.*), BEL., *Singul.*, p. 44. — ملوخ, AVICEN., 211. — *Atriplex Halimus*, L., *Spec. pl.*, 1492. — L'arroche des bords de la mer.

Théodore Gaza, dans la traduction qu'il a donnée de Théophraste, traduit ἄλιμος par le mot *accrone.* Sibthorp (*Fl. græc.*, II, 266) ne donne pas le nom grec moderne de l'arroche maritime, et ne paraît pas avoir adopté l'opinion des commentateurs; il ne désigne au reste aucune autre plante. On doit s'étonner de ce silence; car, avant lui, Belon avait écrit que l'arroche maritime abondait en Crète. « L'arbrisseau *halimus*, dit-il, y a nom pour le jourd'hui *halimatia*, si fréquent par toute l'île (la Crète) que grande partie des haies en sont faictes : et a les cimes bonnes à manger. » Dioscoride et Pline ont écrit l'un et l'autre que l'on mangeait l'*halimon*. Ce dernier auteur a fort embrouillé l'histoire de cette plante; et nous sommes portés à croire, en voyant la grande extension donnée à l'exposé des propriétés médicinales, qu'il a parlé de plantes diverses; l'*halimon* lui a été inconnu, et il aura recueilli, suivant son usage, une foule de traditions plus ou moins mensongères.

76. — Page 58, ligne 2. *Alii olus maritimum esse dixere salsum, et inde nomen.* Le nom d'*halimus*, ἄλιμος, ou mieux ἅλιμος, dérive de ἅλς, non parce que la plante a une saveur salée, mais parce qu'on la trouve seulement sur le bord des mers.

77. — Ligne 4. *Duorum præterea generum, silvestre, et mitius.... Cratevas tertium quoque genus tradidit, etc.* Si par l'épithète de *mitius* il faut entendre une espèce adoucie par la culture, il faut convenir qu'on ne peut la rapporter à l'*Atriplex Halimus*, arbrisseau qu'il ne serait nullement avantageux d'établir en culture régulière. Peut-être alors pourrait-on songer à l'*Atriplex Portulacoides*, L., *Spec. pl.*, 1492. Confites au vinaigre, les feuilles et les jeunes pousses ont une saveur agréable. Quant à la troisième espèce, celle dont parle Cratevas, il faut peut-être la chercher dans un autre genre.

78. — XXXIV, page 58, ligne 19. *Acanthi, topiariæ et urbanæ herbæ.... duo genera sunt.* Le mot *acanthus*, pris dans son acception la plus étendue, s'appliquait à une multitude de plantes épineuses, herbacées ou ligneuses. Ainsi l'ἄκανθος λευκή de Théophraste (*Hist. plant.*, IV, 3) est l'*Acacia Senegal*, WILLD.; l'ἄκανθα ἀραβική de Dioscoride (III, 14) est le *Carduus leucographus*. Ce mot avait donc la même étendue que le mot latin *spina* et le nom français *épine* que l'on donne aussi à une foule de plantes épineuses. Cf. pour la concordance synonymique des

acantha et des *spina*, la note 142, au livre XXIV; mais ici le mot *acanthus* a une acception bornée et très-facile à préciser : c'est évidemment cet *acanthus* auquel Virgile donne les épithètes de *mollis*, *ridens* et *flexus* (*Eclog.* III, v. 45; IV, v. 20; *Georg.* IV, v. 123).

Dioscoride a décrit cette plante de manière à la faire reconnaître avec une très-grande facilité. Pline, toujours prompt à recueillir toutes les traditions fabuleuses qui ont rapport aux plantes, a négligé d'en donner la description, et se contente de différencier les deux espèces, l'une petite à feuilles piquantes et frisées (*Acanthus spinosus*), l'autre lisse et unie (*Acanthus mollis*). Théophraste (IV, 11) dit fort peu de chose de l'acanthe. Presque tous les poètes ont parlé de l'*acanthus*, et l'on sait quelle célébrité elle a acquise en architecture pour avoir fourni le principal ornement du chapiteau corinthien; les sculpteurs gothiques avaient aussi adopté l'acanthe dans leurs ornemens d'architecture; mais, au lieu de prendre pour modèle l'acanthe cultivé, ils avaient adopté l'acanthe épineuse, dont les formes sont beaucoup moins gracieuses. Virgile, dans ses *Églogues*, entoure de cette feuille les coupes destinées à récompenser les vainqueurs du chant; il en embellit aussi le voile d'Hélène :

> Et circumtextum croceo velamen acantho,
> Ornatus argivæ Helenæ......
>
> VIRG., *Æneid.*, lib. I, v. 649.

Pline dit que l'acanthe est au nombre des plantes qui servent de bordures dans les jardins; s'accordant en cela avec le poète latin, qui dit, en parlant du vieillard de Galèse, « Et quand venait le premier printemps, il émondait ses acanthes flexibles. » Quelques critiques ont prétendu qu'il n'était pas question de l'*Acanthus mollis* des botanistes, mais bien de quelque espèce d'arbre, oubliant que Pline le Jeune (*Épît.* V, 6, p. 358, édit. Panckoucke) dit positivement que les Romains décoraient les allées de leurs jardins avec l'acanthe : *Acanthus in plano mollis, et pœne dixerim, liquidus. Ambit hunc ambulatio pressis varieque tonsis viridibus inclusa.* On ne voit pas qu'il soit étrange de donner à une plante flexible, et non arborescente, la forme qu'on désire, soit en la liant avec de l'osier, soit en la taillant pour lui ôter le superflu de ses feuilles, afin de la mieux aligner en bordure. Pour terminer ce qui a rapport à cette plante célèbre, nous dirons qu'elle n'a aucune propriété médicinale énergique ; on la croit légèrement émolliente. On voit, par le texte de Pline et par celui de Dioscoride, que les anciens ne lui attribuaient qu'une faible action sur l'économie vivante.

Voici comment on doit établir la concordance synonymique des deux *acanthus* :

I. Ἄκανθος ὑγρός, THEOCR., *Idyll.* I, 55 ; Ἄκανθα, καὶ ἑρπάκανθα, DIOSC., III, 19; Rom., Παραδείσον, Ἄκανθος ἀληθής, NICAND., *Ther.*, v. 645. — *Acanthus mollis, ridens, flexus*, VIRG., *locis citatis*; *Acanthus tortus*, COLUM., X, 243 ; *Acanthus pœderos seu melamphyllum*, PLIN., *loco comm.*; VITRUV., *de Archit.*; *Acanthus lubricus et flexuosus*, PLIN. JUN., *lib.* V, *epist.* 6; *Acanthus mollis*, L., *Spec. pl.*, 891. — L'acanthe branc-ursine.

II. Ἄκανθος, *Spinis ceanothi similibus*, THEOPH., I, 16; Ἄκανθα ἀγρία, DIOSCOR., III, 20; Μουντρίνα, μουντρίνα, GRÆC. RECENT. ; Τζουλαδίτζα, LACON. — *Acanthus aculeatus et crispus*, PLIN., *loco comm.*; *Acanthus spinosus*, L., *Spec. pl.*, 891. — L'acanthe à feuilles épineuses.

Miller (*Dict.*, 2) a une variété d'acanthe à laquelle il donne le nom de *nigra*; ses feuilles ont une couleur vert-bouteille très-intense. Elle abonde en Italie et en Sicile. C'est cette variété qui, sans avoir été nettement distinguée du type, a fait donner à l'acanthe, suivant toute vraisemblance, le nom de *melamphyllum*.

L'*acanthus semper frondens* de Virgile (*Georg.* II, v. 119) est une plante arborescente tout-à-fait distincte de l'*acanthus mollis*.

79. — XXXV, page 60, ligne 8. *Bupleuron*, Voici une plante qui n'a point été connue de Dioscoride, ce qui est fort rare et comme exceptionnel. Les commentateurs ont désigné pour le buplèvre de Pline l'*Ammi majus*, L., le *Buplevrum rigidum*, L. et le *Buplevrum baldense*, WILLD : aucune de ces désignations n'est satisfaisante : l'*Ammi majus* dépasse la hauteur d'une coudée ; ses feuilles sont pinnatifides, et elle ne peut en aucune ma-

nière prendre place parmi les plantes potagères. Le *Bupleurum baldense*, WILLD, ne se trouve que dans les montagnes sous-alpines, au mont Baldo, en Carniole et en Croatie. Le *B. rigidum* a une tige grêle, presque nue, très-faible; ses feuilles, toutes radicales, sont fort peu nombreuses; enfin on ne voit pas de quel usage elle pourrait être comme plante potagère. De ces trois plantes, néanmoins, le grand *ammi* est celle qui présente le plus de probabilités[1]. Elle abonde en Grèce, tandis que les deux autres n'y ont point encore été trouvées; c'est une ombellifère fort commune en France et en Italie, et qui a dû certainement attirer l'attention des anciens. Ses semences étaient jadis employées en médecine comme carminatives. Voici comment nous établirons la concordance synonymique du *bupleurum*.

Βούπλευρον, NICAND., *de Ther.*, v. 575; GLAUC., *cit. a Plinio*; Ἀσπροκέφαλος, GRÆC. RECENT. — *Ameum*, CAROL. MAGN., *Capitul.*; *Bupleurum*, PLIN., *loco comm.*; *Ammi majus?* L., *Spec. plant.*, 348. — Le grand ammi.

80. — XXXVI, page 60, ligne 17. *Buprestim.* Théophraste range la βούπρηστις parmi les plantes oléracées, mais il ne la décrit point. Pline, qui parle des propriétés de cette plante, n'en fait pas non plus connaître les formes. Hippocrate et Galien n'ajoutent à ce peu de données aucun utile renseignement. C'est donc aux seules conjectures qu'on en est réduit. Il est d'abord fort bien établi que cette plante était rangée parmi les légumes, et, quoique les classifications adoptées par Pline soient bien imparfaites, le lieu où l'a mise cet auteur, prouve qu'il la regarde comme une ombellifère. Ici s'arrêtent les conséquences raisonnables qu'on peut tirer du texte des auteurs. La contradiction signalée par Pline, et relative à l'action du *buprestis*, vient peut-être, comme l'ont remarqué divers savans, de ce que l'auteur latin aurait confondu la *buprestis* plante, et le bupreste insecte; malheureusement pour Pline, les exemples de sa négligence sont trop nombreux pour que nous tentions de le disculper, et nous adoptons sans peine,

[1] La plante à laquelle Dioscoride donne (III, 70) le nom d'ἄμμι αἰθιοπικόν, n'est pas la même que notre *Ammi majus*, L.; c'est l'*ammi copticum*. Cf. au livre XX, la note 165.

au contraire, l'opinion qui le charge d'une erreur de plus. Poinsinet, plus indulgent que nous, croit concilier le texte latin avec les textes grecs, en disant que la plante, telle qu'elle fut, était nommée *buprestis*, parce qu'elle guérissait l'enflure causée par le bupreste insecte. On sait que ce mot vient de βοῦς bœuf, et de πρηστήρ qui brûle. Mais ceci n'est qu'une hypothèse, et nous conclurons en déclarant qu'il y a impossibilité de reconnaître la *buprestis* plante. C'est donc sans cause suffisante que Sprengel a adopté, d'après les commentateurs qui l'ont précédé, le *Buplevrum rotundifolium*. Les auteurs de l'antiquité qui ont parlé de la *buprestis* sont les suivans :

Βούπρηστις, HIPP., *de Morb. mulier.*, I, 619; THEOPH., *Hist. plant.*, I, 619; GALEN., *Comment. in voc. Hippocr.*, 450. — PLIN., *loco comm.* — *Umbellifera ignota.*

On a cherché à établir que le πανακὲς χειρώνειον de Dioscoride était identique avec le βούπρηστις des autres auteurs grecs; rien ne paraît appuyer cette opinion, non plus que celle qui veut établir l'identité entre cette plante et l'*elaphoboscum*.

81. — XXXVII, page 62, ligne 5. *Elaphoboscon.* Dioscoride (III, 80) ajoute à cette courte description quelques autres caractères. Les feuilles ont deux doigts de large, ressemblent à celles du térébinthe, sont allongées, un peu rudes et divisées vers la marge; ses ombelles et ses semences sont semblables à celles de l'aneth; la fleur est jaunâtre; la racine blanche, de la grosseur et de la longueur du doigt, douce et comestible; la tige, de consistance tendre, peut servir pour l'alimentation. Quoique cette plante soit bien caractérisée, il n'en est pas moins difficile de la déterminer. Quelques auteurs ont réuni l'*elaphoboscum* et le *sisarum* dans une même synonymie, mais rien n'autorise cette réunion. Ces deux plantes sont décrites chez Dioscoride et chez Pline dans deux chapitres différens, et l'on ne peut raisonnablement réunir ce qu'ils ont regardé comme distinct. Sprengel (*Hist. Rei herb.* I, 166) avait d'abord adopté pour les deux plantes le *Sium Sisarum*, mais (*comment. in Diosc.*, 491) il a changé d'avis et désigné la *Pastinaca sativa*, L., suivant en cela l'opinion de Sibthorp

(*Fl. græc.*, I, 202, édit. Smith) que nous adoptons, mais regardant comme distinct le σίσαρον et l'ἐλαφόβοσκον. Le *Pastinaca sativa*, L. est une ombellifère commune en Grèce, aussi Dioscoride la décrit-il très-bien; le σίσαρον y est rare, aussi ne parle-t-il que des propriétés médicinales. Résumons-nous, et disons que le σίσαρον et l'ἐλαφόβοσκον sont deux plantes différentes, dont la dernière est mieux connue que la première (Cf. au livre XIX la note 155). On peut y rattacher la concordance synonymique suivante.

Ἐλαφόβοσκον, DIOSCOR., III, 80. — חשק אקו [1], BOCHART, *Can.*, p. 755; *teste* SPRENG., id est *desiderium rupicapræ.*— *Elaphoboscum*, PLIN., *loco comm.*; *Pastinaca sativa*, L., *Spec. plant.*, 376. — Le panais cultivé.

82. — Page 62, ligne 8. *Quippe etiam conditum prorogatur ad urinam ciendam, etc.* Pline a donné une grande extension à ce que Dioscoride a dit de l'*elaphoboscum*. Les modernes ne tirent aucun parti du *panais* comme médicament. Néanmoins on a cru longtemps que les semences étaient diurétiques et fébrifuges. La seule importance véritable de cette ombellifère vient de sa racine, qui est alimentaire, et dont on a retiré du sucre.

83. — XXXVIII, page 62, ligne 18. *Scandix.* Nous ne voyons pas de raison suffisante pour reconnaître, avec Sprengel et ses prédécesseurs, le cerfeuil, *Chœrophyllum sativum*, L., dans le *scandix* des Grecs et des Romains. Cette plante ne se trouve pas en Grèce à l'état sauvage, et l'on nomme aujourd'hui Σκάνδυκι, dans ce pays, une ombellifère à laquelle nous rattachons la concordance synonymique suivante :

Σκάνδυξ, THEOPH., *Hist. pl.*, VII, 8; DIOSCOR., II, 168; ARISTOPH., *in Acharn.*, act. II, sc. 4; OPION et ERASISTR. *a Plin. citati, loco comm.*; Σκάνδυξ ἄγριον λάχανον, SUIDAS; Σκάνδυκι et Ἀγριοκάντζικα, GRÆC. RECENT. — *Scandix*, PLIN., *loco comment.*; *Pecten Veneris*, EJUSD.,

[1] Cette expression tire son étymologie d'*elaphoboscum*, mot qui signifie pâture des cerfs, ἔλαφος, βόσκειν.

lib. XXIV; MATTH., *in Diosc.; Scandix Pecten Veneris*, L., *Spec. plant.*, 368. — Le cerfeuil peigne de Vénus.

Pline a nommé, au livre précédent, chapitre 52, « le *scandix*, que d'autres appellent *trogopogon*, » mais il y a évidemment erreur, soit du propre de notre auteur, soit de ses copistes.

84. — Page 62, ligne 19. *Item decocta alvum sistit, etc.* Les modernes ne tirent aucun parti de cette plante, ni sous le rapport alimentaire, ni sous le rapport médicinal.

85. — Page 64, ligne 4..... *Anthriscus, si tenuiora folia et odoratiora haberet.* Nul doute qu'il ne soit ici question du cerfeuil, ombellifère odorante dont l'usage comme condiment est si répandu en Europe. Il est difficile de connaître d'une manière positive si c'est là l'ἐνθάσικον de Théophraste et l'ὀρεοσέλινον de Dioscoride.

Voici comment nous établirons la concordance synonymique de l'*anthriscus* :

Ἐνθάσικον? THEOPH., *Hist. pl.*, VII, 7; Ὀρεοσέλινον? DIOSC., III, 76[1]. — *Anthriscus*, PLIN., *loco comm.*; *Scandix odorata*, L., *Spec. plant.*, 368. — Le cerfeuil cultivé.

Cette plante, légèrement aromatique, peut agir comme alexitère, ainsi que nous l'apprend Pline.

86. — XXXIX, page 64, ligne 9. *Et iasione olus silvestre habetur.... concilium vocant.* Nous avons établi au livre précédent qu'il ne s'agissait pas, sous ce nom de *iasione*, du grand liseron, comme veulent le soutenir les commentateurs, à moins que Pline n'ait décrit cette plante, en lui attribuant les propriétés d'une plante tout-à-fait différente; nous serions assez disposé à penser ainsi, car nous ne connaissons en Europe que le liseron dont la fleur blanche ait un calice monosépale, et une tige grimpante qui contienne un suc propre laiteux.

87. — XL, page 64, ligne 17. *Caucalis, etc.* Le genre *caucalis* des botanistes renferme une espèce à feuilles découpées, à fleurs

[1] Sibthorp (*Fl. græc.*) croît que l'ὀρεοσέλινον pourrait être plutôt le persil, *Apium Petroselinum*, L., *Spec plant.*, 713.

blanches et à tiges courtes qu'on a cru pouvoir rapporter à la *caucalis* de Pline. Cf. le livre précédent. C'est la caucalide à grandes fleurs, *Caucalis grandiflora*, L., *Spec. pl.*, 346, commune dans le midi de l'Europe et dans les champs de toute la Grèce. Tout ce que Pline en dit, sous le rapport des propriétés médicinales, est erroné.

88. — XLI, page 66, ligne 6. *His adnumerant et sium, latius apio, etc.* Ce *sium* est une ombellifère aquatique que l'on a cru pouvoir rapporter au *Sium angustifolium*. Mais s'il faut chercher un *sium*, ne vaut-il pas mieux s'arrêter au *Sium latifolium*, afin de trouver une plante dont on puisse dire *latius apio*?

Voici la concordance synonymique de cette ombellifère :

Σίον, THEOCR., *Idyll.* V, 125; DIOSCOR., II, 154; ATHEN., II, p. 61, non CRATEV. *in Dioscor., loco cit.* — *Sium*, PLIN., *loco comm.*; *Laver*, EJUSD., lib. XXVI; *Sium latifolium*, L., *Spec. pl.*, 361. — La berle à larges feuilles.

L'opinion que les modernes ont sur les propriétés médicinales et alimentaires de la berle à larges feuilles ne s'accorde pas avec ce que disent les anciens; c'est un aliment suspect, et l'on assure qu'il cause le délire aux ruminans qui l'ingèrent. Il est possible que Pline ait attribué mal-à-propos au *sium* quelques-unes des propriétés propres au cresson.

89. — LXII, page 66, ligne 16. *Silybum, chamæleoni albo similem, æque spinosam.* Il résulte de la description de Dioscoride et de celle de Pline que le *silybon* est une plante à feuilles larges, piquantes et comestibles (PLIN., lib. XXVI, c. 25), produisant un suc laiteux qui se concrète en une sorte de gomme. Si cette dernière circonstance est exacte, au lieu de chercher le *silybon* parmi les cynarocéphales, il faudrait le chercher parmi les chicoracées. Cordus, dans ses *Commentaires sur Dioscoride*, a désigné le chardon-marie, *Carduus marianus*, L., et Sprengel a adopté cette opinion. Mais Sibthorp, qui a trouvé en Grèce le chardon-marie, ne le désigne point comme étant le σίλυβον de Dioscoride. Après avoir fait remarquer que cette plante est trop imparfaitement décrite pour que la détermination ne présente pas

de l'incertitude, nous désignerons le *Sonchus palustris*, L. Il est commun dans toute la Grèce, notamment en Élide; le suc propre en est abondant, susceptible de se concréter; la plante est épineuse et amère, mais elle peut devenir alimentaire avant d'avoir acquis toutes ses proportions. Les Athéniens modernes, au rapport de Sibthorp (*Fl. græc.*, II, 131), mangent, cuites et en salade, les feuilles de l'*Helmintha echioides*, WILLD, égales en amertume à celles du laitron des marais. Pline nous dira plus loin que l'on mangeait les feuilles du laitron ordinaire. Dioscoride dit la même chose.

Voici notre concordance synonymique :

Σίλυβον, DIOSCOR., IV, 159. — *Silybum*, PLIN., *loco comm.*, et XXVI, 25; *Sonchus palustris*, L., *Spec. pl.*, 1116. — Le laitron des marais.

90. — XLIII, page 66, ligne 21. *Scolymon quoque in cibos recipit Oriens, et alio nomine limoniam appellat.* Les commentateurs antérieurs à Sibthorp, et Sprengel qui les a suivis pas à pas, ont désigné pour le *scolymus* des anciens, le *Scolymus maculatus*, L.; nous préférons adopter, sur l'autorité de la *Flore grecque*, le cardon d'Espagne, *Scolymus hispanicus*, L., plus commun que sa congénère, et portant encore aujourd'hui le nom de σκόλυμος.

Voici donc la concordance synonymique que nous proposons :

Σκόλυμος, HESIOD., *in* Ἔργα καὶ Ἡμέραι, 582; Σκόλυμος καὶ λειμωνία, THEOPH., *Hist. pl.*, VI, 4; ALCÆI, *in Procl. et in Athen.*, lib. X; ARIST., *Prob.*, IV, 26; DIOSC., III, 16, *teste* Sibthorp; Σκολύμος, Σκόλυμβριος ἢ ἀσκόλυμβρος, GRÆC. RECENT. — *Scolymus*, PLIN., *loco citato*; *Scolymus hispanicus*, L., *Spec. plant.*, 1143. — Le cardon d'Espagne.

Quelques auteurs séparent le σκόλυμος de Théophraste et le σκόλυμος de Dioscoride; nous ne voyons pas la raison de cette séparation. Cette plante et ses congénères ne jouissent pas de propriétés bien énergiques, et tout ce qu'en dit Pline, d'après les auteurs, est erroné. On mange en Barbarie le *Scolymus grandiflorus*, L.

91. — Page 68, ligne 5. *Hesiodo et Alcæo.* Les passages d'Hé-

siode et d'Alcée, que notre auteur invoque, sont tirés du poëme intitulé Ἔργα καὶ Ἡμέραι, v. 582 et suiv., et de Proclus. Cf. Athénée (*Deipnos.*, liv. X) et Aristote (*Probl.*, 26, t. IV, p. 705).

92. — XLIV, page 68, ligne 16. *Estur et sonchos... uterque, albus et niger.* Il s'agit certainement ici de diverses espèces du genre *sonchus*. La principale espèce, le *S. oleraceus*, varie beaucoup, et c'est parmi ces variétés qu'il faudra chercher les deux *sonchus* mentionnés par Pline.

Voici leur concordance synonymique :

I. Σόγχος, THEOPH, *Hist. plant.*, VI, 4; DIOSC., II, 159; GALEN., *de Fac. simpl. med.*, VIII; Σόχος, GRÆC. RECENT. — *Sonchus albus*, PLIN., *loco comm.*; ORIBAZ., XI; *Sonchus oleraceus*, L., *Spec. plant.*, 1116. — Le laitron ordinaire.

II. Σόγχος ἄγριος, THEOPH., *loco cit.*; DIOSCOR., *loco cit.*; GALEN., *de Fac. simpl. med.*, *loco citato.* — *Sonchus niger*, PLIN., *loco comm.*; ORIB., *loco cit.*; *Sonchus oleraceus var. asper*, L., *loco cit.*—Le laitron commun à feuilles épineuses.

III. Σόγχος ἕτερος, DIOSC., *loco cit.* — *Sonchus arvensis*, L., *Spec. pl.*, *loco cit.* — Le laitron des champs.

Le laitron est avidement recherché par les herbivores; on le mange en salade dans quelques pays, notamment la variété dite *crepola di terra*; mais on préfère, en général, les chicoracées des genres *lactuca* et *cichorium*. Les propriétés médicinales du laitron sont peu énergiques. On le dit rafraîchissant et légèrement laxatif. Les merveilles que Pline en raconte sont autant de fables.

94.—XLV, page 70, ligne 19. *Condrillon, sive condrille, etc.* Sibthorp voit dans cette plante la *Chondrilla ramosissima*, espèce dont la découverte lui appartient, et qui se trouve dans les environs d'Athènes; mais il nous semble plus convenable de choisir la *Chondrilla juncea*, L., qu'il mentionne aussi dans sa *Flore*; nous avons été conduit à proposer cette plante par la lecture même du texte de l'auteur de la *Flore grecque*, qui nous apprend que dans l'île de Lemnos on retire une sorte d'extractif gommeux de la racine de la *Chondrilla juncea.* Dioscoride (II, 161) disant positivement que l'on obtient de la χονδρίλλη une sorte de gomme de la grosseur d'une fève, semblable à la résine du mastic, il y a lieu de reconnaître l'identité de ces deux plantes ; c'est pourquoi nous établirons sans hésiter la synonymie suivante :

Χονδρίλλη, καὶ κιχώριον, καὶ σέρις, THEOPH.? *Hist. pl.*, VII, 9 et 11 ; DIOSC., *loco cit.*; Κόλλα, GRÆC. RECENT. (Lemnos). *Condrillon sive condrille*, PLIN., *loco comm.*; *Chondrilla juncea*, L., *Spec. pl.*, 1120. — La chondrille à tige de jonc. Famille des chicoracées.

Cette plante participe aux propriétés des plantes de la même famille ; elle est peu usitée de nos jours. La gomme qu'on retire de la racine n'est que le suc propre laiteux concrété. Ce n'est ni une véritable gomme, ni un corps résineux, mais simplement une sorte d'extractif.

95. — XLVI, page 72, ligne 11. *Inter ea quæ temere manduntur, et boletos merito posuerim, etc.* Les anciens étaient au moins aussi friands de champignons que les modernes. Ils préféraient ceux qui naissent dans les prés, où cependant il s'en trouve de fort vénéneux, quoiqu'il soit vrai néanmoins de dire que les plus dangereux vivent à l'ombre des grands arbres :

.... Pratensibus optima fungis
Natura est........
HORAT., lib. II, sat. 4, v. 20.

Avant de parler de l'opinion des anciens sur la nature des champignons et sur leur mode d'accroissement, nous allons établir la concordance synonymique des espèces mentionnées par Pline dans le courant de ce livre :

I. *Boletus*, JUVEN., *Satir.* V ; MART., lib. I, *Epigr.* 21, et lib. III, *Epigr.* 60 ; CICER., HORAT., SUETON., etc. ; PLIN., *loco comm.*; *Agarici volvacei*, AUCT. RECENT., *præcipue Agaricus aurantiacus*, BULL., et *A. Pseudo-agaricus*, BULL., t. 122. — Les agarics oronge et fausse oronge.

Il faut évidemment rapporter les *boleti* de Pline aux *agaricus* de la division des amanites. C'est dans cette section qu'il faut chercher les meilleures espèces et les plus nuisibles : telles sont l'oronge et la fausse oronge. En cherchant à donner les caractères qui différencient les champignons de bonne et ceux de mauvaise nature, Pline montre clairement qu'il a connu l'oronge vraie et l'oronge fausse : ces phrases, *Veluti guttas in vertice albas ex tunica sua gerunt. Volvam enim terra ob hoc prius gignit, ipsum postea in volva, ceu in ovo est luteum. Nec tunicæ minor gratia in cibo infantis boleti. Rumpitur hæc primo nascente : mox increscente, in pediculi corpus absumitur*, s'appliquent très-bien à l'oronge vraie ; et celle-ci, *Non sunt hæc in quibusdam : siccique, et nitri similes*, à l'oronge fausse.

II. *Fungus* (dans un sens étendu) *Agarici et Boleti spec. auct.* — Μύκης, GRÆC.; THEOPH., I, 8, 9; DIOSCOR., IV, 83; *Simpl. med.*, 210.

α. *Fungus albus*, PLIN., *Agaricus procerus*, SCHŒF., *Fung.*, t. 22, ou espèces voisines. — La coulemelle ou couloumelle élevée.

β. *Fungus ruber*, PLIN., *loco comm.*; *Fungus pratensis?* HORAT., *Satir.*, *loco cit.* — Μύκης, THEOPH., I, 8. — *Agaricus campestris*, L., *Spec. plant.*, 1641. — L'agaric de couche, ou bien l'*Agaricus deliciosus*, L., l'agaric délicieux.

γ. *Suillus*, PLIN., *loco cit.* — *Porcina*, ITAL. RECENT. — *Boletus edulis?* BULL., *Champ.*, p. 322. — Le bolet comestible.

Il y aurait présomption de chercher à rattacher ces champignons à des espèces modernes, et de prétendre pouvoir décider si les espèces mentionnées par les Grecs étaient connues des Romains et *vice versa*. Pline a dit lui-même *numerosa genera*, et ne parle des espèces dont nous venons de donner la synonymie que comme des plus intéressantes.

96. — Page 72, ligne 16. *Quorumdam ex his facile noscuntur venena, diluto rubore, rancido aspectu, etc.* Il est à remarquer que, plus les botanistes se sont occupés à fond des champignons, plus ils paraissent les redouter, et semblent avoir d'hésitation dans la désignation des espèces comestibles. Les paysans, qui n'ont que des connaissances de tradition, se tromperaient

peut-être moins souvent que les plus célèbres auteurs. Pline dit positivement : *Deprehendisse qui, nisi agrestes, possunt, atque qui colligunt?* Nous pensons que, dans un pays aussi varié dans ses productions que l'est la France, il faudrait ne considérer les champignons que comme une nourriture de luxe, et se borner à manger l'agaric de couche, les morilles, et quelques autres espèces, qui ne laissent aucun doute sur leurs caractères botaniques suffisamment tranchés.

97. — Page 74, ligne 5. *Origo prima causaque e limo, et acescente succo madentis terræ, etc.* Il est curieux de connaître les opinions qui ont été émises sur l'origine des champignons. Voici les principales.

Les anciens, observant que les champignons n'avaient besoin pour naître ni de racines ni de semences apparentes, leur cherchèrent une origine divine; ils les nommèrent fils des Dieux et de la Terre : qualification qu'ils donnaient aux hommes dont les parens étaient inconnus. Un petit nombre de philosophes soutint qu'ils provenaient de la pituite des arbres, c'est-à-dire de leur sève; d'autres, que le limon de la terre, raréfié par la chaleur centrale du globe, les faisait naître ; enfin, quelques-uns pensèrent qu'ils pullulaient, surtout dans les temps d'orage, lors de la prétendue union du ciel avec la terre, union qui, suivant eux, s'annonçait, d'une part, par des coups de tonnerre, de l'autre, par des ouvertures destinées à recevoir les influences célestes.

Dans le seizième siècle, on prétendit qu'ils étaient le résultat de la putréfaction des corps, et, plus tard, qu'ils croissaient à la manière des minéraux, et qu'ils offraient le phénomène d'une véritable cristallisation. Lancisi, Heker, Munckausen, et même le grand Linné, mirent en crédit une opinion bizarre, suivant laquelle les champignons auraient été l'ouvrage et l'habitation de certains polypes. Munckausen avança même qu'ils produisaient de véritables œufs, lesquels, trempés dans l'eau tiède, éclosaient et produisaient des vers, qui bientôt se métamorphosaient en champignons. Butner, Weiss se rangèrent à cette opinion; le dernier même était de si bonne foi, qu'il ne jugea pas pouvoir faire mention des champignons dans son énumération des plantes des environs de Gœttingue, ne croyant pas devoir les considérer comme des végétaux. Ce système, quoique faux, est fondé sur une observation véritable, mais mal appliquée. Il est bien vrai que l'on trouve des vers dans les champignons; mais ils proviennent d'œufs déposés par des insectes, surtout par ceux qui appartiennent à la famille des *mycétobiens*, ainsi nommés parce qu'ils vivent des fongosités. Cette origine, étant prouvée, ne permet plus de considérer les champignons comme des sortes de polypiers, car ils sont dans les mêmes circonstances que le fromage et la chair des animaux, si fréquemment attaqués par les larves des insectes. L'opinion qui voudrait chasser les champignons du règne végétal s'est reproduite tout récemment, mais appuyée sur des considérations plus spécieuses; Nees d'Esenbeck (*Handbuch der botanik*, 1820) en est l'auteur. Il divise la première classe de son règne organique en quatre ordres vivans; savoir, les champignons, les plantes, les animaux et les hommes. Les champignons, suivant lui, sont des végétaux reproduits, et les plantes des végétaux reproductifs; les premiers sont des êtres organisés, formés par la décomposition des êtres vivans, et peuvent être regardés comme des atomes de plantes, que la nature fait sortir de la substance expirante; les seconds sont le résultat du développement d'un être dont les premiers rudimens sont renfermés dans une semence.

98.—Page 74, ligne 16. *Itaque caveri conveniet, prius quam se condant serpentes.* Il est presque superflu de dire que le préjugé renfermé dans cette phrase est sans fondement.

99. — Page 76, ligne 1. *Et boletis quidem ortus occasusque omnis intra dies septem est.* Cette phrase prouve que, sous le nom de *boletus*, Pline entendait parler des champignons à pédicule central; car on ne peut supposer qu'il ait ignoré que les champignons, notamment ceux qui vivent sur les arbres, ont une durée beaucoup plus longue, puisqu'il en est qui vivent plus d'années que Pline ne dit ici qu'ils vivent de jours.

100. — XLVII, page 76, ligne 4. *Fungorum lentior natura, et numerosa genera, etc.* C'est avec raison que notre auteur déclare que les champignons sont de nature humide. Cf. sur les diverses opinions relatives à l'origine des champignons, la note 97.

101. — Page 76, ligne 5. *Tutissimi, qui rubent callo, etc.* Cf. sur la concordance synonymique des *fungus* de Pline, la note 95.

102. — Ligne 11. *Quœ voluptas tanta ancipitis cibi?* Martial a consacré une épigramme à la manie gastronomique qui fait braver la mort à ceux qui veulent satisfaire leur sensualité.

> Dic mihi, quis furor est? Turba spectante vocata,
> Solus boletos, Cæciliane, voras.
> Quid dignum tanto ventrique gulæque precabor?
> Boletum, qualem Claudius edit, edas.
>
> Lib. 1, epigr. 21.

103. — Ligne 15. *Hic habebit veneni argumentum, quo similior fuerit arborum fici.* Cf. sur les caractères qui font distinguer les bonnes et les mauvaises espèces de champignons, notre *Cours d'Histoire naturelle pharmaceutique*, t. 1, p. 157.

104. — Ligne 16. *Adversus hœc diximus remedia, dicemusque.* Le parti que la médecine tire des champignons n'est pas fort grand; les modernes emploient comme purgatif le bolet blanc ou bolet du larix; quelques praticiens allemands ont préconisé le bolet à odeur suave, *Boletus suaveolens*, Bull., contre la phthisie pulmonaire. On a voulu aussi tirer parti de l'agaric fausse oronge, *Agaricus Pseudo-aurantiacus;* enfin chacun connaît l'usage chirurgical de l'amadou. Tout ce que dit Pline des propriétés médicinales des champignons, est plus ou moins hasardé.

105. — Page 78, ligne 8. *Libet et coquendi dare aliquas communes in omni eo genere observationes.* Ce paragraphe est terminé par une assertion vraie : le vinaigre est tout à la fois l'assaisonnement et l'antidote des champignons. Une foule d'autres auteurs, antérieurs à Pline, avaient parlé du vinaigre pour combattre l'action souvent mortelle des champignons. On emploiera, dit Nicandre, contre leur mauvais effet, l'hydromel, l'oxymel, le nitre et le vinaigre, et l'on provoquera le vomissement. Les champignons doivent être apprêtés avec le vinaigre ou l'oxymel, afin de leur ôter leur qualité nuisible. Un médecin moderne ne pourrait prescrire rien de plus rationnel que ce qu'on vient de lire. L'eau vinaigrée et salée paraît dissoudre le principe actif. Notre honorable ami, M. le docteur Mérat, rapporte qu'il a vu à Auxerre des prisonniers russes manger impunément tous les

champignons en les faisant bouillir dans de l'eau salée; les acides végétaux agissent comme le vinaigre, et M. Orfila s'est assuré de l'innocuité des plus dangereux, quand on les assaisonnait au citron. Cf. Dioscoride (IV, 83), Scribonius Largus (*Comp.*, 198) et Diphile (*in Athenæum*, II, 19).

106. — XLVIII, page 78, ligne 18. *Imbribus proveniunt omnia hæc.* La pluie n'engendre pas les champignons, elle facilite seulement leur développement. *Voyez* plus haut la note 97.

107. — XLIX, page 80, ligne 8. *Laser e silphio profluens, quo diximus modo, inter eximia naturæ dona numeratum.* Cf. sur le *laser*, et la gomme-résine qui en découle, la note 58, au livre XIX. Nous avons cherché à prouver que c'était le *Thapsia Sylphium* de Viviani (*Flor. de Lib.*), mais que le produit ne se trouvait plus aujourd'hui dans le commerce européen, à moins que la deuxième sorte, celle qui exhale une odeur alliacée, ne soit l'*assa* ou *asa fœtida.* N'ayant pas une connaissance positive du *sylphium*, nous ne pouvons discuter la validité des assertions médicales de Pline; néanmoins, comme il s'agit certainement d'une gomme-résine produite par une ombellifère, nous pourrions établir une discussion, en nous basant sur les propriétés médicinales de l'*assa fœtida,* du *sagapenum,* de l'*ammoniacum,* etc. Nous nous bornerons à dire que ces gommes-résines avaient naguère la réputation d'être emménagogues, hydragogues, vermifuges et purgatives. Appliquées à l'extérieur, elles sont émollientes et maturatives; on s'en sert encore aujourd'hui contre les cors, et pour résoudre certaines tumeurs. Tout ce qui, dans le texte de Pline, ne se rapporte pas à ce peu d'indications, est erroné, exagéré ou mensonger.

108. — Page 82, ligne 9. *Excrescentibus circa sedem, cum tegmine punici mali ex aceto decoctum.* Ce que Pline dit ici du *laser,* Dioscoride (III, 94) le dit aussi de la racine du *silphium.*

109. — Page 84, ligne 9. *Quippe tauros inflammat naribus illitis, etc.* Les paysans de plusieurs de nos provinces centrales emploient l'*assa fœtida* pour activer les forces digestives des bêtes bovines, et leur donner une nouvelle ardeur au travail.

110. — L, page 84, ligne 18. *Non esset mellis auctoritas in*

pretio minor, etc. L'habitude de donner de l'appréciation aux choses rares fait tomber Pline dans une grande erreur. C'est précisément parce que le miel est commun, qu'il a une importance économique extrême. Quoique le sucre ait une saveur qui plaît plus généralement que celle du miel, celui-ci est employé à une foule d'usages dans lesquels le sucre ne pourrait le remplacer que fort imparfaitement. Il n'est aucun médicament, l'opium et le quinquina exceptés, qui ne le cède au miel en utilité réelle.

111. — Page 86, ligne 3. *Prima propolis alvorum.... aculeos et omnia infixa corpori extrahit.* Cf. sur la *propolis*, le livre XXI, chapitre 6. La *propolis* est une substance d'abord molle et ductile, puis solide. Elle est soluble dans l'alcool, et se saponifie par les alcalis. Sa saveur est presque entièrement nulle, et son odeur aromatique rappelle celle des bourgeons de peuplier. C'est une substance végétale non élaborée par les abeilles. On ne sait pas bien quelle est son origine; nous la croyons cependant fournie par le *pollen*. On se sert aujourd'hui de la *propolis* pour prendre des empreintes de médailles. On en fait aussi des fumigations qui sont, dit-on, résolutives. Feu Cadet de Gassicourt a proposé plusieurs formules de pommades avec la *propolis* : aucune, que nous sachions, n'a été adoptée.

112. — Ligne 7. *Mellis quidem ipsius natura talis est, ut putrescere corpora non sinat.* Le miel, ainsi que tous les corps sucrés, peut, à l'état sirupeux, conserver les corps organiques végétaux qu'on y plonge. Les Babyloniens embaumaient, dit-on, les cadavres avec le miel, et les Persans avec de la cire ; mais leurs procédés d'embaumement, par ce moyen, sont peu connus.

Les propriétés émollientes du miel le font préférer au sucre, comme boisson, dans une foule de circonstances. Les gargarismes sont sucrés avec le miel. C'est sans aucun fondement que Pline l'indique contre la morsure des serpens, et qu'il assure qu'il est nuisible à la vue, et qu'il gonfle l'estomac. C'est moins un véritable médicament qu'un correctif agréable de la saveur nauséeuse de la plupart des drogues. Considéré comme aliment, il n'en est point qui se digère mieux. Le miel est légèrement laxatif.

113. — LI, page 88, ligne 2. *In mellis operibus et aqua mulsa*

tractari debet. Les traducteurs rendent le mot *aqua mulsa* par hydromel. Ce nom, chez les modernes, s'applique uniquement à un produit fermenté. Cf. au livre XIV, la note 241. L'eau miellée récente de Pline n'était point dans ce cas : c'était en effet une boisson salutaire, et qui cessait de l'être en passant à la fermentation vineuse. Les modernes préparent leur eau miellée à l'aide de la chaleur, afin de l'avoir plus pure, et conséquemment plus agréable. Ce que dit notre auteur, relativement aux propriétés de l'eau miellée, n'est pas exempt d'erreurs; mais néanmoins quelques-unes de ses assertions sont rationnelles.

114.—Page 88, ligne 11. *Corpusculis rerum lœvibus, scabris, etc.* Cette théorie du goût est de tout point erronée, ainsi que les raisonnemens physiologiques qui terminent ce paragraphe. La saveur d'un corps lui est particulière, et ne dépend en aucune manière de l'arrangement de ses molécules. On sait quelles sont les conditions nécessaires pour que la perception des saveurs soit facile et complète. Il faut que l'organe du goût soit libre, que la substance sapide soit dissoute dans la salive et en contact direct avec l'organe. Il faut aussi que le corps ne soit ni trop chaud ni trop froid, qu'une saveur douce ne succède pas immédiatement à une saveur forte, etc. Les mamelons nerveux de la langue donnent au goût une grande finesse. On sait qu'ils sont excités par tous les corps solubles, mais la loi en vertu de laquelle ils le sont se lie d'une part à la nature intime des corps, et de l'autre à la vie de sensation. Tout ce qu'on pourrait dire hors de là rentre dans le domaine de l'hypothèse.

115. — Ligne 14. *Sic et in lassitudine proniores esse ad iracundiam, et in siti.* Une grande fatigue corporelle et une abstinence trop long-temps prolongée déterminent une complète prostration des forces physiques, et peuvent, en excitant le système nerveux, disposer à la colère. Sénèque (*de Ira*, II, 10) s'exprime à tort en termes peu différens de ceux qui sont ici employés par Pline.

116. — LII, page 90, ligne 5. *Contra venenum psimmythii salutaris, etc.* Le *psimmythium* n'était autre chose que le sous-carbonate de plomb, connu sous le nom de céruse. L'empoison-

nement par la céruse est fort dangereux : on peut le combattre avantageusement avec de fortes doses d'huile; c'est elle qui agit dans le remède prescrit par Pline, et non l'eau miellée.

117. — LIII, page 90, ligne 17. .... *Quod in dulci numquam evenit.* Cette assertion est fausse; le moût est tout aussi facilement miscible au miel que le vin. Le vin miellé est usité aujourd'hui en chirurgie. La médecine populaire en fait un grand usage dans les plaies récentes et pour déterger de vieux ulcères. En boisson, le vin miellé est salutaire, mais il flatte peu le palais. Les anciens l'estimaient beaucoup, et Horace en a parlé plusieurs fois dans divers passages de ses poésies, notamment liv. II, *Sat.* 2, v. 15, et *Sat.* 4, v. 24.

Martial a consacré ces deux vers au vin miellé :

Attica, nectareum turbatis, mella, Falernum :
Misceri decet hoc a Ganymede merum.
Lib. XIII, epigr. 105.

118. — Page 92, ligne 7. *Varro regium cognominatum morbum arquatum tradit.* Cette maladie est aujourd'hui connue sous le nom d'ictère. Cf. le vocabulaire médical du livre XX.

118 *bis.* — LIV, page 92, ligne 11. *Melitites quo fieret modo ex musto et melle.* Cf. au livre XIV, chap. 10, la note 196.

119. — LV, page 92, ligne 18. *Mellis naturæ adnexa cera est: de cujus origine, bonitate, nationibus, suis diximus locis.* Pline a en effet traité de la formation du miel au livre XI, chap. 8, et au livre XXI, chap. 49. Cf. à la fin de ce dernier livre, nos notes 142 et suiv.; et, sur les propriétés médicinales de la cire, Dioscoride (II, 105), dont le texte tout entier se retrouve ici. *Voyez* aussi Marcellus Empiricus (c. 27), Plinius Valerianus (II, 28) et Celsus (IV, 29).

120. — LVI, page 94, ligne 5. *Nec hujus usus, quos mixta aliis præstat, etc.* Ce chapitre tout entier n'est qu'une longue suite de phrases déclamatoires. Ce n'est pas uniquement pour satisfaire l'avidité qu'on a créé des formules composées. Il en est de fort utiles, le laudanum par exemple, et même la thériaque, quoi-

qu'on puisse citer cette préparation comme tout-à-fait monstrueuse. Néanmoins Pline avait raison d'appeler l'attention des médecins vers l'usage des substances simples. Il n'y aura de matière médicale que quand l'opinion sera bien fixée sur les propriétés des médicamens administrés isolément; mais quand on sera parvenu à atteindre ce but désirable, il faudra ensuite étudier l'action des substances à l'état de mélange, afin de pouvoir modifier l'action de l'une par l'action de l'autre.

121. — Page 94, ligne 7. *Non fecit cerotum, malagmata, emplastra, collyria, antidota, etc.* Le nom de *malagma* était synonyme de cataplasme émollient dans la vieille langue pharmaceutique; on l'étendit dans la suite à tous les médicamens topiques stimulans. Le *malagma* était composé de gommes, d'aromates, d'un peu de graisse, d'huile et de cire, etc.

122. — Ligne 14. *Scripulatim quidem colligere, etc.* Le scrupule était un des plus petits poids usités chez les Romains. Il valait, suivant Paucton (*Métrologie*), 21 grains et 11/12 de France; 1 3/4 de sextans de Celse, ou deux simplicium, 6 siciliques. Nous lui donnons aujourd'hui une valeur de 24 grains 1/3 de drachme ou 1/24 d'once. C'était aussi la valeur que les Romains lui attachaient en nombres ronds. Le scrupule était jadis représenté par ce signe ℈, et nous l'avons conservé sur nos formules médicales.

Le scrupule de terre qui valait deux toises carrées, 513 mill. de France ou 100 pieds romains carrés, était une mesure agraire. Cf. au livre XVIII, la note 11, pour la valeur comparative avec le jugerum et ses parties.

123. — Ligne 17. *Nos nec indicarum arabicarumque mercium.... adtingimus medicinas.* Pline s'élève contre la préférence injustement accordée, suivant lui, aux substances exotiques, et c'est à tort. Il est bien prouvé aujourd'hui que certaines localités donnent sous des latitudes lointaines, et à l'aide de la chaleur, des productions qu'on ne peut remplacer par celles qui naissent dans les régions de la zone tempérée. Quelle substance aromatique d'Europe peut tenir lieu du benjoin et de la vanille? quelle substance médicamenteuse a une activité égale à celle du quinquina? Il est sans doute du devoir des Européens de chercher

parmi les productions territoriales des succédanés à ces productions lointaines; mais il est douteux qu'on puisse y parvenir, à moins qu'on ne les acclimate, ce qui est difficile et même impossible pour plusieurs d'entre elles.

124. — LVII, page 96, ligne 9. *Sed medicinas, etc.* Les propriétés médicinales des blés, dit Pline, sont infinies, et c'est en quoi il se trompe. Les graminées sont plutôt des plantes alimentaires que médicinales. L'identité de leur nature est si absolue, qu'elle a rendu possibles le transport et la naturalisation des herbivores d'un bout du monde à l'autre. Plus les plantes sont riches en parties assimilatrices, et moins elles conviennent comme médicamens. Ceci est vrai surtout des graminées-céréales dont les semences nourrissent, comme dit Pline, le plus sage des animaux, l'*Homo sapiens* de Linné. Le péricarpe des céréales (le son) est adoucissant dans le froment, et légèrement astringent dans l'orge. Les gruaux d'avoine et d'orge servent à préparer des boissons alibiles, ainsi que les tiges souterraines (*rhizomes*) des chiendens. Quelques chaumes d'*andropogon* exotiques sont légèrement aromatiques. Deux *bromus* ont reçu les noms de *purgans* et de *catharticus*, un *panicum* est décoré de l'épithète d'*antidotale;* il est douteux qu'ils méritent ces noms. Les modernes ont retiré de l'alcool de l'amidon, du sucre de la canne, etc.; mais ces produits, qui sont pour nous de la plus haute importance, n'étaient point connus des anciens.

125. — Ligne 13. *Siliginis grana combusta... epiphoras sedant.* L'affection connue des anciens, sous le nom d'*epiphora*, est une inflammation de la conjonctive. Nous avons parlé du *siligo*, livre XVIII, note 142, et avons cherché à le reconnaître dans le froment-touselle, variété du *triticum hybernum*. Le *siligo* de Columelle est peut-être le seigle. *Voyez* livre cité, note 217. Cf. sur le vin aminéen, la note 25 au livre XIV. Les propriétés antiophthalmiques accordées par Pline au *siligo* sont supposées.

126. — Ligne 15. *Tritici vero ferro combusta.* Cf. sur le *triticum*, la note 72 au livre XVIII. Tout ce que Pline nous dit des propriétés du froment est erroné, à l'exception seulement de l'emploi de la décoction du son comme gargarisme.

127. — Page 96, ligne 19. *Sextus Pomponius... correptus dolore podagræ, mersit in triticum sese super genua, etc.* Quintus Serenus a mis en vers le fait dont parle Pline : la poésie devait s'emparer de cette fable :

> Non audita mihi sit fas, sed lecta referre :
> Hoc quidam raptus morbo per tempora messis
> Vicino plantas frumenti pressit acervo,
> Evasitque gravem casu medicante dolorem.
>
> Cap. *de Podagra depellenda.*

128. — Page 98, ligne 4. *Est et in farre vermiculus teredini similis.* Ce vers du *far* est la larve de la calandre nommée *Calandra granaria*, DEG., V, 239, 25. Elle est blanche, molle, allongée, et ressemble beaucoup à celle qui vit dans les noisettes. Cet animal pullule avec une incroyable rapidité, et peut produire, en une seule année, près de vingt-quatre mille individus résultant de diverses générations. L'emploi de ces larves contre la carie des dents ne peut être nullement avantageux. Cf. sur le *far*, au livre XVIII, la note 73.

129. — Ligne 6. *Olyram, arincam diximus vocari.* Cet *olyra* ou *arinca* est vraisemblablement l'épeautre, et non pas une variété de l'orge. Cf. au livre XVIII, les notes 105 et 152. Il est fort difficile de décider quelle céréale portait ce nom.

130. — LVIII, page 98, ligne 11. *Farina ex hordeo, etc.* Cf. sur l'*hordeum*, la note 74 du livre XVIII. Les modernes attribuent à la farine d'orge des propriétés émollientes, et l'associent à la poudre de lin pour en faire des cataplasmes maturatifs ; en quoi ils s'accordent avec les anciens. Quant aux vertus prophylactiques de cette même farine, contre la morsure de certains insectes venimeux, on ne doit pas y croire. Pline a adopté, à ce sujet, toutes les idées de Dioscoride (II, 108). Nous avons traité du mélilot note 90 du livre XXI ; des pavots, note 188 du livre XX ; et du fenugrec, note 216 du livre XVIII.

131. — Page 100, ligne 8. *Suppuratis triticea farina multo lenior.* Les propriétés de la farine de froment et de ses variétés sont, appliquées à l'extérieur, les mêmes que celles de l'orge

et que celle du seigle. Les distinctions établies par notre auteur sont illusoires. Cf. sur le *zea*, la note 73, au livre XVIII, et au même livre, sur l'*alica*, la note 82.

132.—Page 100, ligne 13. *Ex feno græco mollissima omnium, etc.* Les praticiens modernes accordent encore à la farine du fenugrec des propriétés maturatives.

133. — Ligne 16. *Ærina magis ceteris purgat, etc.* Ce nom d'*œrina* signifie farine d'ivraie, cette graminée portant en grec le nom d'*αἶρα*. Cf. sur l'ivraie, *lolium* des Latins, la note 235, au livre XVIII; la farine d'ivraie n'est point employée par les modernes, qui ne voient dans cette graminée renommée qu'une plante à propriétés suspectes.

134. — LIX, page 102, ligne 2. *De polentæ generibus in frugum loco satis diximus.* Cf. sur les *polenta*, la note 119, au livre XVIII. Pline parle ici pour la première fois de la torréfaction du gruau : nous avons dit, note citée, que ce gruau n'était pas identique avec le nôtre. Les modernes emploient avec avantage contre la diarrhée les lavemens amilacés.

135. — Ligne 6. *Cum menta, etc.* Cf. sur les menthes, la note 152, au livre XX. L'alliance de la menthe, labiée excitante, avec la farine ou le gruau, n'est guère rationnelle.

136. — LX, page 102, ligne 10. *Farina in pollinem subacta.* Sous ce nom de *farina*, Pline entend parler de celle du *far*. *Voyez* la note 73 du livre XVIII. La force de succion que notre auteur accorde à cette farine est fondée sur le préjugé qui attribuait au blé la propriété d'attirer à lui les liquides, même lorsqu'ils étaient renfermés dans des vases bien clos. Si, au lieu d'appliquer la pâte de farine sur les meurtrissures, on l'appliquait sur les plaies récentes, l'humidité, empêchant la cicatrisation, permettrait au sang de s'écouler librement: c'est ce but qu'on veut atteindre, quand on met des cataplasmes de farine de lin sur les piqûres de sangsues.

137. — LXI, page 102, ligne 20. *Alica res romana est.* Pline accorde à l'*alica* des Romains la supériorité sur la *πτισάνη* des Grecs, et prétend qu'ils ne connaissaient pas cette préparation.

Notre auteur a tort en cela ; car il est prouvé, au contraire, que les Grecs lui donnaient le nom de χόνδρος. Galien (*Comm. in Hippocr.*, *de Ptisana*) en donne la preuve en ces termes : *Nam qui alicam Hippocratis temporibus nondum fuisse existimant, eorum inscitiam argues, tum ex quibusdam Comicis vetustioribus qui alicæ meminere, tum etiam ex Hippocrate ipso, qui in libro de salubri victu alicæ mentionem fecit, etc.* Il est fait encore mention de l'*alica* ou *chondros* (*in Affection.*, text. 39 et 42). Hippocrate, dans ces passages, dit positivement que le *chondros* (*alica*) est plus nourrissant que la *ptisana :* ces citations prouvent qu'elle était connue bien avant le grand Pompée. Le nom d'*alica* lui vient de ses propriétés nourrissantes : *quod* ALIT *corpus*, écrit Festus. C'est pourquoi elle convenait *ad tabitudinem*, c'est-à-dire pour rétablir les forces après de longues maladies.

138. — LXII, page 104, ligne 14. *Milio sistitur alvus, etc.* Cf. sur le *milium* des Latins, κέγχρος des Grecs, la note 75, au livre XVIII. Pline a emprunté à Dioscoride ce qu'il dit des propriétés de cette plante, inusitée de nos jours, et qui a de nombreux succédanés parmi les plantes de la même famille Cf. Théod. Priscien (II, 2, c. 19) et Plinius Valerianus (III, 57).

139. — LXIII, page 104, ligne 22. *Panicum Diocles medicus mel frugum appellavit.* Cf. sur le *panicum* des Latins, ἔλυμος des Grecs, la note 76, au livre XVIII. Les remarques que nous avons faites, note précédente, sur les propriétés médicinales du millet, peuvent s'appliquer à cette plante.

140. — LXIV, page 106, ligne 6. *Sesama... inhibet vomitiones.* Cf. sur le *sesamum*, la note 77, au livre XVIII. Cette plante tirait toute son importance de l'huile fixe contenue dans les semences. Elle est encore aujourd'hui en usage comme remède et comme cosmétique chez les Égyptiens modernes, et c'est peut-être par suite de la tradition grecque, qu'ils lui supposent encore, mais gratuitement, des propriétés antiophthalmiques. Nous devons avouer que, dans certains cas, l'huile de sésame pourrait, comme le dit notre auteur, calmer les douleurs d'oreille ; il est presque superflu de dire que le sésame serait impuissant contre les ulcères

de mauvaise nature. La morsure du lézard stellion, *Stellio vulgaris*, DAUDIN, n'a rien de dangereux. On croit toutefois que ce lézard n'est pas celui connu des anciens sous le nom de *stellio*, lézard tacheté.

141.—Page 106, ligne 13. *Sesamoides a similitudine nomen accepit.* Dioscoride (IV, 152 et 153) fait mention de deux σεσαμοειδής, l'un avec l'épithète de grand, μέγα, l'autre avec celle de petit, μικρόν; ce sont deux plantes de nature fort différente. Le premier abondait à Anticyre, et portait le nom d'ellébore, non à cause de sa forme, mais seulement à cause de son action; cette plante purgeant aussi fortement que l'ellébore blanc (*Veratum album*). Il ressemble au seneçon ou à la rue, a des feuilles longues, une fleur blanche et une racine grêle; ses semences sont amères; du reste, il ressemble au sésame. La deuxième espèce a une petite tige, des feuilles semblables à celles du coronopus (*Cochlearia Coronopus*), plus petites et plus velues; elle forme de petites têtes de fleurs, teintes légèrement de pourpre, et blanches vers leur milieu. Les semences sont semblables à celles du sésame, de couleur fauve, et amères; la racine est petite. Ces descriptions ont conduit les commentateurs à désigner pour le grand *sesamoides*, le *Reseda alba*, et pour le petit, l'*Astragalus sesameus*. Nous ne voyons pas en quoi le réséda blanc aurait pu mériter de Galien le nom d'ellébore; car il est inerte, et d'ailleurs sa forme ne semble pas le rapprocher de la description donnée par Dioscoride. Sprengel, qui a présenté d'abord cette opinion (*Hist. Rei herb.*, I, 175), l'a abandonnée ensuite (*Comm. sur Diosc.*, 635), et a désigné le *Reseda mediterranea*, SIBT., plante annuelle, commune dans les moissons, et que l'on trouve dans la plupart des îles de l'Archipel. Ni l'une ni l'autre de ces plantes ne paraît devoir convenir, et nous préfèrerions adopter l'opinion de Daléchamp, qui veut reconnaître en lui le *Daphne Tartonraira*, car cette plante est purgative; mais comme ses feuilles ne sont pas divisées, il y a encore impossibilité de fixer son opinion. Quant au petit *sesamoides*, nous ne pouvons penser que ce soit une légumineuse. Les commentateurs qui choisissent des résédas, s'appuient de l'analogie de forme qui existe entre le fruit des plantes de ce genre et le sésame; mais cette ressemblance n'est pas telle, qu'on doive s'y arrêter. On voit qu'il y a peu de chances de savoir ce que les Grecs entendaient par σησαμοειδές, et nous ne grossirons pas de nos hypothèses celles que nous venons de combattre.

Voici les concordances synonymiques de ces plantes :

I. Σησαμοειδὲς μέγα, DIOSC., IV, 152; Σησαμίτης, σησαμὶς, λυκοσκυτάλιον, ἐλλέβορος λευκὸς, καὶ ἀντικυρικὸς, DIOSC., *in Nothis*; 'Αντικυρικὸς ἐλλέβορος, GALEN., *de Fac. simpl.* — *Sesamoides anticyricon*, PLIN., XXII, *loco cit.*; *Daphne Tartonraira*, L., *Spec. plant.*, 510, *teste* DALECH.; *Reseda alba*, L., *Spec. plant.*, 645, *teste* SPRENG., *Hist. Rei herb.*, I, 175; *Reseda mediterranea*, EJUSD., *Comment. in Dioscor.*, 635. — *Nobis planta dubia.*

II. Σησαμοειδὲς μικρόν, DIOSCOR., IV, 152; Κορώνιον, οἱ δὲ σήσαμον ἄγριον, DIOSC., *in Nothis.*—*Sesamoides in glareosis*, PLIN., XXII, *loco comm.*; *Astragalus sesameus*, L., *Spec. plant.*, 1068, *teste* SPRENG., *Hist. Rei herb.*, I, 184; *Reseda canescens*, L., *Spec. plant.*, 644; EJUSD., *Comm. in Diosc.*, *loco citato*; *Catananche cærulea*, L., *Spec. plant.*, 1144, *teste* MATTHIOL; *Passerina hirsuta*, L., *Spec. plant.*, 513, *teste* DALECH.; *seu Passerina polygalæfolia*, LAPEYR., *teste* BAUH. — *Nobis planta dubia.*

142. — LXV, page 108, ligne 2. *Hordeum optimum, quod candidissimum.* Cf. plus haut, la note 130, où nous avons apprécié les propriétés médicinales de cette céréale. Tout ce qu'en dit ici notre auteur est mêlé de préjugés grossiers que nous ne chercherons pas à combattre.

143. — Ligne 12. *Est et herba phœnicea appellata Græcis, nostris vero hordeum murinum.* Le *phœnix*, dit Dioscoride, a les feuilles de l'orge. Si nous voulions nous fixer d'après la tradition nominale, nous désignerions l'*Hordeum murinum* des modernes, graminée commune en Grèce sur les murs et dans les cultures, et dont la description est assez rapprochée de celle donnée par Dioscoride. Si nous adoptons le *Lolium perenne,* c'est par respect pour l'autorité d'Anguillara, de Matthiole et de Sprengel, qui

ont basé leur opinion sur l'assertion de l'auteur grec, relative à la forme de l'épi, σ7άχυν δὲ ἐμφερῆ τῇ αἴρᾳ; s'ils ont raison, ce que nous leur accordons, il faut convenir que Pline n'a pas reconnu cette plante; il a eu certainement en vue l'*Hordeum murinum*, et la lecture du texte en donne la preuve.

Φοῖνιξ, DIOSC., IV, 43; Ἄθνον, ÆGYPT., DIOSC., *in Nothis.* — *Hordeum murinum*, LATINOR., *teste* PLIN., *loco citato; Lolium perenne*, L., *Spec. plant.*, 122. — L'ivraie vivace. — *Rai-grass* des Anglais.

144. — LXVI, page 108, ligne 16. *Ptisanæ, quæ ex hordeo fit, laudes uno volumine condidit Hippocrates.* L'oracle de Cos tenait le gruau d'orge en grande estime; les modernes prisent davantage celui d'avoine: c'est un aliment de facile digestion et convenable à tous les estomacs; on en fait des boissons températives. Cf. sur l'usage médical et alimentaire du gruau (*ptisana*), Hippocrate (*de Victu in morbis acutis*, t. 17) et Galien (*Comment. in Hippocr.*, *de Ptisana*, t. II, p. 22, etc.).

145. — LXVII, page 110, ligne 5. *Amylon hebetat oculos.* Il est presque superflu de prévenir que ce préjugé n'est pas fondé. Pline suit dans le cours de ce chapitre Dioscoride (II, 123). Cf. sur l'*amylon*, les notes 127, 129 et 140, au livre XVIII.

146. — LXVIII, page 110, ligne 14. *Panis... continet medicinas.* Le pain des anciens différait trop du nôtre, pour qu'il soit possible de comparer ce que dit Pline relativement aux propriétés de ce précieux aliment. Maintenant le rôle qu'il remplit dans la thérapeutique est presque nul. On fait quelquefois une décoction de pain, qu'on associe au laudanum, et constitue ce qu'on nomme décoction blanche. Lorsqu'on emploie du pain grillé, on a de l'eau panée, boisson tempérante, usitée parfois dans la médecine domestique.

147. — Ligne 22. *Vetus aut nauticus panis.* Nous avons parlé des diverses sortes de pain, note 173, au livre XVIII. Ce *panis nauticus* était sans doute analogue au *panis militaris*, et recevait vraisemblablement un degré de cuisson supérieur. Cf. sur le *panis autopyros*, la note citée. *Silanius*, σιλάνιος ou σιλάνειος,

peut signifier pain fait avec une farine criblée avec soin; σητάνιος, criblé ou bien fait avec du blé de l'année, σῆτες; annosus; c'est, d'après le texte de Pline, le sens dans lequel il faut entendre ce mot.

148.—LXIX, page 112, ligne 12. *Auxiliatur et faba.* Cf. au livre XVIII, la note 183. La farine de fève est l'une des cinq farines résolutives; la médecine moderne ne l'emploie que bien rarement; tout ce que Pline en dit est assez fondé; il faut en excepter toutefois ce qui a rapport à l'emploi de la farine de fève, pour guérir les tranchées et les affections de poitrine. C'est sans motif que Pline et Varron ont écrit que la fève rendait la voix claire et sonore. Ce préjugé était au reste fort répandu jadis. On donnait aux chanteurs l'épithète de *fabarii.* Comme médicament, l'usage de la fève est tombé en désuétude; on l'estime peu aujourd'hui comme aliment.

149. — LXX, page 14, ligne 4. *Lens optima, quæ facillime coquitur, et ea quæ maxime aquam absorbet.* On voit par le texte de ce long chapitre que les anciens estimaient la lentille d'une manière toute particulière, et qu'ils lui attribuaient une foule de propriétés pour la plupart illusoires. On ne peut repousser tout ce que Pline en dit, surtout dans la partie qui concerne les applications de la farine de lentille à l'extérieur. Il n'est pas vrai que cet aliment, long-temps continué, affaiblisse la vue. Les anciens ont dit cela de la plupart des alimens à base de fécule, et notamment de l'amidon, ainsi que nous l'avons vu plus haut.

150. — Ligne 6. *Alvum sistit in cibo, etc.* Cette assertion est confirmée par la plupart des auteurs cités notes précédentes. On peut facilement se rendre compte de cet effet. Lorsque les lentilles ne sont pas parfaitement cuites, elles chargent l'estomac qui ne les digère que difficilement. Dans ce cas, elles peuvent agir comme laxatif; dans le cas contraire, elles produisent un effet tout différent. On sait que les alimens féculens sont plus ou moins astringens.

151. — Ligne 22. *In choleris quoque et dysenteria efficacior est in tribus aquis cocta.* Il ne faut pas confondre ce choléra-morbus

avec le choléra-morbus de l'Inde, maladie qui n'est encore connue que par ses funestes effets, et sur laquelle il manquait des renseignemens qu'il nous a été malheureusement trop facile de prendre. Le choléra-morbus des anciens est très-exactement décrit par Celse (IV, 11); les Grecs le connaissaient aussi.

152. — Page 116, ligne 11. *Est et palustris lens.* Cette lentille d'eau n'a aucun rapport avec la lentille dont nous venons de parler, et qui appartient à la famille des légumineuses. Elle a dû le nom de lentille à la forme de ses feuilles, qui sont de la grandeur d'une lentille et bombées comme ce légume. Les commentateurs ont désigné le *Lemna minor;* mais nous pensons qu'il faut réunir à cette espèce les *Lemna gibba* et même *polyrrhiza,* qui vivent confondus dans les eaux stagnantes avec le *Lemna minor.*

Voici comment nous établirons la concordance synonymique de cette plante :

Φακὸς ὁ τῶν τελμάτων, DIOSC., IV, 88. — *Lens palustris*, PLIN., *loco comm.; Lenticula*, JUSS.; *Lemna omne genus*, *exclusa Lemna trisulca.* — La lentille d'eau ; le genre tout entier, à l'exclusion de la lentille d'eau à trois pointes.

La lenticule a, dit-on, la propriété de purifier l'air, en absorbant en grande quantité le gaz carbonique, et en dégageant au contraire l'oxigène : naguère encore on en faisait des cataplasmes résolutifs et calmans pour la goutte, les érysipèles, etc.; mais ces propriétés, qui n'ont aucune réalité, étaient de vieilles traditions prises dans les écrits de Dioscoride et dans ceux de Pline. Les anciens regardaient comme réfrigérantes toutes les plantes qui naissaient dans les lieux inondés.

153. — LXXI, page 116, ligne 17. *Est et silvestris elelisphacos dicta a Græcis, ab aliis sphacos.* Le texte de Pline réunit visiblement des plantes qu'il faut séparer. Le premier *elelisphacos* est vraisemblablement une légumineuse du genre *ervum*, et peut-être l'*E. tetraspermum*, L., *Spec. plant.*, 1039, fort commun dans la plupart des provinces grecques. Le second *elelisphacos* est de la famille des légumineuses, et appartient, suivant toute vraisemblance, au genre *salvia :* nous penchons à croire que c'est

la *Salvia pomifera*, L., *Spec. plant.*, 34, nommée aujourd'hui en Grèce φασκομέλια. Elle a reçu le nom de *pomifera*, parce que certains insectes encore mal connus y font naître des galles assez grosses, et rouges comme l'api. Ses feuilles sont cotonneuses, arrondies, blanchâtres ; l'odeur qu'elle exhale est désagréable et très-forte. C'est abusivement que Pline a rapproché ces deux plantes. Quant au véritable *elelisphacos*, voici la synonymie qu'on peut lui donner :

Ἐλελίσφακος, THEOPH., *Hist. pl.*, VI, 2 ; Ἐλελίσφακον, οἱ δὲ ἐλαφόϐοσκον, οἱ δὲ σφαγνὸν, DIOSC., III, 40 ; et *in Nothis*, Κίοσμιν, καὶ φάγνον ; Βήχιον, ÆGYPT. ; Ἀπουσὶ, κοσαλὸν, σάλϐια, ROMANOR. ; GALEN., *Comment. in Hippocr.*, etc. — *Elelisphacos*, PLIN., *loco comm.*; *Salvia officinalis*, L., *Spec. plant.*, 34. — La sauge officinale.

Sprengel désigne (*Hist. Rei herb.*, I, 37 et 76) les *Salvia triloba* et *cretica*. Il est certain qu'il n'est guère possible de préciser rigoureusement l'espèce.

154. — Page 118, ligne 2. *Et pastinacæ ictus sanat.* Ce poisson est aujourd'hui connu sous le nom de *Trygon Pastinaca*, L. ; son nom français est celui de pastenague, mot corrompu de *pastinaca*.

145. — LXXII, page 118, ligne 14. *Cicer et silvestre est, etc.* Cf. au livre XVIII, les notes 194 et 195. Il ne paraît pas que ce *cicer* sauvage soit différent du *cicer* cultivé, *Cicer arietinum*. Cette légumineuse annuelle est spontanée, au milieu des moissons, dans plusieurs îles de l'Archipel. L'emploi médical de la semence du pois chiche est nul. C'est un aliment estimé, notamment dans les parties méridionales de l'Europe ; on le cultive jusque dans l'Inde.

156. — Page 120, ligne 4. *Nostri præcipiunt arietinum in aqua cum sale discoquere.* Les modernes ont donné au *cicer* des anciens l'épithète d'*arietinum*, à cause d'une prétendue ressemblance entre les semences et la tête d'un bélier. Pline, par ce mot d'*arietinum*, n'entend pas parler d'une plante différente du *cicer*. Plinius Valerianus, qui a reproduit le texte de notre auteur, réunit les

deux synonymies, et parle de cette plante sous le nom de *cicer arietinum*. Marcus Empiricus fait la même chose.

157. — Page 120, ligne 9. *Columbini decocti aqua, etc.* Cf. au livre XVIII, le chapitre 32, où Pline a écrit en parlant du *cicer*: *Differentiæ plures, magnitudine, figura, colore, sapore.* Fuehsius avait donné à cette espèce l'épithète de *nigrum;* Lonicerus, celles de *rubrum* et d'*album*. Ces variétés existent en effet. Quant au *columbinum*, il rentre peut-être, comme synonymie, dans la plante suivante.

158. — LXXIII, page 120, ligne 14. *De ervo quædam in mentione ejus diximus, etc.* Cf. sur l'*ervum*, les notes 213-215, liv. XVIII. Il s'agit ici de l'*Ervum Ervilia.* L'ers ne joue plus aucun rôle en médecine : sa farine était l'une des cinq farines résolutives. Ce n'est pas sans raison que Pline le dit un aliment malsain ; on assure qu'il cause une débilité marquée. Quant à tout ce qu'on lit dans le texte latin, la réfutation en serait facile, mais nous ne l'entreprendrons pas. L'ers était chez les anciens un excellent moyen de combattre la morsure des serpens, des crocodiles et des *hommes*. La morsure de l'homme n'a rien de venimeux, quoi qu'en dise Pline, à moins qu'il n'entende parler de celle des hydrophobes.

159. — LXXIV, page 122, ligne 16. *Lupini quoque silvestres sunt, etc.* Cf. sur le lupin, la note 86 du livre XVIII. La haute estime dans laquelle les anciens tenaient le lupin est chose assez extraordinaire ; c'est une semence amère et presque nauséeuse, d'une cuisson difficile, et qui se digère mal. Les stoïciens en faisaient, dit-on, un fréquent usage ; certes, ils ne pouvaient mieux faire s'ils voulaient donner une preuve de leur mépris des choses sensuelles. Macérés dans l'eau, les lupins perdent quelque chose de leur amertume ; on les mangeait cuits avec de la saumure, ou simplement assaisonnés avec un peu de sel. Avant que l'on songeât à raisonner la thérapeutique, on regardait les lupins comme apéritifs, diurétiques, emménagogues, vermifuges ; c'était une des quatre farines résolutives. Pline dit aussi, d'après les auteurs qu'il a compilés, que le lupin est vermifuge, apéri-

tif, emménagogue et diurétique. Nous l'avons déjà dit, longtemps la matière médicale des modernes fut celle de Dioscoride et de Pline. Cf. sur le lupin, Dioscoride (II, 132), Plinius Valerianus (II, 21), Théod. Priscien (I, 18) et Marcellus Empiricus (c. 28, p. 200), ainsi que Celse (IV, 17), qui croyait aussi aux propriétés vermifuges de ces semences. Mais si, en effet, le lupin a agi ainsi, c'est vraisemblablement à cause de la rue qu'on associait à ce médicament. Dioscoride et Galien ne parlent de cette addition que pour administrer les lupins contre les maladie de la rate.

Il n'est pas vrai que la fumée de lupins fasse périr les insectes.

160. — LXXV, page 126, ligne 5. *Irionem...... diximus, et a Græcis erysimon vocari.* Voilà une plante dont la tradition nominale est clairement exposée : c'était l'*erysimon* des Grecs, et le *vela* des Gaulois ; nous disons aujourd'hui *velar.* On voit, par ce passage, que le mot *fruticosum* ne signifie pas frutescent, comme nous l'entendons aujourd'hui, mais simplement rameux. Le *velar* jouit encore d'une certaine réputation pour calmer la toux. C'est par suite d'une croyance semblable qui nous vient de Pline, ou que Pline tient de nous, qu'on lui a donné le nom d'herbe au chantre.

Peu de personnes savent que le grand Racine, dans ses lettres à Boileau, a parlé de l'*erysimon*, et de l'administration qui en fut faite à un chantre de Notre-Dame. Ce chantre dut à cette plante le retour de sa voix (Voyez *Correspondance de Racine avec Boileau*, lettre 5) : c'est depuis lors (1687) que l'*erysimon* a été qualifié d'herbe au chantre. Cf. pour la concordance synonymique de cette plante, la note 79 du livre XVIII ; et pour les autres particularités relatives à ses propriétés, le texte de Dioscoride (I, 188) et celui de Galien (*de Fac. simpl. med.*, VI, p. 174).

161. — LXXVI, page 126, ligne 19. *Duorum generum (horminum) : alteri semen nigrius, et oblongum.... Alteri candidius semen et rotundius.* Cf. au livre XVIII, la note 78. Nous avons dit qu'il était presque impossible de déterminer ce que Pline et les Grecs entendaient par *horminum :* aucune lumière nouvelle n'est fournie

par la lecture de ce passage. La comparaison des feuilles de cette plante avec le porreau tendrait encore à augmenter l'incertitude, si l'on ne lisait dans le texte de Dioscoride qu'elles ressemblent à celles du marrube, πρασίῳ. Le père Hardouin veut maintenir la leçon latine et corriger le texte grec, de sorte qu'il faudrait lire πράσῳ, porreau, et non πρασίῳ, marrube : tel n'est point notre avis. Dans tous les cas où Pline et Dioscoride sont en dissidence, n'hésitez pas, et condamnez l'auteur latin. La description donnée par Dioscoride ne permet pas d'adopter pour l'*horminum* la correction proposée, car il s'agit vraisemblablement d'une légumineuse, et peut-être même d'une trigonelle. Trop d'incertitude règne sur l'*horminum*, pour que nous puissions discuter la validité des assertions médicales ; toutes, presque sans exception, sont empruntées à Dioscoride (III, 145).

162. — LXXVII, page 128, ligne 7. *Quin et ipsæ frugum pestes in aliquo sunt usu.* Conf. sur le *lolium*, la note 235, au livre XVIII. Les anciens ne connaissaient pas le mode d'action de l'ivraie sur le corps humain. Ils disaient que cette plante nuisait à la vue. Les médecins qui ont étudié ses effets savent qu'elle agit sur le cerveau en déterminant une sorte d'ivresse : c'est ce qui lui a valu le nom d'ivraie enivrante. Elle ne figure plus dans notre matière médicale, et est fort rare dans les pays bien cultivés, où la terre répond aux efforts du laboureur.

163. — LXXVIII, page 128, ligne 18. *Miliaria appellatur herba, quæ necat milium.* Pline a parlé de la cuscute épithyme, mais nullement de la cuscute d'Europe, qui s'attache à une foule de végétaux de diverses familles, tels que le pouliot, la germandrée, l'ononide, les genêts, le serpolet, l'origan, le lin, et que nous avons vue sur le froment. Favorisée par le climat et par une température chaude et humide, la cuscute peut causer de grands dommages aux récoltes. Pline est le seul auteur qui parle du *miliaria*, peut-être parce qu'il est le seul qui ait observé cette cuscute sur le millet. Notre opinion n'est qu'une hypothèse, mais tout nous dispose à la croire vraie. Le *miliaria* de Pline ne peut être autre chose que la *Cuscuta europœa*, L., *Spec.*

plant., 180. Sprengel a désigné (*Hist. Rei herb.*, 1, 201) pour le *miliaria* le *Panicum verticillatum*, L., mais sans développer cette opinion. Nous ne savons pas comment cette graminée pourrait nuire au millet, et comment Pline aurait pu écrire *miliaria necat milium.*

164. — LXXIX, page 130, ligne 2. *Bromos semen est spicam ferentis herbœ, etc.* Ce n'est pas là l'avoine grecque du livre XVIII, chap. 42 de Pline, à laquelle nous avons consacré la note 220, et que nous avons reconnue dans l'*Avena fatua,* ou *Avena sterilis,* l'une et l'autre inusitées en médecine à cause de l'exiguité de leurs semences, et de l'épaisseur de l'épisperme qui les recouvre. Le nom de βρῶμος, qui dérive de βρῶμα, nourriture, s'applique surtout à une graminée qui devait servir à l'alimentation de l'homme, ce qui appelle l'attention sur l'*Avena sativa*, L.; car on ne peut supposer, d'ailleurs, que ce gramen ait reçu le nom de *bromos* par antiphrase; il s'agit donc ici de l'avoine ordinaire, et nous en établissons comme il suit la synonymie, omise au livre XVIII :

Βρόμος, HIPP., *de Vict. rat.*, 356; Βρῶμος, DIOSC., II, 116.— *Avena*, PLIN., XVIII, 44; *Bromos*, EJUSD., *loco comm.*; *Avena sativa*, L., *Spec. plant.*, 118. — L'avoine cultivée.

L'avoine n'était pas, chez les Romains, l'objet d'une culture suivie; on la semait quelquefois dans l'automne, avec les autres blés d'hiver, mais seulement pour la donner aux bestiaux comme une sorte de foin. On se contentait de récolter la semence destinée à perpétuer les récoltes. Les Grecs ne paraissent pas avoir cultivé l'avoine, et il est rare encore aujourd'hui qu'on la trouve cultivée en Grèce. Ce sont les Gaulois, et surtout les Germains, qui ont répandu cette culture dans les pays voisins.

Anguillara a cherché à prouver que le chapitre de Dioscoride où il est question du *bromos* avait été interpolé par les copistes, qui avaient traduit littéralement le chapitre de Pline que nous commentons. Il faut convenir que si cette interpolation n'a pas eu lieu, Pline a rigoureusement calqué son texte sur celui de l'auteur grec; mais cette circonstance n'a rien de convaincant, et l'on peut dire que l'ouvrage de Dioscoride tout entier a trouvé place dans l'*Histoire naturelle* de Pline, qui a traduit très-fréquemment, et souvent même avec servilité, de nombreux passages que nous avons signalés dans le cours de ces notes.

Sprengel (*Hist. Rei herb.*, I, 159) réunit dans une même synonymie les deux plantes décrites livre II, chapitre 116, et livre IV, chapitre 140, et les rapporte à l'*Avena sativa.* Cette réunion n'a rien de raisonnable, et l'auteur grec a eu certainement en vue deux plantes différentes. Quelques commentateurs ont prétendu que le ζειά de Théophraste (*Hist. plant.*, IV, 6) n'était autre chose que l'avoine: nous avons préféré voir en lui l'épeautre, *Triticum dicoccum.* Cf. au livre XVIII, la note 73.

Si les Romains et les Grecs avaient eu en culture régulière notre avoine, il serait plus facile de la reconnaître dans leurs écrits, et la question qui nous occupe serait plus aisée à résoudre. Toutefois, nous pensons que le *bromos* de Pline doit être regardé comme notre avoine. En disant que cette graminée a une tige et des feuilles qui ressemblent à celles du *triticum*, mais que ses semences pendent des sommités de la tige comme de petites sauterelles (*locustes*) qui renferment la graine, cet auteur a mis hors de doute l'identité des deux plantes. Il ne resterait donc plus à décider que l'authenticité du chapitre 116 du livre II; mais Anguillara, qui, dans beaucoup de circonstances, mérite une grande confiance, n'a mis en avant qu'une hypothèse, et il faut bien que nous prenions Dioscoride tel que les manuscrits nous le présentent: rien n'empêche donc d'adopter la synonymie que nous avons établie en tête de cette note.

165. — Page 130, ligne 4. *In cacuminibus dependentes parvulas velut locustas habet.* Ce nom *locuste*, donné aux sauterelles, a été adopté depuis quelques années par les botanistes pour caractériser la fructification des graminées, et s'applique spécialement à celle de l'avoine. La locuste est tantôt uniflore et tantôt multiflore: les fleurettes qu'elle contient sont ou hermaphrodites ou unisexuelles.

166. — LXXX, page 130, ligne 9. *Orobanchen appellavimus necantem ervum et legumina.* Nous avons traité de l'orobanche au

livre XVIII, note 244, et nous avons reconnu en lui la cuscute d'Europe, contre l'opinion de Sprengel, qui préfère reconnaître le *Polygonum Convolvulus*, L. Il suivrait de cette désignation que le *miliaria* du chapitre 78 de ce même livre serait la même chose que l'orobanche-cuscute. Il est ici question d'une tout autre plante, et nous croyons avec les commentateurs que c'est bien là une espèce du genre *orobanche* des modernes, et la même plante que celle de Dioscoride.

Voici comment on peut établir la concordance synonymique de ce singulier végétal :

Ὀροβάγχη, DIOSCOR., II, 172; Ὀροβάγχη, οἱ δὲ κυνομόριον, EJUSD., *in Nothis*; Λύκος, GRÆC. RECENT. — *Orobanche et Cynomorion*, PLIN., *loco comm.*; *Orobanche caryophyllacea*, SMITH, *Trans. philosoph.*, vol. 4, 169. — L'orobanche à odeur de gérofle; ou bien encore l'*Orobanche ramosa*, L., *Spec. plant.*, 882, l'orobanche rameuse.

Cette plante a dû ce nom d'*orobanche*, *quod* ὄροβον ἄγχει, parce qu'elle tue l'ers. M. Decandolle assure qu'en Italie l'orobanche rameuse nuit beaucoup à la culture des fèves. M. de Neufchâteau dit que, dans la province de l'Escaut, elle fait grand tort aux trèfles. Une foule d'agriculteurs font connaître qu'elle cause de grands dommages aux chanvres. En Italie, on mange la tige des orobanches en guise d'asperges.

167. — LXXXI, page 130, ligne 15. *Et leguminibus innascuntur bestiolæ venenatæ, quæ manus pungunt, etc.* Il n'est pas possible de dire le nom de l'insecte qui fut connu des anciens sous le nom de *solipuge*. Si cet animal n'est pas fabuleux, ce que nous sommes assez disposé à croire, c'est peut-être une espèce de sauterelle qui, détruisant les récoltes, avait forcé quelque colonie à quitter le pays dévasté par elles. Ce serait peine perdue, au reste, de chercher à débrouiller cette question, qui doit être regardée comme insoluble. Lucain fait mention de la solipuge dans ce vers :

Quis calcare tuas timeat, solpuga, latebras?

Pharsal., lib. IX, v. 837.

168.— LXXXII, page 130, ligne 21. *Ex iisdem fiunt et potus, zythum in Ægypto, celia et ceria in Hispania, etc.* Cf. au livre XIV, la note 276, où nous avons parlé des différentes sortes de bières. Les mots *celia, ceria* sont deux anciennes expressions espagnoles. Le vieux mot gaulois *cervoise* avait sans doute une même origine étymologique, et elle se perd dans la nuit des temps.

LIVRE VINGT-TROISIÈME.

C. PLINII SECUNDI

HISTORIARUM MUNDI

LIBER XXIII.

MEDICINÆ EX ARBORIBUS, CULTIS.

De vitibus, xx.

1. PERACTA cerealium in medendo quoque natura est, omniumque quæ ciborum, aut florum, odorumque gratia proveniunt supina tellure. Non cessit his Pomona, partesque medicas et pendentibus dedit, non contenta protegere, arborumque alere umbra quæ diximus : immo velut indignata plus auxilii inesse his quæ longius a cælo abessent, quæque postea cœpissent. Primum enim homini cibum fuisse inde, et sic inducto cælum spectare, pascique et nunc ex se posse sine frugibus.

HISTOIRE NATURELLE

DE PLINE.

LIVRE XXIII.

REMÈDES QU'ON TIRE DES ARBRES CULTIVÉS.

Des vignes, 20.

I. Nous avons fait connaître les vertus médicinales des plantes que Cérès fait germer à la surface de la terre pour la nourriture de l'homme, et exposé les propriétés de celles dont les couleurs et les parfums flattent également sa vue et son odorat. Les présens que lui fait Pomone ne sont ni moins réels ni moins précieux. Elle ne s'est pas contentée de conserver et de nourrir certaines plantes à l'ombre des arbres: elle a voulu que les fruits, suspendus à leurs branches, eussent aussi leur utilité particulière dans l'art de guérir, comme si elle fût indignée qu'on tirât plus de secours des productions les plus éloignées du ciel, et qui n'ont paru que les dernières. En offrant aux hommes les fruits des arbres, qui furent leur première nourriture, elle leur fait tourner leurs regards vers les cieux, et les avertit qu'ils peuvent encore se passer des blés, puisque ses bienfaits suffisent à leur subsistance.

II. Ergo hercule artes in primis dedit vitibus, non contenta delicias etiam, et odores, atque unguenta, omphacio, et œnanthe, ac massari (quæ suis locis diximus), nobiliter instruxisse. « Plurimum, inquit, homini voluptatis ex me est. Ego succum vini, liquorem olei gigno. Ego palmas et poma, totque varietates : neque ut tellus, omnia per labores, aranda tauris, terenda areis, deinde saxis, ut quando, quantove opere cibi fiant? At ex me parata omnia, nec curvo laboranda, sed sese porrigentia ultro : et si pigeat attingere, etiam cadentia. » Certavit ipsa secum, plusque utilitatis causa genuit etiam, quam voluptatis.

De foliis vitium, et pampino, VII.

III. Folia vitium et pampini capitis dolores, inflammationesque corporum mitigant cum polenta. Folia per se ardores stomachi ex aqua frigida : cum farina vero hordei, articularios morbos. Pampini triti et impositi, tumorem omnem siccant. Succus eorum dysentericis infusus medetur. Lacryma vitium, quæ veluti gummis est, lepras et lichenas, et psoras nitro ante præparatas

II. Mais ce sont les vignes qu'elle s'est plu à douer des propriétés les plus utiles, car elle n'a pas voulu qu'elles fussent seulement propres à flatter nos sens, par les odeurs ou les parfums qu'on en tire, comme l'omphacium, l'œnanthe, le massari, dont nous avons parlé ailleurs. « C'est à moi, peut-elle dire, que les mortels sont redevables de tout ce qu'ils possèdent de plus doux dans la vie. C'est moi qui fais couler pour eux l'huile et le vin; c'est moi qui fais mûrir pour leur usage les fruits et leurs innombrables variétés, sans leur faire, comme la terre, payer mes bienfaits par des travaux sans fin. Ils n'ont besoin ni de labourer péniblement leur champ, ni de battre la moisson sur l'aire, ni de la broyer sous la meule, pour en tirer péniblement leur nourriture : je leur donne tout gratuitement; mes productions s'offrent d'elles-mêmes à leurs mains : elles tombent d'elles-mêmes, s'ils ne veulent pas se donner la peine de les détacher. » Enfin, cherchant à se surpasser elle-même, elle a plus fait encore pour notre utilité, qu'elle n'avait fait pour notre plaisir.

Des vrilles et des feuilles de la vigne, 7.

III. Les vrilles et les feuilles de la vigne, avec de la farine d'orge, dissipent les maux de tête et les inflammations. Appliquées seules avec de l'eau froide, les feuilles apaisent les ardeurs d'estomac, et avec de la farine d'orge, les douleurs de la goutte. Les vrilles, broyées et employées en cataplasme, ont la vertu de résoudre toutes sortes de tumeurs. Leur suc, en lavement, est salutaire dans la dysenterie. L'eau qui distille de la vigne, comme une espèce de gomme, guérit la lèpre,

sanat. Eadem cum oleo sæpius pilis illitis, psilothri effectum habet, maximeque quam virides accensæ vites exsudant : qua et verrucæ tolluntur. Pampini sanguinem exscreantibus, et mulierum a conceptu defectioni, diluti potu prosunt. Cortex vitium et folia arida, vulnerum sanguinem sistunt, ipsumque vulnus conglutinant. Vitis albæ viridis tusæ succo impetigines tolluntur. Cinis sarmentorum vitiumque et vinaceorum, condylomatis et sedis vitiis medetur ex aceto : item luxatis et ambustis, et lienis tumori, cum rosaceo et ruta et aceto. Item igni sacro ex vino citra oleum adspergitur, et intertrigini : et pilos absumit. Dant et bibendum cinerem sarmentorum ad lienis remedia aceto conspersum, ita ut bini cyathi in tepida aqua bibantur, utque qui biberit, in lienem jaceat.

Claviculæ ipsæ, quibus repunt vites, tritæ, et ex aqua potæ, sistunt vomitionum consuetudinem. Cinis vitium cum axungia vetere contra tumores proficit, fistulas purgat, mox et persanat : item nervorum dolores frigore ortos, contractionesque : contusas vero partes cum oleo, carnes excrescentes in ossibus cum aceto et nitro,

les gales et les dartres, qu'on a traitées auparavant avec le nitre. Si l'on se frotte souvent de cette même eau mêlée avec de l'huile, c'est un bon dépilatoire; mais la meilleure pour cet usage est celle qui suinte de sarmens encore verts, quand on les brûle; de plus, celle-ci emporte les verrues. L'infusion des vrilles, prise en potion, est bonne pour l'hémoptysie, et pour les faiblesses et les défaillances de cœur qui suivent la conception. L'écorce de la vigne et ses feuilles sèches arrêtent le sang des plaies et les consolident. Le suc de la vigne blanche, pilée encore verte, est un bon remède contre les éruptions cutanées. La cendre des sarmens, des ceps et du marc de raisin, guérit, avec le vinaigre, les excroissances calleuses et les autres maladies de l'anus. On l'emploie encore, mêlée avec de l'huile rosat, du vinaigre et de la rue, pour les luxations, les brûlures et l'enflure de la rate, ou, en fomentations avec du vin sans huile, pour les érysipèles et l'intertrigo, et aussi pour faire tomber le poil. On prescrit la cendre des sarmens pour les affections de la rate: on l'arrose d'abord avec du vinaigre, et l'on en fait prendre deux cyathes, dans de l'eau tiède, au malade, qui doit ensuite se coucher sur le côté gauche.

Les vrilles au moyen desquelles la vigne rampe, broyées et avalées dans de l'eau, arrêtent le vomissement habituel. La cendre de vigne, avec du vieux-oing, résout les tumeurs, déterge les fistules et les guérit radicalement. Elle convient encore aux contractions de nerfs et aux douleurs causées par le froid. Avec de l'huile, c'est un bon liniment pour les contusions, la morsure des chiens et la piqûre des scor-

scorpionum et canum plagas cum oleo. Corticis per se cinis combustis pilos reddit.

De omphacio vitium, XIV.

IV. Omphacium qua fieret ratione incipientis uvæ pubertate, in unguentorum loco docuimus. Nunc ad medicinam de eo pertinentia indicabimus. Sanat ea, quæ in humido sunt ulcera, ut oris, tonsillarum, genitalium. Oculorum claritati plurimum confert. Scabritiæ genarum, ulceribusque angulorum, nubeculis, ulceribus quacumque in parte manantibus, cicatricibus marcidis, ossibus purulente limosis. Mitigatur vehementia ejus melle aut passo. Prodest et dysentericis, sanguinem exscreantibus, anginis.

De œnanthe, XXI.

V. Omphacio cohæret œnanthe, quam vites silvestres ferunt, dicta a nobis in unguenti ratione. Laudatissima in Syria, maxime circa Antiochiæ et Laodiceæ montes: et ex alba vite refrigerat, adstringit, vulneribus inspergitur, stomacho illinitur, utilis urinæ, jocineri, capitis doloribus, dysentericis. Contra fastidia obolo ex aceto

pions; avec le vinaigre et le nitre, elle consume les excroissances de chair qui viennent sur les os. La cendre de l'écorce, employée seule, fait renaître le poil des parties qui ont été brûlées.

De l'omphacium, 14.

IV. En traitant des parfums, nous avons parlé de l'omphacium, et enseigné la manière de le faire quand les raisins commencent à se former. Nous allons maintenant exposer ses vertus médicinales. Il guérit les ulcères des parties humides, tels que ceux de la bouche, des amygdales et des parties de la génération; il est encore excellent pour éclaircir la vue, pour enlever les taies, sécher les ulcères de l'angle des yeux, effacer les pustules qui naissent sur les paupières, mondifier les ulcères humides en quelque partie du corps que ce soit, hâter les cicatrices trop lentes à se former, et déterger les plaies purulentes qui pénètrent jusqu'aux os. Son action, trop forte et trop vive, est adoucie avec du miel ou du vin cuit. Enfin, c'est un remède utile dans la dysenterie, l'hémoptysie et l'esquinancie.

De l'œnanthe, 21.

V. Après l'omphacium vient l'œnanthe, production des vignes sauvages, dont nous avons parlé à l'article des parfums. L'œnanthe la plus estimée est celle qu'on trouve en Syrie, et particulièrement sur les montagnes près d'Antioche et de Laodicée. Celle que produit la vigne blanche est astringente et rafraîchissante; on l'applique sur les plaies et sur l'estomac. Elle provoque les

pota. Siccat manantes capitis eruptiones, efficacissima ad vitia quæ sunt in humidis : ideo et oris ulceribus, et verendis, ac sedi cum melle et croco. Alvum sistit. Genarum scabiem emendat, oculorumque lacrymationes, ex vino stomachi dissolutionem : ex aqua frigida pota sanguinis exscreationes. Cinis ejus ad collyria, et ad ulcera purganda, et paronychia, et pterygia, probatur. Uritur in furno, donec panis percoquatur. Massaris odoribus tantum gignitur : omniaque ea aviditas humani ingenii nobilitavit, rapere festinando.

De uvis maturis, recentibus.

VI. 1. Maturescentium autem uvæ vehementiores nigræ, ideoque vinum ex his minus jucundum : suaviores albæ, quoniam e translucido facilius accipitur aer.

Recentes stomachum, et spiritus inflatione alvum turbant : itaque in febri damnantur, utique largiores. Gravedinem enim capiti, morbumque lethargicum faciunt. Innocentiores, quæ decerptæ diu pependere : qua

urines, et guérit les maladies du foie, les douleurs de tête et la dysenterie. A la dose d'une obole dans du vinaigre, elle réveille l'appétit. Elle dessèche les ulcères de la tête qui suintent beaucoup, et en général tous les ulcères des parties humides, tels que ceux de la bouche, de l'anus et des parties de la génération; on y ajoute du miel et du safran. Elle arrête le cours de ventre, guérit les pustules des paupières, et fait cesser le larmoiement. Avec du vin, elle est bonne pour les dérangemens d'estomac; et, avec de l'eau, pour l'hémoptysie. Sa cendre est employée dans les collyres; elle déterge les ulcères, les panaris, et détruit les excroissances membraneuses qui se forment à la racine des ongles. On la fait rôtir dans un four, où on la laisse jusqu'à ce que le pain soit cuit. Le massaris n'est employé que dans les parfums. Au reste, ce qui donne à ces productions un si grand prix, c'est l'empressement qu'on met à les enlever.

Des raisins mûrs, frais.

VI. 1. Parmi les diverses espèces de raisins qui viennent à maturité, ceux qui ont le plus de force sont les raisins noirs; aussi le vin qu'on en fait est-il moins agréable que celui que donnent les raisins blancs; ceux-ci sont plus doux, parce qu'étant clairs et transparens, l'air les pénètre plus facilement.

Les raisins, frais cueillis, causent des flatuosités, gonflent l'estomac et dérangent le ventre; aussi les défend-on aux fiévreux, surtout pris en trop grande quantité, car ils peuvent occasioner des pesanteurs de tête, et même la léthargie. Ceux qu'on a gardés long-

ventilatione etiam utiles fiunt stomacho, ægrisque. Nam et refrigerant leviter et fastidium auferunt.

De uvis conditis; medicinæ, XI.

VII. Quæ autem in vino dulci conditæ fuere, caput tentant. Proximæ sunt pensilibus in palea servatæ. Nam in vinaceis servatæ, et caput, et vesicam, et stomachum infestant. Sistunt tamen alvum, sanguinem exscreantibus utilissimæ. Quæ vero in musto fuere, pejorem vim etiamnum habent, quam quæ in vinaceis. Sapa quoque stomacho inutiles facit. Saluberrimas putant medici in cælesti aqua servatas, etiamsi minime jucundas : sed voluptatem earum in stomachi ardore sentiri, et in amaritudine jecoris, fellisque vomitione in choleris : hydropicis, cum ardore febrium ægrotantibus. At in ollis servatæ, et os, et stomachum, et aviditatem excitant. Paulo tamen graviores existimantur fieri vinaceorum halitu. Uvæ florem in cibis si edere gallinacei, uvas non attingunt.

De sarmentis uvarum, I.

VIII. Sarmenta earum, in quibus acini fuere, adstringendi vim habent, efficaciora ex ollis.

temps suspendus ne sont point malfaisans; l'air qui les a pénétrés les rend utiles aux malades et à l'estomac, car ils rafraîchissent doucement et excitent l'appétit.

Des raisins qu'on garde ; remèdes, 11.

VII. Les raisins confits dans du vin doux portent à la tête. Après ceux qui ont été suspendus à l'air, les meilleurs sont ceux que l'on a gardés sur la paille. Ceux qu'on laisse sur le marc de vin font mal à la tête, et sont nuisibles à l'estomac et à la vessie; néanmoins ils sont fort bons pour la diarrhée et l'hémoptysie. Les raisins confits dans le moût valent moins encore que les derniers; ceux qui sont conservés dans du vin cuit sont aussi contraires à l'estomac. Les plus salubres de tous, selon les médecins, sont ceux que l'on garde dans l'eau de pluie, quoiqu'ils soient les moins agréables au goût. On connaît tout leur prix dans les ardeurs d'estomac, quand le foie est engorgé par la bile, et dans les vomissemens de bile amère; ils ne sont pas moins utiles dans l'hydropisie et la fièvre-chaude. Les raisins que l'on conserve en pots sont très-bons pour l'estomac et pour réveiller l'appétit. On prétend que la vapeur du marc dont on les couvre les rend un peu pesans à la tête. Si les oiseaux de basse-cour mangent des fleurs de vigne mêlées dans leur nourriture, ils ne touchent plus au raisin.

Des sarmens, 1.

VIII. Les sarmens de vigne qui ont porté des raisins sont astringens; ils le sont encore davantage, gardés en pots.

De nucleis acinorum, VI.

IX. Nuclei acinorum eamdem vim obtinent. Hi sunt qui in vino capitis dolorem faciunt. Tosti tritique stomacho utiles sunt. Inspergitur farina eorum, polentæ modo, potioni, dysentericis, et cœliacis, et dissoluto stomacho. Decocto etiam eorum fovere psoras et pruritum utile est.

De vinaceis, VIII.

X. Vinacei per se minus capiti aut vesicæ nocent, quam nuclei : mammarum inflammationi triti cum sale utiles. Decoctum eorum veteres dysentericos et cœliacos juvat, et potione, et fotu.

Uva theriace, IV.

XI. Uva theriace, de qua suo loco diximus, contra serpentium ictus estur. Pampinos quoque ejus edendos censent, imponendosque, vinumque et acetum ex his factum auxiliarem contra eadem vim habet.

Uva passa, sive astaphis, XIV.

XII. Uva passa, quam astaphida vocant, stomachum, ventrem et interanea tentaret, nisi pro remedio in ipsis

Des pepins, 6.

IX. Les pepins ont aussi une vertu astringente; ce sont les pepins qui sont cause que le vin donne des maux de tête; mais, rôtis et pilés, ils sont bons pour l'estomac. Réduits en poudre, on les mêle dans la boisson des malades qui souffrent de la dysenterie ou du flux de ventre, ou dont l'estomac est dérangé. Leur décoction s'emploie aussi, en fomentations, contre la gale et les démangeaisons.

Du marc, 8.

X. Le marc de raisins est moins nuisible par lui-même à la tête et à la vessie, que les pepins qui s'y trouvent. Broyé avec du sel, il dissipe les tumeurs des mamelles. Sa décoction, en breuvage et en fomentations, est bonne dans la dysenterie et dans le flux de ventre invétérés.

Du raisin thériacal, 4.

XI. Le raisin thériacal, dont nous avons parlé en son lieu, se mange, comme antidote, contre la morsure des serpens; on prétend même qu'il est bon, en pareil cas, d'en manger les feuilles et de les appliquer sur la plaie. Au reste, le vin et le vinaigre qu'on en tire ne sont pas moins salutaires pour les mêmes accidens.

Du raisin sec, ou astaphis, 14.

XII. Le raisin sec, appelé en grec *astaphis*, serait nuisible à l'estomac, au ventre et aux entrailles, sans

acinis nuclei essent: iis exemptis, vesicæ utilis habetur; et tussi, alba utilior. Utilis et arteriæ, et renibus: sicut ex his passum privatim e serpentibus contra hæmorrhoida potens. Testium inflammationi cum farina cumini, aut coriandri imponuntur: item carbunculis, articulariis morbis, sine nucleis tritæ cum ruta: fovere ante vino ulcera oportet.

Sanant epinyctidas et ceria: et dysenteriam cum suis nucleis. Et in oleo coctæ gangrænis illinuntur cum cortice raphani et melle. Podagris et unguium mobilibus cum panace, et per se ad purgandum os caputque, cum pipere commanducantur.

Astaphis agria, sive staphis, sive pituitaria, XII.

XIII. Astaphis agria, sive staphis, quam uvam taminiam aliqui vocant falso: suum enim genus habet, cauliculis nigris, rectis, foliis labruscæ: fert folliculos verius, quam acinos, virides, similes ciceri: in his nucleum triangulum. Maturescit cum vindemia, nigrescitque: quum taminiæ rubentes norimus acinos, sciamusque illam in apricis nasci, hanc non nisi in opacis.

les pepins qu'il renferme, et qui corrigent ces mauvaises qualités. Si l'on ôte les pepins, le raisin passe pour être utile à la vessie. Les blancs sont meilleurs que les autres pour la toux. Ils sont bons pour la gorge et pour les reins. Le vin cuit que l'on en tire est salutaire contre la morsure des serpens, et spécialement contre celle de l'hémorrhoïs. On les applique, avec de la farine de cumin ou de coriandre, pour apaiser l'inflammation des testicules. Broyés avec de la rue, après qu'on en a ôté les pepins, ils sont un topique excellent pour les charbons et la goutte, et pour les ulcères, qu'on bassine d'abord avec du vin.

Ils guérissent les épinyctides, les ulcères nommés *ceria*, et, avec les pepins, la dysenterie. Cuits dans de l'huile, ils s'emploient en liniment, avec de la pelure de raifort et du miel, sur les parties attaquées de la gangrène. Appliqués avec du panax, c'est un remède utile pour les ongles prêts à tomber et pour les douleurs de la goutte. Mangés avec du poivre, ils nettoient la bouche et purgent le cerveau.

De l'astaphis sauvage, autrement staphis ou pituitaire, 12.

XIII. L'*astaphis agria*, ou simplement *staphis*, est mal à propos confondue avec l'*uva taminia* par quelques auteurs. Cette plante est une espèce particulière. Elle a les tiges noires, droites, et les feuilles semblables à celles du *labrusca*. Ses fruits sont moins des grains que des gousses vertes comme celles des pois chiches, et qui renferment des semences triangulaires. Ces fruits mûrissent en même temps que les raisins, et deviennent noirs, au lieu que ceux de l'*uva taminia* sont rouges et ne chan-

His nucleis ad purgationem uti non censuerim, propter ancipitem strangulationem : nec ad pituitam oris siccandam, fauces enim lædunt. Phthiriasi caput et reliquum corpus liberant triti, facilius admixta sandaracha : item pruritu, et psoris. Ad dentium dolores decoquuntur in aceto, ad aurium vitia, rheumatismum cicatricum, ulcerum manantia.

Flos tritus in vino contra serpentes bibitur : semen enim abdicaverim, propter nimiam vim ardoris. Quidam eam pituitariam vocant, et plagis serpentium utique illinunt.

Labrusca, XII.

XIV. Labrusca quoque œnanthen fert, satis dictam, quæ a Græcis ampelos agria appellatur, spissis et candicantibus foliis, geniculata, rimoso cortice : fert uvas rubentes cocci modo, quæ cutem in facie mulierum purgant, et varos : coxendicum et lumborum vitiis tusæ, cum foliis et succo prosunt. Radix decocta in aqua, pota in vini Coi cyathis duobus, humorem alvi ciet : ideo hydropicis datur. Hanc potius crediderim esse, quam vulgus uvam taminiam vocat. Utuntur ea pro amuleto :

gent jamais de couleur; on sait d'ailleurs que cette dernière plante ne croît que dans les lieux couverts, tandis que l'astaphis agria, au contraire, se plaît dans les endroits exposés au soleil. Quant aux semences dont nous venons de parler, c'est un purgatif dont je ne conseillerais pas l'usage, car il pourrait étrangler le malade: je ne les ferais pas non plus mâcher pour évacuer la pituite, car elles irritent la gorge; mais, broyées et mêlées à la sandaraque, elles délivrent de la vermine la tête et tout le reste du corps, et sont aussi un bon remède contre la gale et les démangeaisons. On les fait bouillir dans le vinaigre pour le mal de dents, les douleurs d'oreilles, les ulcères humides et les plaies fistuleuses.

La fleur de la plante, broyée et prise dans du vin, guérit la morsure des serpens; sa semence est trop âcre pour qu'on en puisse faire usage. Quelques auteurs appellent l'astaphis agria l'herbe à la pituite, et recommandent, pour guérir la morsure des serpens, de l'appliquer sur la plaie.

Du labrusca (vigne sauvage), 12.

XIV. Le *labrusca*, nommé par les Grecs vigne sauvage, produit l'œnanthe, dont nous avons parlé avec assez de détails. Son feuillage est épais et tirant sur le blanc; ses sarmens sont noueux, et son écorce est fendillée. Il a pour fruits des baies rouges comme l'écarlate, et dont les femmes se servent pour effacer les taches du visage et nettoyer la peau. Pilées et appliquées avec les feuilles et le suc, elles sont bonnes pour la sciatique et pour les douleurs de reins. La racine, cuite dans de l'eau et prise dans deux cyathes de vin de Cô, évacue les humeurs du bas-ventre; aussi l'ordonne-t-on

et ad exspuitionem sanguinis quoque adhibent, non ultra gargarizationes, et ne quid devoretur, addito sale, thymo, aceto mulso. Ideo et purgationibus ancipitem putant.

De salicastro, XII.

XV. Est huic similis, sed in salictis nascens: ideo distinguitur nomine, quum eosdem usus habeat, et salicastrum vocatur. Scabiem et pruriginem hominum quadrupedumque aceto mulso trita hæc efficacius tollit.

De vite alba, sive ampeloleuce, sive staphyle, sive melothro, sive archezosti, sive cedrosti, sive mado, XXXV.

XVI. Vitis alba est, quam Græci ampeloleucen, alii ophiostaphylon, alii melothron, alii psilothrum, alii archezostin, alii cedrostin, alii madon appellant. Hujus sarmenta longis et exilibus internodiis geniculata scandunt. Folia pampinosa ad magnitudinem ederæ, dividuntur ut vitium. Radix alba, grandis, raphano similis initio: ex ea caules asparagi similitudine exeunt. Hi decocti in cibo alvum et urinam cient. Folia et caules exulcerant corpus: utique ulcerum phagedænis et gangrænis, tibiarumque tædio cum sale illinuntur. Semen

aux hydropiques. Je crois que c'est plutôt cette plante que les Latins appellent *uva taminia*. On la porte aussi comme amulette. On la prescrit en gargarisme, mais sans rien avaler de la potion, pour le crachement de sang, avec du sel, du thym et du vinaigre miellé. Les médecins ne jugent pas qu'on puisse l'employer sans crainte comme purgatif.

Du salicastrum, 12.

XV. On connaît une plante qui ressemble beaucoup au *labrusca*, et qui sert aux mêmes usages, mais qui croît parmi les saules, ce qui lui a fait donner le nom de *salicastrum*. Broyée et appliquée avec du vinaigre miellé, elle a plus d'efficacité que la précédente pour apaiser les démangeaisons, et guérir la gale des hommes et des bestiaux.

De la vigne blanche, autrement ampeloleuce, staphyle, melothron, archezostis, cedrostis ou madon, 35.

XVI. La vigne blanche est nommée par les Grecs *ampeloleuce*. Ils lui donnent encore plusieurs autres noms, comme *ophiostaphylos*, *melothron*, *psilothron*, *archezostis*, *cedrostis* et *madon*. Cette plante a les sarmens longs et menus; leurs nœuds sont peu saillans, et assez éloignés les uns des autres; les feuilles sont de la grandeur de celles du lierre, découpées comme celles de la vigne ordinaire, et garnies aussi de vrilles. La racine est grosse, blanche, et semblable au raifort dans les premiers temps. Ses jets ressemblent beaucoup à ceux des asperges. Mangés cuits, ils lâchent le ventre et provoquent les urines. Les feuilles et les tiges ont une vertu caustique; aussi les applique-t-on avec du sel sur

in uva raris acinis dependet, succo rubente, postea croci. Novere id qui coria perficiunt: illo enim utuntur. Psoris et lepris illinitur. Lactis abundantiam facit coctum cum tritico, potumque. Radix numerosis utilitatibus nobilis, contra serpentium ictus trita drachmis duabus bibitur. Vitia cutis in facie, varosque, et lentigines, et sugillata emendat, et cicatrices. Eademque præstat decocta in oleo. Decoctæ datur et comitialibus potus: item mente commotis, et vertigine laborantibus, drachmæ pondere quotidie anno toto. Et ipsa autem largior aliquanto sensus purgat. Illa vis præclara, quod ossa infracta extrahit in aqua, imposita, ut bryonia: quare quidam hanc albam bryoniam vocant. Alia vero nigra efficacior in eodem usu cum melle et thure.

Suppurationes incipientes discutit, veteres maturat et purgat. Ciet menses et urinam. Ecligma ex ea fit suspiriosis, et contra lateris dolores, vulsis, ruptis. Splenem ternis obolis pota triginta diebus consumit. Illinitur eadem cum fico et pterygiis digitorum. Ex vino secundas

les ulcères rongeans, sur les ulcères opiniâtres des jambes, et sur les parties attaquées de la gangrène. Les fruits de cette plante sont en grappe pendante et peu fournie; les baies rendent un suc rouge, qui devient ensuite jaune comme le safran. Ce fruit est bien connu des corroyeurs, qui l'emploient à la préparation des peaux. On l'applique sur la lèpre et les gales malignes. Sa décoction avec du froment, prise en breuvage, fait venir le lait. La racine est estimée en médecine pour une foule d'usages. On la prescrit broyée, à la dose de deux drachmes, contre la morsure des serpens. Elle guérit les pustules, efface les rousseurs et les taches du visage, et fait disparaître la trace des meurtrissures et des cicatrices. Cuite dans l'huile, elle produit les mêmes effets. La décoction de cette racine s'administre aussi dans l'épilepsie, la manie et les vertiges : on en fait boire tous les jours aux malades, à la dose d'une drachme, pendant une année entière; une dose trop forte troublerait l'entendement. Par une propriété bien remarquable, cette plante, macérée dans de l'eau et appliquée sur les os fracturés, en fait sortir les esquilles. Comme elle partage cette vertu avec la bryone, quelques auteurs l'ont nommée bryone blanche; néanmoins l'autre espèce, qui est noire, est plus efficace pour le même usage, si on l'applique avec du miel et de l'encens.

La racine de la vigne blanche résout les abcès qui commencent à se former, mûrit ceux qui sont avancés, et les mondifie. Elle provoque les règles et les urines. On la prescrit en looch pour l'orthopnée, les douleurs de côtés, les ruptures et les convulsions. Prise en potion, à la dose de trois oboles pendant trente jours, elle con-

feminarum adposita trahit : et pituitam, drachma pota in aqua mulsa, succus radicis. Colligi debet ante maturitatem seminis : qui illitus per se et cum ervo, lætiore quodam colore et cutis teneritate mangonizat corpora. Tunditur ipsa radix cum pingui fico, erugatque corpus, si statim bina stadia ambulentur : alias urit, nisi frigida abluatur. Jucundius hoc idem præstat nigra vitis, quoniam alba pruritum adfert.

De vite nigra, sive bryonia, sive chironia, sive gynæcanthe, sive apronia, xxxv.

XVII. Est ergo et nigra, quam proprie bryoniam vocant, alii chironiam, alii gynæcanthen, aut aproniam, similem priori, præterquam colore. Hujus enim nigrum esse diximus. Asparagos ejus Diocles prætulit veris asparagis in cibo, urinæ ciendæ, lienique minuendo. In frutectis et arundinetis maxime nascitur.

Radix foris nigra, intus buxeo colore, ossa infracta vel efficacius extrahit, quam supra dicta. Ceterum eidem peculiare est, quod jumentorum cervicibus unice medetur. Aiunt, si quis villam ea præcinxerit, fugere accipitres,

sume la rate. Appliquée avec une figue, elle guérit les excroissances qui viennent aux ongles des pieds ou des mains. En cataplasme avec du vin, elle fait sortir l'arrière-faix. Le suc de la racine, bu à la dose d'une drachme dans de l'eau miellée, évacue la pituite: on doit le recueillir avant la maturité du fruit. C'est un excellent cosmétique, soit qu'on l'emploie seul, soit qu'on le mêle avec de la farine d'ers, car il adoucit la peau et lui donne de l'éclat et de la fraîcheur. La racine même, pilée avec des figues grasses, efface les rides; mais, après s'en être frotté, il faut se promener et parcourir l'espace de deux stades; d'ailleurs, elle brûlerait la peau, si on ne se lavait aussitôt avec de l'eau froide. La vigne noire, pour cet effet, est préférable à la vigne blanche, qui excite des démangeaisons.

De la vigne noire, autrement bryone, chironia, gynæcanthe ou apronia, 35.

XVII. La vigne noire est la plante appelée proprement bryone, et que d'autres auteurs ont nommée *chironia, gynæcanthe* ou *apronia*. Elle ressemble beaucoup à la vigne blanche, et n'en diffère que par sa couleur, qui est noire. Dioclès préférait les jets de cette plante aux jets des véritables asperges, et les faisait manger aux malades pour provoquer les urines et diminuer l'enflure de la rate. Elle croît surtout dans les lieux couverts d'arbrisseaux et parmi les roseaux.

Sa racine, noire au dehors, jaune au dedans, a plus de vertu que celle de la vigne blanche pour faire sortir les esquilles des os fracturés: c'est d'ailleurs un remède unique pour les plaies au cou des bêtes de somme. On prétend que, si l'on plante cette bryone autour d'une

tutasque fieri villaticas alites. Eadem in jumento homineque, flemina, aut sanguinem, qui se ad talos dejecerit, circumligata sanat. Et hactenus de vitium generibus.

De musto, xv.

XVIII. Musta differentias habent naturales has, quod sunt candida, aut nigra, aut inter utrumque: aliaque, ex quibus vinum fiat; alia, ex quibus passum: cura differentias innumerabiles facit. In plenum ergo hæc dixisse conveniat.

Mustum omne stomacho inutile, venis jucundum. A balineis raptim et sine interspiratione potum, necat. Cantharidum naturæ adversatur. Item serpentibus, maxime hæmorrhoidi, et salamandræ.

Capitis dolores facit, et gutturi inutile: prodest renibus, jocineri, et interaneis vesicæ: collævat enim ea. Privatim contra buprestim valet.

Contra meconium, lactis coagulationem, cicutam, toxica, dorycnium, ex oleo potum, redditumque vomitionibus. Ad omnia infirmius album, jucundius passi mustum, et quod minorem capitis dolorem adferat.

métairie, elle écarte les oiseaux de proie et met la volaille en sûreté. Enfin, liée autour des talons, elle est utile aux hommes et aux bêtes de somme pour dissoudre le sang qui s'est jeté dans les pieds par la fatigue d'une longue marche. Voilà ce que j'avais à remarquer sur les différentes espèces de vignes.

Du moût, 15.

XVIII. Il y a différentes sortes de moûts : les uns sont blancs, les autres d'un rouge foncé, ou noirs ; d'autres sont gris ou clairets. Il y en a qu'on laisse fermenter pour en faire du vin, et d'autres que l'on réserve pour avoir du vin cuit. Outre ces différences naturelles, la manière de les apprêter en établit encore une foule d'autres ; nous nous bornerons donc à en parler d'une manière générale.

Toute espèce de moût, ou de vin nouveau, est salutaire aux veines, mais nuisible à l'estomac; il ferait périr quiconque en boirait, au sortir du bain, un grand coup d'un seul trait et sans reprendre haleine. C'est un antidote contre le venin des cantharides et des serpens, et particulièrement de l'hémorrhoïs et de la salamandre.

Le moût cause des douleurs de tête et irrite la gorge; mais il est bon pour le foie, les reins et la vessie, dont il lubréfie les parois. Il a une vertu particulière contre l'insecte appelé buprestis.

Bu avec de l'huile et rejeté ensuite, il neutralise les mauvais effets de l'opium, du lait caillé, de la ciguë, du dorycnium et des autres poisons; mais, à tous ces égards, le moût blanc est le moins efficace. Le plus agréable de tous est celui qu'on fait de raisins cuits

De vino.

XIX. Vini genera differentiasque perquam multas exposuimus, et fere cujusque proprietates. Neque ulla pars difficilior tractatu, aut numerosior : quippe quum sit tardum dictu, pluribus prosit an noceat. Præterea quam ancipiti eventu potu statim auxilium fit, aut venenum? Etenim de natura ad remedia tantum pertinente nunc loquimur. Unum de dando eo volumen Asclepiades condidit, ab eo cognominatum : qui vero postea de volumine illo disseruere, innumera. Nos ista romana gravitate, artiumque liberalium adpetentia, non ut medici, sed ut judices salutis humanæ, diligenter distinguemus. De generibus singulis disserere immensum et inexplicabile est, discordibus medicorum sententiis.

De Surrentino, III; Albano, II; Falerno, VI.

XX. Surrentinum veteres maxime probavere : sequens ætas Albanum aut Falernum. Deinde alia alii iniquissimo genere decreti, quod cuique gratissimum, ceteris

au soleil, et c'est aussi celui qui porte le moins à la tête.

Du vin.

XIX. Nous avons déjà parlé d'un grand nombre d'espèces différentes de vin, et exposé les propriétés de la plupart d'entre elles. Aucune matière n'est plus abondante ni plus difficile à traiter; on ne saurait dire, en effet, s'il y a plus d'hommes à qui le vin soit utile, qu'il n'y en a à qui il est nuisible. Et, de plus, comment déterminer les circonstances où il est un remède salutaire, et celles où il devient un véritable poison? car, nous ne le considérons ici que sous le rapport de la médecine. Asclépiade a composé, sur la manière d'administrer le vin, un livre qui porte son nom; mais, par la suite, on a fait sur ce traité des commentaires innombrables. Pour nous, nous traiterons cette matière avec la gravité qui convient à un Romain, et à un homme jaloux de s'instruire dans les sciences utiles à la société. Ce n'est point comme médecin, mais comme juge attentif de ce qui peut être utile ou nuisible à la santé, que nous ajouterons les éclaircissemens nécessaires. Entrer dans un détail complet sur les qualités de chaque espèce de vin en particulier, serait un travail immense, et même impossible, puisque les médecins eux-mêmes ne s'accordent pas entre eux.

Des vins de Surrente, 3; d'Albe, 2; de Falerne, 6.

XX. Les anciens préféraient le vin de Surrente; dans les siècles suivans, on se décida en faveur du vin d'Albe ou de Falerne. Ensuite plusieurs autres espèces de vin

omnibus pronuntiando. Quin, ut constarent sententiæ, quota portio tamen mortalium his generibus posset uti? Jam vero nec proceres usquam sinceris. Eo venere mores, ut nomina modo cellarum veneant, statimque in lacubus vindemiæ adulterentur. Ergo hercle, mirum dictu, innocentius jam est, quodcumque et ignobilius.

Hæc tamen facere constantissime videntur victoriam, quorum mentionem fecimus. Si quis hoc quoque discrimen exigit, Falernum nec in novitate, nec in nimia vetustate corpori salubre est. Media ejus ætas a quintodecimo anno incipit. Hoc non rigido potu stomacho utile, non item in calido. Et in diutina tussi sorbetur merum utiliter a jejunis : item in quartanis. Nullo æque venæ excitantur. Alvum sistit, corpus alit. Creditum est obscuritatem visus facere : nec prodesse nervis, aut vesicæ.

Albana nervis utiliora. Stomacho minus, quæ sunt dulcia : austera vel Falerno utiliora. Concoctionem minus adjuvant : stomachum modice implent.

At Surrentina nullo modo, nec caput tentant : sto-

furent mises en vogue par des gens habiles à faire valoir celui qui leur plaisait davantage. Rien de plus injuste cependant que de donner son goût particulier comme règle du goût général. Et quand même les suffrages se réuniraient sur une seule espèce, y aurait-il beaucoup d'hommes qui pussent en faire usage? Déjà même les citoyens les plus riches ne peuvent boire le vin dans toute sa pureté. Dans le siècle où nous sommes, on ne considère, dans l'achat du vin, que le renom d'une cave en crédit. La vendange, à peine dans la cuve, est déjà dénaturée; aussi, chose étonnante! les vins les moins en crédit sont-ils les moins dangereux.

Néanmoins, les trois espèces que nous venons de citer paraissent conserver la prééminence. Veut-on quelques notes caractéristiques sur chacune d'elles? nous dirons que le vin de Falerne, nouveau ou trop vieux, est également nuisible à la santé; après quinze années de garde, il commence à être d'un âge moyen : alors il est bon à l'estomac, pourvu qu'il ne soit bu ni trop chaud ni trop froid. Pris pur à jeun, c'est un excellent remède pour les toux chroniques et pour la fièvre-quarte. Il n'est point de vin qui excite davantage le mouvement des veines; d'ailleurs, il arrête le cours de ventre et nourrit l'embonpoint; mais on prétend qu'il obscurcit la vue, et qu'il nuit aux nerfs et à la vessie.

Les vins d'Albe sont salutaires au genre nerveux; ceux qui sont doux conviennent peu à l'estomac; secs, ils sont, pour ce viscère, un confortatif plus sûr que le Falerne. En général, ils sont moins favorables à la digestion, et gonflent un peu l'estomac.

Les vins de Surrente n'ont pas ces défauts et ne portent

machi et intestinorum rheumatismos cohibent. Cæcuba jam non gignuntur.

De Setino, I; Statano, I; Signino, I.

XXI. At quæ supersunt Setina, cibos concoqui cogunt. Virium plus Surrentina, austeritatis Albana, vehementiæ minus Falerna habent. Ab his Statana non longo intervallo abfuerint. Alvo citæ Signinum maxime conducere indubitatum est.

De reliquis vinis, LXIV.

XXII. Reliqua in commune dicentur. Vino aluntur vires, sanguis, colosque hominum. Hoc quoque distat orbis medius, et mitior plaga a circumjectis : quantum illis feritas facit roboris, tantum nobis hic succus. Lactis potus ossa alit, frugum nervos, aquæ carnes. Ideo minus ruboris est in corporibus illis, et minus roboris, contraque labores patientiæ.

Vino modico nervi juvantur, copiosiore læduntur : sic et oculi. Stomachus recreatur : adpetentia ciborum invitatur : tristitia et cura hebetatur : urina et algor expellitur : somnus conciliatur. Præterea vomitiones

jamais à la tête. Ils arrêtent les débordemens d'humeurs, soit de l'estomac, soit des intestins. Les vignobles d'où l'on tirait le Cécube n'existent plus.

Des vins de Setia, 1 ; de Stata, 1 ; de Signia, 1.

XXI. Les vins que produisent encore les environs de Setia aident fort à la digestion. Les vins de Surrente ont le plus de force; les plus âpres, après eux, sont les vins d'Albe; les moins violens, ceux de Falerne. Les vins de Stata approchent le plus de ces derniers. Ceux de Signia sont les meilleurs, sans contredit, pour arrêter le cours de ventre.

Des autres vins, 64.

XXII. Parlons maintenant du vin en général. Le vin entretient les forces, nourrit le sang et donne les couleurs de la santé. C'est le vin qui distingue les climats tempérés et la zone que nous habitons, d'avec celles qui les entourent. Le vin nous donne autant de force et de vigueur que la température extrême des plages étrangères en donne aux peuples qui les habitent. Le lait nourrit les os, les boissons faites avec les céréales nourrissent les nerfs, et l'eau est un aliment pour les chairs. Ceux qui font usage de ces trois espèces de liqueurs n'ont pas la couleur bien vive, ne sont guère robustes, ni capables de supporter de longs travaux.

Le vin fortifie les nerfs et la vue, s'il est pris modérément; car, pris avec excès, il produit l'effet contraire. Il est salutaire à l'estomac; il excite l'appétit, bannit la tristesse et l'inquiétude, ranime la chaleur, provoque les urines et procure le sommeil; de plus, il

sistit : collectiones extra lanis humidis impositis mitigat. Asclepiades utilitatem vini æquari vix deorum potentia pronuntiavit. Vetus copiosiore aqua miscetur, magisque urinam expellit : minus siti resistit. Dulce minus inebriat, sed stomacho innatat : austerum facilius concoquitur. Levissimum est, quod celerrime inveteratur. Minus infestat nervos, quod vetustate dulcescit. Stomacho minus utile est pingue, nigrum, sed corpora magis alit. Tenue et austerum minus alit, magis stomachum nutrit. Celerius per urinam transit, tantoque magis capita tentat : hoc et in omni alio succo semel dictum sit.

Vinum si sit fumo inveteratum insaluberrimum est. Mangones ista in apothecis excogitavere. Jam et patresfamilias ætatem addi his, quæ per se cariem traxere. Quo certe vocabulo satis consilii dedere prisci : quoniam et in materiis cariem fumus erodit : at nos e diverso fumi amaritudine vetustatem indui persuasum habemus.

Quæ sunt admodum exalbida, hæc vetustate insalubria fiunt. Quo generosius vinum est, hoc magis vetustate crassescit, et in amaritudinem corpori minime utilem coit. Condire eo aliud minus annosum, insalubre

arrête le vomissement, et, appliqué à l'extérieur avec de la laine, il résout les dépôts. Asclépiade déclare qu'il s'en faut peu que ses vertus ne l'emportent sur le pouvoir des dieux. Le vin vieux porte mieux l'eau que le vin nouveau, et pousse davantage les urines, mais il désaltère moins. Les vins doux causent moins facilement l'ivresse, mais ils restent plus long-temps sur l'estomac: les vins secs passent plus vite. Les plus légers vieillissent le plus promptement; ceux qui perdent leur verdeur en vieillissant sont les moins nuisibles aux nerfs. Les vins épais et noirs conviennent peu à l'estomac, mais ils nourrissent plus que les autres; ceux qui sont verts et qui ont plus de corps sont meilleurs à l'estomac, quoiqu'ils nourrissent moins. Comme ils passent plus vite par les urines, ils portent aussi plus promptement à la tête: cette propriété, nous le disons une fois pour toutes, est commune à toutes les liqueurs fermentées.

Le vin qu'on a fait vieillir à la fumée est très-pernicieux à la santé: c'est une pratique que les marchands mettent en usage dans leurs celliers. Les pères de famille eux-mêmes ont imaginé des moyens de donner un nouveau degré de maturité aux vins qui ont déjà vieilli naturellement. Les anciens cependant, en se servant du mot *carie* pour exprimer la vieillesse du vin, nous avaient donné un assez sage conseil: la fumée, en effet, détruit la carie des bois, et les renouvelle en quelque sorte; et nous, au contraire, nous prétendons que l'amertume de cette fumée donne aux vins une vieillesse anticipée.

Les vins de couleur blafarde deviennent malsains en vieillissant. Plus un vin a de force, plus il devient épais étant gardé. Il se charge d'une amertume qui n'est rien moins que salutaire; et, si on le mêle avec un autre vin

est. Sua cuique vino saliva innocentissima, sua cuique ætas gratissima, hoc est, media.

Observationes circa vina, LXI.

XXIII. Corpus augere volentibus, aut mollire alvum, conducit inter cibos bibere. Contra minuentibus, alvumque cohibentibus, sitire in edendo, postea parum bibere. Vinum jejunos bibere, novitio invento, inutilissimum est curis, vigoremque animi ad procinctum tendentibus : somno vero ac securitatibus jamdudum hoc fuit, quod Homerica illa Helena ante cibum ministravit. Sic quoque in proverbium cessit, « Sapientiam vino obumbrari. » Vino damus homines, quod soli animalium non sitientes bibimus. Aquæ potum interponere utilissimum : itemque jugi superbibere. Ebrietatem quidem frigidæ potus extemplo discutit.

Meracis potionibus per viginti dies ante Canis ortum, totidemque postea, suadet Hesiodus uti. Merum quidem remedio est contra cicutas, coriandrum, aconita, viscum, meconium, argentum vivum, apes, vespas, crabrones, phalangia, serpentium scorpionumque ictus, contraque omnia quæ refrigerando nocent. Privatim contra hæ-

moins vieux, ce mélange n'en est pas moins pernicieux. Chaque vin doit conserver sa saveur naturelle pour ne produire aucun mauvais effet, et veut être bu au temps où il paraît le plus agréable, c'est-à-dire au milieu de son âge.

Soixante-une observations sur les vins.

XXIII. Ceux qui veulent acquérir de l'embonpoint, ou se tenir le ventre libre, doivent boire fréquemment pendant le repas; ceux, au contraire, qui se trouvent trop replets, ou qui veulent se resserrer, doivent s'abstenir de boire en mangeant, et ne boire que fort peu après avoir mangé. Prendre du vin à jeun pour se donner des forces et de la vigueur, quand on se dispose à quelques affaires sérieuses, est une invention moderne plus nuisible qu'utile : cet usage n'avait été adopté jadis que pour procurer le sommeil et bannir les soucis; voilà pourquoi, dans Homère, Hélène en présente aux convives avant le repas; de là aussi l'ancien proverbe : « Le vin endort la sagesse. » C'est lui qui fait que, de tous les animaux, l'homme seul boit sans soif. C'est une excellente pratique, lorsqu'on boit du vin, d'avaler quelques verres d'eau par intervalles, et même, en sortant d'un repas, d'en boire qui soit nouvellement puisée à la fontaine, car l'eau fraîche dissipe instantanément l'ivresse.

Hésiode recommande de boire du vin trempé, pendant les vingt jours qui précèdent et qui suivent le lever de la Canicule. Le vin pur est un bon antidote contre la ciguë, la coriandre, l'aconit, l'ixias, l'opium; il neutralise les mauvais effets du vif-argent, de la morsure des serpens, du venin des scorpions, de la piqûre des abeilles, des guêpes, des frelons, des araignées-phalanges, et

morrhoidas, presteras, fungos. Item contra inflationes, rosionesque præcordiorum, et quorum stomachus in vomitiones effunditur : et si venter aut interanea rheumatismum sentiant. Dysentericis, sudatoribus, in longa tussi, in epiphoris, meracum. At vero cardiacis, in mamma læva merum in spongia imponi prodest. Ad omnia autem maxime album inveterascens. Utiliter etiam fovetur vino calido virilitas jumentis : quo etiam infuso cornu lassitudinem auferri aiunt. Simias, quadrupedesque, quibus digiti sunt, negant crescere adsuetas meri potu.

Quibus ægris danda, et quando danda.

XXIV. Nunc circa ægritudines sermo de vinis erit. Saluberrimum liberaliter genitis, Campaniæ quodcumque tenuissimum : vulgo vero, quod quemque maxime juverit validum. Utilissimum omnibus sacco viribus fractis. Meminerimus succum esse, qui fervendo vires e musto sibi fecerit. Misceri plura genera, omnibus inutile. Saluberrimum, cui nihil in musta additum est : meliusque, si nec vasis pix adfuit. Marmore enim, et gypso, aut calce condita, quis non etiam validus expaverit? In primis igitur vinum marina aqua factum,

enfin de tous les poisons froids, et particulièrement de l'hémorrhoïs, du prester et des champignons. On le fait prendre encore pour dissiper les gonflemens et les douleurs aiguës des viscères; pour rétablir l'estomac épuisé par des vomissemens violens, et pour arrêter les débordemens d'humeurs dans le ventre et les intestins. Avec de l'eau, il est bon pour la dysenterie, les sueurs immodérées, la toux chronique et les fluxions. Appliqué pur avec une éponge sur la mamelle gauche, c'est un topique excellent pour les cardiaques : mais, dans tous les cas précités, on doit employer de préférence le vin blanc vieux. Les fomentations de vin chaud, sur les parties de la génération, sont salutaires aux bêtes de somme; on dissipe leur lassitude en leur faisant avaler du vin au moyen d'une corne. On dit que les singes et les quadrupèdes digités ne prennent pas leur croissance, si on les accoutume à boire du vin pur.

A quels malades on doit les administrer, et quand.

XXIV. Nous allons maintenant considérer les vins relativement à leur usage en médecine. Les vins de Campanie qui ont le moins de corps, sont les plus salutaires pour les personnes riches et de distinction; les gens du peuple ne s'attachent qu'à satisfaire leur goût, surtout quand ils sont en bonne santé. Les vins qui ont jeté leur feu en passant par la chausse, sont les plus sains de tous. Nous nous rappellerons que le vin qui constituait une liqueur douce, à l'état de moût, n'acquiert de la force que par la fermentation. Les mélanges de plusieurs sortes de vins sont toujours pernicieux : les meilleurs sont ceux qui, étant nouveaux, n'ont subi

inutile est stomacho, nervis, vesicæ. Resina condita, frigidis stomachis utilia existimantur. Non expedire vomitionibus, sicut neque mustum, neque sapa, neque passum. Novitium resinatum nulli conducit. Capitis dolorem et vertigines facit : ab hoc dicta crapula est. Tussientibus et in rheumatismo nominata prosunt. Item cœliacis et dysentericis, mulierum mensibus.

In hoc genere rubrum nigrumve magis constringit, magisque calfacit. Innocentius pice sola conditum. Sed et picem meminisse debemus non aliud esse, quam combustæ resinæ fluxum. Hoc genus vini excalfacit, concoquit, purgat: pectori, ventri utile: item vulvarum dolori, si sine febre sint, veteri rheumatismo, exulcerationi, ruptis, convulsis, vomicis, nervorum infirmitati, inflationibus, tussi, anhelationibus, luxatis, in succida lana impositum. Ad omnia hæc utilius id, quod sponte naturæ suæ picem resipit, picatumque appellatur. Helvenaco quoque tamen nimio caput tentari convenit.

aucun apprêt, et surtout s'ils n'ont pas été renfermés dans des vaisseaux poissés. Quant à ceux où l'on a mêlé du marbre, du plâtre ou de la chaux, ils sont redoutables, même pour les tempéramens les plus robustes. Ceux qu'on a préparés avec de l'eau de mer, attaquent les nerfs, l'estomac et la vessie. Ceux où l'on a fait entrer de la résine, sont propres aux estomacs froids; mais ils sont dangereux dans le vomissement, aussi bien que le moût, et toute sorte de vin cuit. Le vin nouveau, préparé avec de la résine, ne peut qu'être nuisible; il cause des douleurs de tête et des vertiges; de là vient qu'on appelle du même nom et la résine et l'ivresse qu'elle occasione. Les vins résineux sont bons contre les catarrhes, la toux, le flux de ventre, la dysenterie, et l'écoulement immodéré des règles.

Les vins rouges ou noirs, ainsi préparés, resserrent et échauffent davantage; ceux qu'on apprête avec de la poix seule, sont préférables; on doit se souvenir que la poix n'est autre chose que de la résine fondue au feu. Ces vins poissés échauffent, aident à la digestion, font couler les humeurs, sont salutaires à la poitrine et à l'estomac : ils se prescrivent dans les douleurs de la matrice, si elles ne sont pas accompagnées de fièvre; dans les fluxions chroniques, les ulcères internes, les ruptures, les spasmes, les abcès des viscères, les faiblesses de nerfs, les flatuosités, la toux, l'asthme; enfin on les applique avec de la laine grasse sur les luxations. Mais, dans tous ces cas, on doit choisir un vin qui sente naturellement la poix, et qu'on nomme en conséquence vin poissé. On convient néanmoins que celui d'Helvénaque, pris en trop grande quantité, occasione des maux de tête.

16.

Quod ad febrium valetudines attinet, certum est non dandum in febri, nisi veteribus ægris : nec nisi declinante morbo. In acutis vero periculis, nullis nisi qui manifestas remissiones habeant, et has noctu potius : dimidia enim pars periculi est noctu, hoc est, spe somni, bibentibus : nec a partu abortuve, nec a libidine ægrotantibus, nec in capitis doloribus, nec quorum accessiones cum frigore extremitatum fiant, nec in febri tussientibus, nec in tremore nervorumque doloribus, vel faucium, aut si vis morbi circa illa intelligatur : nec in duritia præcordiorum, venarum vehementia : neque in opisthotono, tetano : nec singultientibus, nec si cum febri dyspnœa sit. Minime vero oculis rigentibus, et genis stantibus, aut defectis gravibusque : nec quorum conniventium perlucebunt oculi, palpebrisve non coeuntibus, vel si dormientibus hoc idem eveniet : aut si cruore suffunduntur oculi, vel si lemæ in oculis erunt. Minime lingua fungosa, nec gravi, et subinde imperfecta loquentibus : nec si urina difficile reddetur, neque expavescentibus repente, nec spasticis, aut rursus torpentibus, nec si per somnos genitura effundatur.

Quomodo danda. Observationes circa ea, XCI.

XXV. Cardiacorum morbo unicam spem in vino esse

Quant à l'usage du vin pour les fiévreux, on doit s'abstenir de leur en faire prendre, à moins que la fièvre ne soit chronique, et que les symptômes ne commencent à diminuer : dans les fièvres aiguës, on défend le vin aux malades, à moins qu'ils n'aient de bons momens bien marqués; on préfère leur en donner la nuit, parce que le danger est beaucoup moindre, et qu'on se flatte de leur procurer le sommeil. On doit de plus l'interdire aussitôt après l'accouchement, ou après une fausse-couche, ou dans les maladies causées par l'abus du plaisir; dans les maux de tête, dont les accès sont accompagnés de froid aux extrémités; dans les toux où il y a fièvre; dans les douleurs et les tremblemens de nerfs, dans les maux de gorge, ou quand le mal existe dans le voisinage de cette partie; dans les tumeurs des viscères, l'opisthotone, le tétanos, le hoquet et la difficulté de respirer, accompagnée de fièvre. Le vin est tout-à-fait contraire aux malades qui ont les yeux fixes, les paupières immobiles, faibles ou pesantes; à ceux dont les yeux brillent malgré le rapprochement des paupières, ou qui ne peuvent les fermer entièrement, ou qui les entr'ouvrent pendant le sommeil, ou enfin qui les ont rouges, enflammés ou chassieux. Il est encore très-nuisible à ceux qui ont la langue épaisse, pâteuse et se prêtant difficilement à l'articulation des sons; de même qu'à ceux qui sont sujets à la strangurie, aux frayeurs subites, aux spasmes, à la léthargie et aux pollutions nocturnes.

De quelle manière on doit administrer les vins. Quatre-vingt-onze observations sur divers points.

XXV. Il est certain que, dans la maladie cardiaque,

certum est. Sed id dandum quidam non nisi in accessione censent, alii non nisi in remissione. Illi, ut sudorem coerceant : hi, quia tutius putant, minuente se morbo : quam plurium sententiam esse video. Dari utique non nisi in cibo debet, nec a somno, nec præcedente alio potu, hoc est, utique sitienti, nec nisi in desperatione suprema, et viro facilius quam feminæ : seni, quam juveni : juveni, quam puero : hieme, quam æstate : adsuetis potius, quam expertibus. Modus dandi pro vehementia vini : item mixtura. Atque vulgo satis putant unum vini cyathum duobus aquæ misceri. Si dissolutio sit stomachi, dandum : et si cibus non descendat.

De vinis fictitiis.

XXVI. Inter vini genera, quæ fingi docuimus, nec fieri jam arbitror, et supervacuum eorum usum : quum ipsis rebus, ex quibus finguntur, doceamus uti. Et alias modum excesserat medicorum in his ostentatio, veluti e napis vinum utile esse ab armorum equitandive lassitudine præcipientium : atque ut reliqua omittamus, etiam e junipero. Et quis satius censeat, absinthite vino utendum potius, quam absinthio ipso? In reliquis omittetur et palmeum, capiti noxium, ventrique tantum

le vin est l'unique remède sur lequel les malades puissent compter. Mais les uns veulent qu'on l'administre au plus fort du mal; les autres ne le donnent que sur la fin : les premiers ont pour but d'arrêter la sueur; les seconds jugent ce régime moins dangereux, quand la maladie a perdu de son intensité; et c'est l'opinion du plus grand nombre. On doit toujours le faire prendre avec quelques alimens, jamais après le sommeil, ni après une autre boisson, car il est bon que la soif se fasse sentir; du reste, on n'a recours à ce remède qu'à toute extrémité. Il convient mieux aux hommes qu'aux femmes, aux vieillards qu'aux jeunes gens, aux jeunes gens qu'aux enfans, en hiver qu'en été, à ceux qui en ont l'habitude qu'à ceux qui n'en font pas ordinairement usage. Pour la dose du vin, et la manière de le tremper, on aura égard à sa force. On croit communément qu'il suffit de mêler deux cyathes d'eau à un cyathe de vin. L'usage de cette liqueur est nécessaire, si l'estomac est dérangé, ou si les alimens ne passent pas.

Des vins artificiels.

XXVI. Quant aux vins artificiels, dont nous avons indiqué la composition, je crois que l'on n'en fabrique plus aujourd'hui, et que leur usage n'est pas nécessaire. Nous avons, au reste, fait connaître les propriétés des substances qui entraient dans leur fabrication, propriétés exagérées outre mesure par les médecins, qui prétendaient, par exemple, que le vin de navet était excellent pour rétablir les forces épuisées après un combat ou une longue course à cheval; suivant eux, le vin de genièvre avait les mêmes vertus : nous ne dirons rien des autres. Et qui pourrait affirmer que dans l'usage,

molliendo, et sanguinem exscreantibus non inutile. Fictitium non potest videri, quod bion appellavimus, quum sit in eo sola pro arte festinatio. Prodest stomacho dissoluto, aut cibos non perficienti, prægnantibus, defectis, paralyticis, tremulis, vertigini, torminibus, ischiadicis. In pestilentia quoque ac peregrinationibus, vim magnam auxiliandi habere dicitur.

De aceto, XXVIII.

XXVII. Vini etiam vitium transit in remedia. Aceto summa vis est in refrigerando, non tamen minor in discutiendo : ita fit ut infusum terræ spumet. Dictum est sæpius, diceturque quoties cum aliis prosit. Per se haustum fastidia discutit, singultus cohibet, sternutamenta olfactu. Vim in balineis æstus arcet, si contineatur ore. Quin et cum aqua bibitur. Multorum stomacho utiliter gargarizatur : cum eadem convalescentium et a solis ardoribus. Oculis quoque illo modo saluberrimum fotu. Medetur potæ hirudini. Item lepris, furfuribus, ulceribus manantibus, canis morsibus, scorpionum ictibus, scolopendrarum, muris aranei, contraque omnium aculeatorum venena et pruritus. Item contra multipedæ morsum. Calidum in spongia, adjecto sulphuris sextante sextariis tribus aceti, aut hyssopi fasci-

le vin d'absinthe est préférable à l'absinthe même? Au nombre de ces vins, dont je crois inutile de parler, est celui de palmier qui cause des maux de tête, et n'est bon que pour lâcher le ventre et arrêter l'hémoptysie. Quant au vin appelé *bion*, il n'est pas factice, puisque tout l'art de le faire consiste à employer les raisins avant leur maturité. Il est bon pour les estomacs dérangés, ou qui digèrent mal, pour les langueurs des femmes enceintes, pour la paralysie, les tremblemens, les vertiges, la colique et la sciatique. On le regarde comme un remède extrêmement utile dans la peste et dans les longs voyages.

Du vinaigre, 28.

XXVII. Le vin, même altéré, fournit des remèdes salutaires. Le vinaigre possède au plus haut degré la vertu de rafraîchir, et aussi d'atténuer et de diviser les humeurs : répandu sur la terre, il y produit en effet une espèce d'écume ou d'ébullition. Nous avons parlé et nous parlerons encore plusieurs fois des usages du vinaigre mêlé à d'autres médicamens. En breuvage, il dissipe les dégoûts et arrête le hoquet; son odeur seule fait éternuer. Tenu dans la bouche, il empêche les effets de la chaleur trop haute des bains. On en fait un breuvage avec de l'eau, et ce mélange, en gargarisme, est salutaire à l'estomac; en boisson, il convient à ceux qui ont souffert de l'ardeur du soleil; en fomentation, il n'est pas moins utile pour les yeux. Il guérit ceux qui ont avalé une sangsue, remédie à la lèpre, aux dartres, aux ulcères humides, à la morsure des chiens, à la piqûre des scorpions, aux blessures faites par les scolopendres, les musaraignes, le *multipeda* (millepieds), et tous les animaux veni-

culo, medetur sedis vitiis. In sanguinis fluxione post excisos calculos, et omni alia, foris in spongia impositum, intus potum cyathis binis quam acerrimum. Conglobatum utique sanguinem discutit. Contra lichenas et bibitur, et imponitur. Sistit alvum, et rheumatismos interaneorum infusum: item procidentia sedis, vulvæque.

Tussim veterem inhibet, et gutturis rheumatismos, orthopnœam, dentium labefactationem. Vesicæ nocet, nervorumque infirmitatibus. Nesciere medici, quantum contra aspidas polleret. Nuper ab aspide calcata percussus utrem aceti ferens, quoties deposuisset, sentiebat ictum, alias illæso similis: intellectum ibi remedium est, potuque succursum. Neque altero os colluunt venena exsugentes.

In totum domitrix vis hæc non ciborum modo est, verum et rerum plurimarum. Saxa rumpit infusum, quæ non ruperit ignis antecedens. Cibos qui-

mieux, armés d'un aiguillon ; de plus, il apaise les démangeaisons. Appliqué chaudement avec une éponge, à la dose de trois setiers pour deux onces de soufre, ou bien avec une poignée d'hyssope, il guérit les maladies de l'anus. Pour arrêter le sang après l'opération de la taille, ou toute autre hémorrhagie, on fomente les parties avec une éponge trempée dans le plus fort vinaigre, et l'on en fait boire au malade deux cyathes ; c'est un excellent moyen pour résoudre le sang caillé. On l'emploie à l'intérieur et à l'extérieur pour la cure des dartres ; en lavement, pour arrêter le cours de ventre et les débordemens d'humeur dans les intestins ; en injection, pour les chutes de l'anus et de la matrice.

Il est excellent pour les toux invétérées, l'asthme, les fluxions de la gorge, et pour affermir les dents ébranlées. Il est nuisible à la vessie, et dans les faiblesses de nerfs. Les médecins ont ignoré jusqu'à nos jours ses vertus contre la morsure de l'aspic. Il n'y a pas longtemps qu'un homme, qui portait une outre de vinaigre, fut mordu par un de ces reptiles, sur lequel il avait mis le pied ; il sentait la douleur de la blessure aussitôt après avoir mis bas son fardeau, et cessait de souffrir dès qu'il l'avait repris : cette circonstance fit juger que le vinaigre en breuvage pouvait servir d'antidote, et en effet le blessé fut sauvé. Ceux qui sucent des plaies venimeuses ne se servent que de cette liqueur pour se laver la bouche.

La vertu pénétrante du vinaigre n'agit pas seulement sur les alimens, mais sur un grand nombre d'autres substances ; il brise les rochers que le feu même n'a pu calciner. Au moins est-il certain qu'il n'est point d'assai-

dem et sapores non alius magis succus commendat aut excitat : in quo usu mitigatur usto pane, aut cum vino : vel accenditur pipere ac lasere : utique sale compescitur. Non est prætereundum in eo exemplum ingens. Siquidem M. Agrippa supremis suis annis conflictatus gravi morbo pedum, quum dolorem eum perpeti nequiret, unius medicorum portentosa scientia, ignorante divo Augusto, tanti putavit usu pedum sensuque omni carere, dummodo et dolore illo careret, demersis in acetum calidum cruribus in acerrimo impetu morbi.

De aceto scillino, XVII.

XXVIII. 2. Acetum scillinum inveteratum magis probatur. Prodest, super ea quæ diximus, acescentibus cibis : gustatum enim discutit pœnam eam. Et his qui jejuni vomunt : callum enim faucium facit, ac stomachi : odorem oris tollit, gingivas adstringit, dentes firmat, colorem meliorem præstat.

Tarditatem quoque aurium gargarizatione purgat, et transitum auditus aperit. Oculorum aciem obiter exacuit. Comitialibus, melancholicis, vertiginosis, vulvarum strangulationibus, percussis, aut præcipitatis, et ob id

sonnement si agréable ni si piquant pour les viandes, ou pour tout autre aliment. Quand on l'emploie à cet usage, on peut l'adoucir avec du vin, ou du pain rôti; si on veut l'aiguiser, on y mêle du poivre ou du laser: dans tous les cas, le sel lui fait perdre de sa force. En traitant du vinaigre, nous n'omettrons pas un fait que le nom des personnes rend de la plus haute importance. M. Agrippa, dans les dernières années de sa vie, souffrait cruellement de la goutte. Comme les douleurs devenaient insupportables, un médecin, pour finir ses tourmens, employa, à l'insu d'Auguste, un remède aussi violent qu'extraordinaire. Jugeant qu'il valait mieux le rendre perclus des pieds et ôter tout sentiment aux parties affligées, que de le laisser en proie à des douleurs si vives, il lui fit tremper les jambes dans un bain de vinaigre chaud, au plus fort même de l'accès.

Du vinaigre scillitique, 17.

XXVIII. 2. Plus le vinaigre scillitique est vieux, plus on lui trouve de vertus. Outre ses propriétés déjà signalées, il empêche les alimens de s'aigrir dans l'estomac; quelques gouttes suffisent pour rendre la digestion moins pénible. Il est bon à ceux qui vomissent à jeun, car il fortifie la gorge et l'estomac; il ôte la mauvaise odeur de l'haleine, resserre les gencives, affermit les dents, et rend le teint plus vif et plus agréable.

En gargarisme, il remédie à la dureté d'oreille et ouvre les passages de l'ouïe; de plus, il éclaircit la vue. Enfin il est excellent pour l'épilepsie, la mélancolie, les vertiges, les suffocations de la matrice, les meurtrissures, les chutes violentes et les autres accidens de

sanguine conglobato, nervis infirmis, renum vitiis perquam utile. Cavendum exulceratis.

De oxymelite, VII.

XXIX. Oxymeli antiqui (ut Dieuches tradit) hoc modo temperabant : mellis minas decem, aceti veteris heminas quinque, salis marini pondo libram et quadrantem, aquæ marinæ sextarios quinque pariter coquebant, decies defervescente cortina, atque ita diffundebant, inveterabantque. Sustulit totum id Asclepiades, coarguitque. Nam etiam in febribus dabant. Profuisse tamen fatentur contra serpentes, quas sepas vocant, et contra meconium, ac viscum : et anginis calidum gargarizatum, et auribus, et oris gutturisque desideriis, quæ nunc omnia oxalme contingunt : id sale et aceto recente efficacius est.

De sapa, VII.

XXX. Vino cognata res sapa est, musto decocto, donec tertia pars supersit. Ex albo hoc melius. Usus contra cantharidas, buprestim, pinorum erucas, quas pityocampas vocant, salamandras, et contra mordentia venenata. Secundas partusque emortuos trahit, cum bulbis potum. Fabianus auctor est, venenum esse, si quis jejunus a balineis id bibat.

cette espèce, à la suite desquels le sang se coagule; et aussi pour les faiblesses de nerfs et les maux de reins. On en défend l'usage en cas d'ulcères internes.

De l'oxymel, 7.

XXIX. Voici, selon Dieuchès, comment les anciens préparaient l'oxymel. Ils mêlaient à dix mines de miel cinq hémines de vinaigre vieux, une livre et un quart de sel marin, cinq setiers d'eau de mer, et faisaient bouillir le tout dans une chaudière, à dix reprises différentes; puis ils transvasaient la liqueur pour la laisser vieillir. Asclépiade en condamna et en abolit entièrement l'usage : on donnait avant lui l'oxymel, même dans la fièvre. On avoue cependant qu'il a pu être utile contre la morsure des serpens appelés seps, et contre l'opium et l'ixias. On le prescrivait encore, chaud et en gargarisme, pour la surdité, les maux d'oreilles, et ceux de la bouche et de la gorge. Dans tous ces cas, on lui substitue maintenant la saumure aigre; la meilleure se fait avec du sel et du vinaigre nouveau.

Du sapa (vin cuit), 7.

XXX. Le *sapa*, ou vin cuit, n'est que le moût bouilli jusqu'à diminution des deux tiers. On préfère celui qui est fait de moût blanc. Il est bon contre les cantharides, les buprestes, les chenilles de pin appelées pityocampes, les salamandres et les insectes venimeux. Pris avec des bulbes, il fait sortir l'arrière-faix et le fœtus mort dans la matrice. Fabianus prétend que c'est un véritable poison, si l'on en prend à jeun au sortir du bain.

De fæce vini, XII.

XXXI. Consequens horum est vini fæx, cujusque generis. Ergo vini fæci tanta vis est, ut descendentes in cupas enecet. Experimentum demissa præbet lucerna, quamdiu extinguatur, periculum denuntians. Illota miscetur medicamentis. Cum iridis vero pari pondere, eruptionibus pituitæ illinitur : et sicca vel madida contra phalangia, et testium mammarumque inflationes, vel in quacumque parte corporis. Item cum hordeacea farina : et thuris polline in vino decocta crematur et siccatur. Experimentum est legitime coctæ, ut refrigerata linguam tactu videatur urere. Celerrime exanimatur, loco non incluso condita. Crematio ei multum virium adjicit. Utilissima est ad compescendos lichenas furfuresque cum fico decocta. Sic et lepris et ulceribus manantibus imponitur. Fungorum naturæ contraria est pota, sed magis cruda. Oculorum medicamentis cocta et lota miscetur. Medetur illita et testibus, et genitalibus. In vino autem adversus strangurias bibitur. Quum exspiravit quoque, lavandis corporibus et vestibus utilis : tuncque usum acaciæ habet.

De la lie de vin, 12.

XXXI. Il nous reste maintenant à parler de la lie de quelque espèce de vin que ce soit. La vapeur de la lie de vin est si forte, qu'elle asphyxie ceux qui descendent dans la cuve. Pour éviter cet accident, on introduit une lampe dans la cuve : tant qu'elle n'y peut rester allumée, c'est une marque qu'il y a du danger. Cependant la lie, sans être lavée, entre dans plusieurs compositions médicinales. En liniment, avec poids égal de racine d'iris, elle est bonne pour les pustules séreuses de la peau. Desséchée ou humide, elle est employée contre la piqûre des phalanges, pour les inflammations des testicules, des mamelles ou des autres parties du corps. On la fait bouillir dans du vin avec de la farine d'orge et de la poudre d'encens, puis on la brûle pour qu'il n'y reste plus d'humidité. Pour connaître si la cuisson est parfaite, on doit, quand elle est réfroidie, voir si elle fait sur la langue une impression brûlante. Elle perd bientôt toute sa force, si elle reste exposée à l'air ; l'action du feu augmente sa vertu. Cuite avec des figues, c'est un topique excellent pour les dartres vives ou farineuses, et aussi pour la lèpre et les ulcères humides. En breuvage, c'est un contre-poison pour les champignons vénéneux; mais elle est plus efficace, étant prise crue. Cuite et lavée, elle entre dans les collyres. On l'applique en liniment avec succès sur les testicules et les parties génitales. On la prend dans du vin pour la strangurie. Lorsqu'elle a jeté son feu, elle est bonne encore pour nettoyer le corps et les vêtemens : on l'emploie alors comme l'acacia.

De fæce aceti, XVII.

XXXII. Fæx aceti pro materia acrior sit necesse est, multoque magis exulceret. Resistit suppurationum incrementis : stomachum, interanea, ventrem illita adjuvat. Sistit earum partium rheumatismos, et mulierum menses. Panos discutit nondum exulceratos, et anginas : sacros ignes cum cera. Mammas lactis sui impatientes eadem extinguit. Ungues scabros aufert. E serpentibus contra cerastas validissima cum polenta. Cum melanthio autem contra crocodili morsus, et canis. Et hæc cremata ampliat vires. Tunc addito lentiscino oleo illita una nocte rufat capillum. Eadem ex aqua in linteolo adposita, vulvas purgat.

De fæce sapæ, IV.

XXXIII. Sapæ fæce ambusta sanantur, melius addita lanugine arundinis. Eadem fæce decocta potaque, tusses veteres. Decoquitur in patinis cum sale et adipe ad tumorem quoque maxillarum et cervicum.

De foliis oleæ, XXIII.

XXXIV. 3. Olearum proxima auctoritas intelligitur.

De la lie de vinaigre, 17.

XXXII. La lie de vinaigre, à raison de la matière qui la fournit, est nécessairement plus âcre et plus caustique que celle du vin. Elle arrête les progrès des ulcères humides. Appliquée sur le ventre et sur l'estomac, elle les fortifie et arrête les humeurs qui s'y portent, ainsi que les menstrues. Elle résout l'esquinancie, et les tumeurs inflammatoires avant qu'elles soient ulcérées. Elle guérit l'érysipèle, étant incorporée avec de la cire. Elle dissipe le gonflement des mamelles qui regorgent de lait, et fait tomber les ongles malades. Avec de la farine d'orge, c'est un remède puissant contre la morsure des cérastes, et avec le melanthion, contre la morsure des chiens et des crocodiles. Brûlée, elle acquiert encore plus de force et de vertu. Alors elle rend la chevelure blonde, si l'on s'en frotte la tête avec de l'huile de lentisque. Appliquée dans un linge, avec de l'eau, elle déterge les parties naturelles des femmes.

De la lie de vin cuit, 4.

XXXIII. La lie du vin cuit, ou *sapa*, guérit les brûlures; dans ce cas, elle est plus efficace, appliquée avec le duvet du roseau. Bouillie et prise en breuvage, elle apaise les toux invétérées. On l'emploie encore en onguent, cuite dans un plat avec du sel et de la graisse, pour toutes les tumeurs des mâchoires et du cou.

Des feuilles d'olivier, 23.

XXXIV. 3. Après la vigne, le premier des arbres

Folia earum vehementissime adstringunt, purgant, sistunt. Itaque commanducata imposita ulceribus medentur, et capitis doloribus illita cum oleo. Decoctum eorum cum melle his quæ medici usserint, gingivarum inflammationibus, paronychiis, sordidisque ulceribus, et putrescentibus. Cum melle profluvium sanguinis e nervosis partibus cohibet. Succus eorum carbunculantibus circa oculos ulceribus et pusulis, procidentique pupillæ efficax : quapropter in collyria additur. Nam et veteres lacrymationes sanat, et genarum erosiones. Exprimitur autem succus tusis, adfuso vino et aqua cælesti, siccatusque in pastillos digeritur. Sistit menses in lana admotus vulvæ. Utilis et sanie manantibus. Item condylomatis, ignibus sacris, quæque serpunt ulcera, epinyctidi.

De flore, IV. De olea ipsa, VI.

XXXV. Eosdem et flos earum habet effectus. Uruntur et cauliculi florescentes, ut spodii vicem cinis præstet : vinoque infuso iterum uritur. Suppurationes et panos illinunt cinere eo, vel foliis tusis cum melle, oculos vero cum polenta.

Succus fruticis recentis accensi distillans sanat lichenas, furfures, manantia ulcera. Nam et lacryma quæ ex

fruitiers est l'olivier. Ses feuilles sont astringentes et purgatives au plus haut degré. Mâchées et appliquées sur les ulcères, elles les mondifient; et en liniment avec de l'huile, elles calment les douleurs de tête. Leur décoction avec du miel est excellente pour les parties qui ont souffert de la cautérisation, pour les inflammations des gencives et pour les ulcères sordides et purulens. Avec du miel, elles arrêtent les hémorrhagies des parties nerveuses. Leur suc est bon pour les ulcères et les pustules rouges et enflammées des yeux, pour le renversement de la prunelle: aussi, le fait-on entrer dans les collyres; et en effet, il guérit les larmoiemens invétérés et l'ulcération des paupières. On exprime ce suc des feuilles de l'olivier pilées, qu'on arrose de vin et d'eau de pluie; on le fait sécher ensuite pour en former des trochisques. En pessaire avec de la laine, il arrête les pertes des femmes. Il est excellent pour les ulcères purulens, les condylomes, les épinyctides, les érysipèles et les ulcères rongeans.

De la fleur d'olivier, 4. De l'olivier même, 6.

XXXV. Les fleurs n'ont pas moins de vertus que les feuilles. On brûle les jeunes tiges de l'olivier, quand elles commencent à bourgeonner, pour que leurs cendres fournissent une espèce de *spodium*, que l'on brûle de nouveau, après l'avoir arrosé de vin. On applique ces cendres, ou les feuilles pilées avec du miel, sur les abcès et les tumeurs inflammatoires; mêlées avec du gruau d'orge, c'est un bon cataplasme pour les yeux.

Le suc de l'olivier, que l'on brûle tout vert, guérit les dartres vives et farineuses, et les ulcères humides.

arbore ipsa distillat, æthiopicæ maxime oleæ, mirari satis non est repertos, qui dentium dolores illinendos censerent, venenum esse prædicantes, atque etiam in oleastro quærendum. E radice oleæ quam tenerrimæ cortex derasus, in melle crebro gustatu medetur sanguinem rejicientibus, et suppurata extussientibus. Ipsius oleæ cinis cum axungia tumores sanat: extrahitque fistulis vitia, et ipsas sanat.

De olivis albis, IV; nigris, III.

XXXVI. Olivæ albæ stomacho utiliores, ventri minus. Præclarum habent, antequam condiantur, usum recentes, per se cibi modo devoratæ. Medentur enim arenosæ urinæ, item dentibus carnem mandendo attritis, aut convulsis. Nigra oliva stomacho inutilior, ventri facilior, capiti et oculis non convenit. Utraque ambustis prodest trita et illita. Sed nigra commanducatur, et protinus ex ore imposita, pusulas gigni prohibet. Colymbades sordida ulcera purgant, inutiles difficultatibus urinæ.

De amurca, XXI.

XXXVII. De amurca poteramus videri satis dixisse, Catonem secuti : sed reddenda medicinæ quoque est.

Quant au suc qui découle naturellement de l'olivier, et en particulier de celui d'Éthiopie, on ne saurait assez s'étonner que des auteurs le recommandent comme un bon remède pour les maux de dents, si on l'applique sur les gencives; en effet, ils le signalent eux-mêmes comme un poison, et lui prêtent les mêmes vertus qu'à celui de l'olivier sauvage, d'où découle une liqueur semblable. L'écorce des racines les plus tendres de l'olivier, prise souvent avec du miel, est bonne contre l'hémoptysie et les crachemens purulens à la suite de la toux. La cendre de l'arbre, incorporée avec de la graisse, guérit les tumeurs, fait disparaître l'humeur vicieuse des fistules et les guérit.

Des olives blanches, 4; des noires, 3.

XXXVI. Les olives blanches sont bonnes à l'estomac, mais nuisibles au ventre. Mangées seules, avant d'être confites, et quand elles sont nouvelles, c'est un excellent remède pour la gravelle, et pour les dents gâtées ou ébranlées par l'usage des viandes. L'olive noire est nuisible à l'estomac, favorable au ventre, mais ne convient ni à la tête, ni aux yeux. L'une et l'autre espèce, broyée et appliquée, guérit les brûlures. L'olive noire mâchée, et appliquée de suite sur le mal, arrête les ampoules. Les olives confites, ou colymbades, détergent les ulcères sordides; mais elles sont nuisibles dans la strangurie.

De l'amurca, ou marc d'olives, 21.

XXXVII. On pourrait croire que nous en avons assez dit sur l'amurca, d'après les idées de Caton; mais nous

Gingivis et oris ulceribus, dentium stabilitati efficacissime subvenit. Item ignibus sacris infusa, et his quæ serpunt. Pernionibus nigræ olivæ amurca utilior : item infantibus fovendis. Albæ vero, mulierum vulvæ in lana admovetur. Multo autem omnis amurca decocta efficacior. Coquitur in cyprio vase ad crassitudinem mellis. Usus ejus cum aceto, aut vino vetere, aut mulso, ut quæque causa exigat, in curatione oris, dentium, aurium, ulcerum manantium, genitalium, rhagadum. Vulneribus in linteolis imponitur, luxatis in lana : ingens hic usus, utique inveterato medicamento : tale enim fistulas sanat. Infunditur sedis, genitalium, vulvæ exulcerationi. Illinitur vero podagris incipientibus : item articulariis morbis. Si vero cum omphacio recoquatur ad mellis crassitudinem, casuros dentes extrahit. Item jumentorum scabiem, cum decocto lupinorum, et chamæleone herba, mire sanat. Cruda amurca podagras foveri utilissimum.

De foliis oleastri, xvi.

XXXVIII. 4. Oleastri foliorum eadem natura. Spodium e cauliculis vehementius inhibet rheumatismos. Sedat et inflammationes oculorum, purgat ulcera, alie-

devons encore parler de ses usages en médecine. Le marc d'olives est excellent pour fortifier les gencives; il guérit les ulcères de la bouche et affermit les dents. On l'applique avec succès sur les érysipèles et sur les ulcères rongeans. Le marc d'olives noires est bon pour les engelures, et dans les fomentations qui conviennent aux enfans. Celui des olives blanches est utile en pessaire avec de la laine, pour les maux de la matrice. Mais l'un et l'autre sont beaucoup plus efficaces, employés cuits. On les fait bouillir dans un vase de cuivre, jusqu'à consistance de miel. Le marc, ainsi préparé, s'emploie, suivant les cas, avec du vinaigre, du vin vieux ou miellé, pour les maux de la bouche, des dents, des oreilles, pour les ulcères humides, ceux des parties génitales, et pour les crevasses à l'anus. On l'applique avec du linge sur les plaies, et avec de la laine sur les luxations. Il est encore plus salutaire lorsqu'il est vieux; c'est alors un remède héroïque pour les fistules. En injection, il est bon pour les ulcères du siège et des parties naturelles des deux sexes; en cataplasme, pour la goutte aux pieds lorsqu'elle se déclare, et pour toutes les maladies des articulations. Cuit avec l'omphacium jusqu'à consistance de miel, il fait tomber les dents gâtées. Avec la décoction de lupins et le caméléon, il est merveilleux pour guérir la gale des bêtes de somme. En fomentation, il est excellent pour la goutte.

Des feuilles de l'oleaster (olivier sauvage), 16.

XXXVIII. 4. Les feuilles de l'olivier sauvage ont les mêmes vertus. La cendre des jeunes pousses est plus efficace contre le débordement des humeurs. Il apaise les

nata explet, excrescentia leniter erodit, siccatque, et ad cicatricem perducit : cetera, ut in oleis. Peculiare autem, quod folia decoquuntur ex melle, et dantur cochlearibus contra sanguinis exscreationes. Oleum tantum acrius, efficaciusque : et de eo os quoque colluitur ad dentium firmitatem. Imponuntur folia et paronychiis, et carbunculis, et contra omnem collectionem cum vino : iis vero quæ purganda sunt, cum melle. Miscentur oculorum medicamentis, et decoctum foliorum, et succus oleastri. Utiliter etiam auribus instillatur cum melle, vel si pus effluat. Flore oleastri condylomata illinuntur, et epinyctides. Item cum farina hordeacea venter, in rheumatismo : cum oleo, capitis dolores. Cutem in capite ab ossibus recedentem cauliculi decocti, et cum melle impositi comprimunt. Ex oleastro maturi in cibo sumpti sistunt alvum. Tosti autem et cum melle triti, nomas repurgant, carbunculos rumpunt.

De omphacio, III.

XXXIX. Olei naturam causasque abunde diximus. Ad medicinam ex olei generibus hæc pertinent. Utilissimum esse omphacium, proxime viride. Præterea quam maxime recens (nisi quum vetustissimum quæritur), tenue,

inflammations des yeux, déterge les ulcères, fait renaître les chairs enlevées, ronge doucement les superflues, enfin dessèche les ulcères et les cicatrise; ses autres propriétés sont semblables à celles de l'olivier cultivé. Une vertu qui lui est particulière, c'est que la décoction de ses feuilles arrête le crachement de sang; on doit la prendre par cuillerées. L'huile est plus âcre et plus efficace. On s'en frotte les gencives pour affermir les dents. Ses feuilles, appliquées avec du vin, sont un bon topique pour les panaris, les charbons et toutes sortes d'abcès; pour ceux qui suppurent, on les applique avec du miel. Leur décoction et le suc de l'arbre sont employés dans les collyres. Ce même suc, avec du miel, même lorsqu'il y a écoulement de pus, est utile, en injection, pour les maux d'oreilles. Les fleurs, en cataplasme, guérissent les condylomes et les épinyctides. Appliquées sur le ventre, avec de la farine d'orge, elles sont bonnes pour la diarrhée; et sur la tête, avec de l'huile, pour en calmer les douleurs. Les jeunes tiges cuites, en cataplasme avec du miel, raffermissent les tégumens de la tête, lorsque la peau se sépare des os. Lorsqu'elles ont acquis toute leur consistance, on les prescrit en aliment pour arrêter le cours de ventre. Rôties et pilées avec du miel, elles détergent les ulcères rongeans, et font aboutir les charbons.

De l'omphacium, 3.

XXXIX. Nous avons suffisamment expliqué la nature et les principes de l'huile; parlons maintenant des espèces employées en médecine. L'omphacium a le plus de vertus; la meilleure huile ensuite est la verte, et

odoratum, quodque non mordeat, e diverso quam in cibos eligitur. Omphacium prodest gingivis. Si contineatur in ore, colorem dentium custodit magis, quam aliud : sudores cohibet.

De œnanthino, et de omni oleo, XXVIII.

XL. Œnanthino idem est effectus, qui rosaceo. Omni autem oleo mollitur corpus, vigorem et robur accipit : stomacho contrarium. Auget ulcerum incrementa. Fauces exasperat, et venena omnia hebetat, præcipue psimmythii, et gypsi, in aqua, muls, aut ficorum siccarum decocto potum : contra meconium, ex aqua : contra cantharidas, buprestim, salamandras, pityocampas : per se potum, redditumque vomitionibus, contra omnia supra dicta. Et lassitudinum perfrictionumque refectio est. Tormina calidum potum cyathis sex, magisque ruta simul decocta pellit. Item ventris animalia. Solvit alvum heminæ mensura, cum vino et calida aqua potum, aut ptisanæ succo. Vulnerariis emplastris utile. Faciem purgat. Bubus infusum per nares, donec ructent, inflationem sedat.

Vetus autem magis excalfacit corpora, magisque

encore la plus nouvelle (hors les cas où l'on doit préférer la plus ancienne), pourvu qu'elle soit bien claire, d'une odeur agréable, sans acrimonie au goût, qu'elle possède, en un mot, les qualités de celle dont on se sert comme aliment. L'omphacium est bon pour les gencives; tenu dans la bouche, rien n'est plus utile pour conserver la blancheur des dents. Il arrête aussi les sueurs.

De l'huile d'œnanthe; de l'huile en général, 28.

XL. L'huile d'œnanthe a les mêmes vertus que l'huile rosat. Au reste, toutes les espèces d'huile assouplissent le corps, lui communiquent de la force et de la vigueur; mais elles nuisent à l'estomac, et irritent le gosier. Prise dans de l'eau miellée, ou dans une décoction de figues sèches, l'huile neutralise toute sorte de poisons; elle est bonne surtout contre le plâtre et la céruse; avec de l'eau, elle est salutaire contre l'opium, et aussi contre les buprestes, les cantharides, les salamandres et les pityocampes; prise toute pure, et vomie ensuite, elle détruit tous les venins précités. C'est d'ailleurs un bon remède pour les lassitudes et les frissons. Prise chaude, à la dose de six cyathes, ou mieux encore, bouillie avec de la rue, elle apaise les tranchées, et chasse les vers intestinaux. A la dose d'une hémine, dans du vin, de l'eau chaude, ou une décoction d'orge mondé, elle lâche le ventre. L'huile est utile dans la composition des emplâtres vulnéraires. Elle adoucit et nettoie la peau du visage. En injection dans les naseaux des bœufs, jusqu'à ce qu'ils la rendent par la bouche, elle délivre ces animaux de toute espèce de flatuosité.

L'huile vieille est plus propre à échauffer le corps, à

discutit sudores. Duritias magis diffundit. Lethargicis auxiliare, et inclinato morbo. Oculorum claritati confert aliquid, cum pari portione mellis acapni. Capitis doloribus remedium est. Item ardoribus in febri cum aqua: et si vetusti non sit occasio, decoquitur, ut vetustatem repræsentet.

De cicino oleo, XVI.

XLI. Oleum cicinum bibitur ad purgationes ventris cum pari caldæ mensura. Privatim dicitur purgare præcordia. Prodest et articulorum morbis, duritiis omnibus, vulvis, auribus, ambustis. Cum cinere vero muricum, sedis inflammationibus, item psoræ. Colorem cutis commendat, capillumque fertili natura evocat. Semen ex quo fit, nulla animans attingit. Ellychnia ex uva fiunt, claritatis præcipuæ. Ex oleo lumen obscurum propter nimiam pinguitudinem. Folia igni sacro illinuntur ex aceto : per se autem recentia mammis et epiphoris. Eadem decocta in vino inflammationibus, cum polenta et croco : per se autem triduo imposita faciem purgant.

provoquer la sueur et à résoudre les tumeurs. Elle est d'un grand secours dans la léthargie, surtout dans le déclin de la maladie. Employée par parties égales avec du miel qui n'ait pas été exposé à la fumée, elle est assez bonne pour éclaircir la vue; du reste, c'est un remède utile pour les maux de tête, et avec de l'eau, pour les ardeurs de la fièvre. Si l'on ne peut se procurer de vieille huile, on fait bouillir de l'huile nouvelle, pour lui communiquer les vertus de la première.

De l'huile de cici (ricin), 16.

XLI. L'huile de *cici*, prise avec égale quantité d'eau chaude, purge le ventre; mais sa vertu purgative agit principalement, dit-on, sur les parties voisines du cœur. Elle est utile aussi pour les gouttes, les tumeurs de toute espèce, les maladies de la matrice et des oreilles, et pour les brûlures. Appliquée avec de la cendre de murex, elle guérit les inflammations du siège et la gratelle. Elle donne à la peau une couleur vive et agréable, et fait croître les cheveux. Aucun animal ne touche à la graine dont cette huile est tirée. On fait avec les grappes de l'arbre des mèches qui rendent beaucoup d'éclat; mais l'huile ne donne qu'une lumière sombre, parce qu'elle est trop grasse. On emploie les feuilles du cici, en liniment avec du vinaigre, pour les érysipèles, ou seules, lorsqu'elles sont fraîches, pour les maladies des mamelles, et les fluxions. Cuites dans du vin, et appliquées avec du gruau d'orge et de safran, elles apaisent les inflammations. Appliquées seules sur le visage, pendant trois jours, elles nettoient et embellissent la peau.

De amygdalino, XVI.

XLII. Oleum amygdalinum purgat, mollit corpora, cutem erugat, nitorem commendat, varos cum melle tollit e facie. Prodest et auribus, cum rosaceo et melle et mali punici germine decoctum, vermiculosque in his necat, et gravitatem auditus discutit, sonos incertos et tinnitus, obiter capitis dolores, et oculorum. Medetur furunculis, et a sole ustis cum cera. Ulcera manantia et furfures cum vino expurgat : condylomata cum meliloto. Per se vero capiti illitum, somnum allicit.

De laurino, IX.

XLIII. Oleum laurinum utilius quo recentius, quoque viridius colore. Vis ejus excalfactoria; et ideo paralyticis, spasticis, ischiadicis, sugillatis, capitis doloribus, inveteratis distillationibus, auribus, in calyce punici calfactum illinitur.

De myrteo, XX.

XLIV. Similis et myrtei olei ratio : adstringit, indurat : medetur gingivis, dentium dolori, dysenteriæ, vulvæ exulceratæ, vesicis, ulceribus vetustis vel manantibus, cum squama æris et cera. Item eruptionibus,

De l'huile d'amandes, 16.

XLII. L'huile d'amandes est purgative et émolliente; elle assouplit les membres, efface les rides, et donne de l'éclat à la peau. Avec du miel, elle emporte les taches du visage. Bouillie avec de l'huile rosat, du miel et des bourgeons de grenadier, elle guérit les maux d'oreilles, tue les vers qui s'y engendrent, dissipe les symptômes de surdité, les bruissemens vagues, les tintemens, et apaise les douleurs de la tête et des yeux. Avec de la cire, elle forme un bon cataplasme pour les furoncles et pour les parties brûlées par l'ardeur du soleil. Avec du vin, elle guérit les ulcères humides, les dartres farineuses, et, avec le mélilot, les condylômes. Seule, en liniment sur la tête, elle provoque le sommeil.

De l'huile de laurier, 9.

XLIII. Plus l'huile de laurier est verte et nouvelle, plus elle a de vertu. Comme elle est échauffante, on l'emploie en liniment, chauffée dans une écorce de grenade, pour la paralysie, les spasmes, la sciatique, les meurtrissures, les douleurs de tête, les rhumes de cerveau invétérés et les maux d'oreilles.

De l'huile de myrte, 20.

XLIV. L'huile de myrte a des qualités analogues. Elle est astringente, propre à fortifier et à endurcir. On l'emploie, avec de la cire et des scories d'airain, pour les douleurs des gencives et des dents, pour la dysenterie, les ulcérations de la vulve ou de la vessie, les ul-

ambustionibus. Attrita sanat, et furfures, et rhagadas, condylomata, articulos luxatos, odorem gravem corporis. Adversatur cantharidi, bupresti, aliisque malis medicamentis, quæ exulcerando nocent.

De chamæmyrsinæ, sive oxymyrsinæ oleo: de cupressino, citreo, caryino, cnidio, lentiscino, balanino.

XLV. Chamæmyrsinæ, sive oxymyrsinæ eadem natura. Cupressinum oleum eosdem effectus habet, quos myrteum. Item citreum. E nuce vero juglande, quod caryinum appellavimus, alopeciis utile est, et tarditati aurium infusum; item capitis dolori illitum. Ceterum iners et gravi sapore. Enimvero si quid in nucleo putridi fuerit, totus modus deperit. Ex cnidio grano factum, eamdem vim habet, quam cicinum. E lentisco factum, utilissimum acopo est. Idemque proficeret æque ut rosaceum, ni durius paulo intelligeretur. Utuntur eo et contra nimios sudores, papulasque sudorum. Scabiem jumentorum efficacissime sanat. Balaninum oleum repurgat varos, furunculos, lentigines, gingivas.

De cypro, et cyprino, XVI. De gleucino, I.

XLVI. Cypros qualis esset, et quemadmodum ex ea fieret oleum docuimus. Natura ejus excalfacit, emollit

cères humides et invétérés, et aussi pour les brûlures et les pustules de la peau. C'est encore un bon remède pour les foulures, les dartres sèches, les crevasses et les tumeurs à l'anus, les luxations, et l'odeur forte de certaines parties du corps. Enfin, c'est un antidote contre le venin des cantharides, des buprestes et contre tout autre poison corrosif.

Des huiles de chamæmyrsine ou oxymyrsine, de cyprès, de citre, de caryinum, de cnidium, de lentisque, de balane.

XLV. L'huile de chamæmyrsine ou oxymyrsine jouit des mêmes propriétés, aussi bien que l'huile de cyprès et de citre. L'huile de noix, appelée caryinum, est bonne pour l'alopécie; en injection, pour le mal d'oreilles, et, en liniment, pour les douleurs de tête. Du reste, elle a peu de vertu, et le goût désagréable; en effet, s'il se trouve dans la noix quelque partie gâtée, la récolte entière en souffre. L'huile tirée des graines du cnidium a les mêmes propriétés que celle de cici. Celle de lentisque est particulièrement utile dans la prostration des forces; elle serait aussi estimée pour l'usage que l'huile rosat, si elle n'était un peu trop forte. On l'emploie contre les sueurs excessives, et les échauboulures qui en sont la suite. C'est un remède souverain pour la gale des bêtes de somme. L'huile de ben efface les taches et les rousseurs, guérit les furoncles et raffermit les gencives.

Du cypros et de l'huile qu'on en tire, 16. Du gleucinum, 1.

XLVI. Nous avons décrit le cypros, et enseigné la manière dont on en tirait l'huile; elle est échauffante,

nervos. Folia stomacho illinuntur : et vulvæ concitatæ succus quoque eorum adponitur. Folia recentia commanducata, ulceribus in capite manantibus, item oris medentur, et collectionibus, condylomatis. Decoctum foliorum ambustis et luxatis prodest. Ipsa rufant capillum tusa, adjecto struthei mali succo. Flos capitis dolores sedat cum aceto illitus. Idem combustus in cruda olla nomas sanat et putrescentia ulcera per se, vel cum melle. Odor floris olet, qui somnum facit. Adstringit gleucinum, et refrigerat, eadem ratione qua et œnanthinum.

De balsamino, XIII.

XLVII. Balsaminum longe pretiosissimum omnium, ut in unguentis diximus, contra omnes serpentes efficax. Oculorum claritati plurimum confert, caliginem discutit. Item dyspnœas, collectiones omnes duritiasque lenit. Sanguinem densari prohibet, ulcera purgat : auribus, capitis doloribus, tremulis, spasticis, ruptis perquam utile. Adversatur aconito ex lacte potum. Febres cum horrore venientes perunctis leviores facit. Utendum tamen modico, quoniam adurit, augetque vitia non servato temperamento.

De malobathro, VIII.

XLVIII. Malobathri quoque naturam et genera ex-

et assouplit les nerfs. On applique les feuilles du cypros en cataplasme sur l'estomac. Introduit dans la vulve, leur suc en apaise les irritations. Mâchées fraîches, ces mêmes feuilles guérissent les ulcères humides de la tête, ceux de la bouche, les dépôts ou abcès, et les condylômes. Leur décoction est bonne pour les brûlures et les luxations; pilées avec du jus de coings, elles teignent les cheveux en blond. Les fleurs de l'arbre, en cataplasme avec du vinaigre, apaisent les douleurs de tête. Ces mêmes fleurs, calcinées dans un pot de terre crue, et appliquées seules ou avec du miel, guérissent les ulcères corrosifs ou putrides. L'odeur qu'elles exhalent provoque le sommeil. L'huile appelée gleucinum resserre et rafraîchit comme celle de l'œnanthe.

De l'huile de baume, 13.

XLVII. L'huile de baume est la plus précieuse de toutes, comme nous l'avons déjà dit en traitant des parfums. Elle est excellente contre le venin de toutes les espèces de serpens. Elle a la vertu d'éclaircir et de fortifier la vue. Elle soulage dans l'asthme, résout tous les dépôts et toutes les tumeurs, empêche la coagulation du sang, déterge les ulcères; enfin, c'est un très-bon remède pour les maux de tête, les tremblemens, les spasmes et les ruptures. Prise avec du lait, elle neutralise l'aconit. En liniment, elle diminue les frissons de la fièvre; mais il faut en user modérément, car elle échauffe beaucoup et augmente le mal, si l'on en prend en trop grande quantité.

Du malobathrum, 8.

XLVIII. Nous avons aussi parlé du malobathrum et de

posuimus. Urinam ciet. Oculorum epiphoris vino expressum utilissime imponitur : item frontibus, dormire volentibus : efficacius, si et nares illinantur, aut si ex aqua bibatur. Oris et halitus suavitatem commendat linguæ subditum folium, sicut et vestium odorem interpositum.

De hyoscyamino, II. Thermino, I. Narcissino, I. Raphanino, V. Sesamino, III. Lirino, III. Selgitico, I. Iguvino, I.

XLIX. Hyoscyaminum emolliendo utile est, nervis inutile. Potum quidem cerebri motus facit. Therminum e lupinis emollit, proximum rosaceo effectum habens. Narcissinum dictum est cum suo flore. Raphaninum phthiriases longa valetudine contractas tollit, scabritiasque cutis in facie emendat. Sesaminum aurium dolores sanat, et ulcera quæ serpunt, et quæ cacoethe vocant. Lirinon, quod et Phaselinum et Syrium vocavimus, renibus utilissimum est, sudoribusque evocandis, vulvæ molliendæ, concoquendoque intus. Selgiticum nervis utile esse diximus, sicut herbaceum quoque, quod Iguvini circa Flaminiam viam vendunt.

ses différentes espèces. Il provoque les urines; broyé et exprimé dans du vin, on l'applique avec succès sur les fluxions des yeux; et sur le front, pour procurer le sommeil; il agit plus efficacement encore, si l'on s'en frotte les narines, ou si on l'avale dans de l'eau. La feuille du malobathrum, tenue sous la langue, parfume l'haleine; placée entre les vêtemens, elle leur communique une bonne odeur.

De l'huile de jusquiame, 2. De l'huile de lupin, 1. De l'huile de narcisse, 1. De l'huile de raifort, 5. De l'huile de sésame, 3. De l'huile de lis, 3. De l'huile selgitique, 1. De l'huile d'Iguvium, 1.

XLIX. L'huile de jusquiame est émolliente, mais contraire aux nerfs. En breuvage, elle trouble le cerveau. L'huile de lupin a aussi une vertu émolliente, et produit à peu près les mêmes effets que l'huile rosat. Quant à celle de narcisse, nous en avons parlé en traitant de la fleur même. L'huile de raifort guérit la phthiriase qui survient à la suite d'une longue maladie, et elle adoucit les aspérités de la peau du visage. L'huile de sésame calme les douleurs d'oreilles, et guérit les ulcères malins et corrosifs. L'huile de lis, que nous avons aussi désignée sous le nom d'huile de Phaselis et de Syrie, est très-utile dans les maux de reins, pour provoquer la sueur, amollir la vulve et mûrir les tumeurs. Quant aux huiles dites selgitique et herbacée, que les marchands d'Iguvium vendent sur la voie Flaminienne, elles sont fort bonnes pour les nerfs, ainsi que nous l'avons déjà fait observer.

De elæomeli, II. De pissino, II.

L. Elæomeli, quod in Syria ex ipsis oleis manare diximus, sapore melleo, non sine nausea, alvum solvit: bilem præcipue detrahit, duobus cyathis in hemina aquæ datis : qui bibere, torpescunt, excitanturque crebro. Potores certaturi præsumunt ex eo cyathum unum. Pissino oleo usus ad tussim et quadrupedum scabiem est.

De palmis, IX.

LI. A vitibus oleisque proxima nobilitas palmis: inebriant recentes: capitis dolorem adferunt: minus, siccæ: nec, quantum videtur, utiles stomacho: tussim exasperant, corpus alunt. Succum decoctarum antiqui pro hydromelite dabant ægris ad vires recreandas, sitim sedandam, in quo usu præferebant Thebaicas. Sanguinem quoque exscreantibus utiles, in cibo maxime. Illinuntur caryotæ stomacho, vesicæ, ventri, intestinis, cum cotoneis et cera et croco. Sugillata emendant. Nuclei palmarum cremati in fictili novo, cinere loto spodii vicem efficiunt, miscenturque collyriis, et calliblephara faciunt addito nardo.

De l'éléomel, 2. De l'huile de poix, 2.

L. L'éléomel qui coule des oliviers de Syrie, a la saveur du miel, mais fade et nauséabonde. Il lâche le ventre; à la dose de deux cyathes dans une hémine d'eau, il a une vertu particulière pour évacuer la bile; ceux qui en ont pris, tombent dans l'assoupissement, et ont besoin d'être souvent réveillés. Les buveurs qui veulent disputer la palme dans un banquet, commencent par avaler un cyathe d'éléomel. L'huile de poix s'emploie pour la toux et pour guérir la gale des quadrupèdes.

Du palmier, 9.

LI. Après la vigne et l'olivier, l'objet le plus digne de notre considération est le palmier. Les dattes fraîches enivrent et causent des douleurs de tête; sèches, elles sont moins nuisibles : elles ne sont pas aussi bonnes à l'estomac qu'on se l'imagine; elles augmentent la toux, mais elles sont nourrissantes. Les anciens ordonnaient la décoction de dattes, au lieu d'hydromel, pour rétablir les forces des malades et apaiser la soif; pour cet effet, ils préféraient les dattes de Thèbes. Elles sont salutaires dans le crachement de sang, surtout étant mangées. On en fait, avec des coings, du safran et de la cire, un cataplasme qui s'applique sur le ventre, l'estomac, la vessie et les parties meurtries. Les noyaux de dattes, calcinés dans un pot de terre neuf, fournissent une cendre qui remplace le spodium. Elle entre dans les collyres, et dans les pommades pour les paupières, en y ajoutant du nard.

De palma myrobalano, III.

LII. 5. Palma quæ fert myrobalanum, probatissima in Ægypto, ossa non habet reliquarum modo in balanis. Alvum et menses ciet in vino austero; et vulnera conglutinat.

De palma elate, XVI.

LIII. Palma elate, sive spathe, medicinæ confert germina, folia, corticem. Folia imponuntur præcordiis, stomacho, jocineri, cineri, ulceribus quæ serpunt, cicatrici repugnantia. Psoras cortex ejus tener cum resina et cera sanat diebus xx. Decoquitur et ad testium vitia. Capillum denigrat suffitu, partus extrahit. Datur bibendus renum vitiis, et vesicæ, et præcordiorum: et capiti, et nervis inimicus. Vulvæ ac ventris fluxiones sistit decoctum ejus. Item cinis ad tormina potus in vino albo, in vulvarum vitiis efficacissimus.

Medicinæ ex singulorum generum flore, foliis, fructu, ramis, cortice, succo, ligno, radice, cinere. Malorum observationes, VI; cotoneorum, XXII; struthiorum, I.

LIV. 6. Proximæ varietates generum medicinarumque, quæ mala habent. Ex his verna, acerba, stomacho inutilia sunt: alvum, vesicam circumagunt, nervos lædunt. Cocta meliora. Cotonea cocta suaviora. Cruda

Du palmier myrobalan, 3.

LII. 5. Le palmier qui produit le myrobalan, et dont l'espèce la plus estimée croît en Égypte, donne des dattes qui diffèrent des autres en ce qu'elles n'ont pas de noyaux. Avec du vin sec, elles lâchent le ventre et hâtent le flux menstruel; de plus, elles consolident les plaies.

Du palmier elate, 16.

LIII. Le palmier *elate*, ou *spathe*, fournit à la médecine ses bourgeons, ses feuilles et son écorce. Les feuilles s'appliquent sur la région du cœur, de l'estomac, du foie, et sur les ulcères rongeans qui refusent de se cicatriser. L'écorce encore tendre, avec de la cire et de la résine, guérit la gale en vingt jours; sa décoction est bonne pour les maladies des testicules. Le parfum de cette écorce noircit les cheveux et facilite l'accouchement. On la prescrit en breuvage pour les maux des reins, de la vessie et de la région précordiale; mais elle est nuisible à la tête et aux nerfs. La décoction arrête le flux de ventre et les pertes des femmes. Enfin les cendres, prises dans du vin blanc, sont excellentes pour les tranchées et pour les maladies de la matrice.

Remèdes tirés des fleurs, feuilles, fruits, branches, écorces, sucs, bois, racines, cendres de chaque espèce. Observations sur les pomacées, 6; sur les coings, 22; sur le struthium, 1.

LIV. 6. Nous traiterons maintenant des vertus médicinales des diverses espèces de pommes ou de poires, et des arbres qui les produisent. Les pommes et les poires de printemps ont un goût acerbe et nuisent à

tamen, dumtaxat matura, prosunt sanguinem exscreantibus ac dysentericis, cholericis, cœliacis. Non idem prosunt decocta, quoniam amittunt constringentem illam vim succi. Imponuntur et pectori in febris ardoribus: et tamen decoquuntur in aqua cælesti, ad eadem, quæ supra scripta sunt. Ad stomachi autem dolores cruda decoctave cerati modo imponuntur. Lanugo eorum carbunculos sanat. Cocta in vino, et illita cum cera, alopeciis capillum reddunt. Quæ ex his cruda in melle condiuntur, alvum movent. Mellis autem suavitati multum adjiciunt, stomachoque utilius id faciunt.

Quæ vero in melle condiuntur cocta, quidam ad stomachi vitia, trita cum rosæ foliis decoctis dant pro cibo. Succus crudorum lienibus, orthopnoicis, hydropicis prodest. Item mammis, condylomatis, varicibus. Flos et viridis, et siccus inflammationibus oculorum, exscreationibus sanguinis, mensibus mulierum. Fit et succus ex his mitis, cum vino dulci tusis, utilis et cœliacis et jocineri. Decocto quoque eorum foventur, si procidant vulvæ et interanea.

Fit et oleum ex his, quod melinum vocavimus, quoties

l'estomac. Elles causent des tranchées et attaquent la vessie et les nerfs ; cuites, elles sont plus saines. Les coings ont un goût beaucoup plus agréable si on les fait cuire; néanmoins ces fruits, mangés crus quand ils sont bien mûrs, sont utiles dans l'hémoptysie, la dysenterie, les débordemens de bile et la diarrhée. Cuits, ils ne produisent pas le même effet, parce qu'ils ont perdu leur vertu astringente. On les applique sur la poitrine, pour apaiser les ardeurs de la fièvre. Cependant on les fait cuire aussi dans de l'eau de pluie, pour les différens usages dont nous venons de parler. Cuits ou crus, on les emploie, en cataplasme, pour les douleurs d'estomac. Le duvet qui couvre le fruit guérit les charbons. Les coings cuits dans du vin, et appliqués en liniment avec de la cire, s'emploient utilement dans l'alopécie. Crus et confits dans le miel, ils lâchent le ventre; ils rendent d'ailleurs le miel beaucoup plus doux et plus salutaire à l'estomac.

Cuits et confits dans le miel, ils sont employés comme un bon stomachique par quelques médecins, qui en font manger aux malades, après les avoir broyés avec des feuilles de roses cuites. Le suc de ce fruit cru est bon pour les maladies de la rate, pour l'asthme, l'hydropisie, les tumeurs des mamelles, les condylômes et les varices. Les fleurs, séchées ou fraîches, apaisent les inflammations des yeux, le crachement de sang et le flux excessif des menstrues. Pilées dans du vin doux, elles donnent une liqueur adoucissante, qui convient dans la diarrhée et dans les maladies du foie. Leur décoction, employée en fomentations, est bonne pour les chutes des intestins ou de la matrice.

Les coings fournissent encore l'huile que nous avons

non fuerint in humidis nata. Ideo utilissima, quæ ex Sicilia veniunt. Minus utilia struthia, quamvis cognata. Radix eorum circumscripta terra manu sinistra capitur, ita ut qui id faciet, dicat quæ capiat, et cujus causa : sic adalligata, strumis medetur.

Dulcium malorum observationes; VI; austerorum, IV.

LV. Melimela et reliqua dulcia, stomachum et ventrem solvunt, siticulosa, æstuosa : sed nervos non lædunt. Orbiculata sistunt alvum, et vomitiones, urinas cient. Silvestria mala similia sunt vernis acerbis, alvumque sistunt. Sane in hunc usum immatura opus sunt.

Citreorum, V.

LVI. Citrea contra venenum in vino bibuntur, vel ipsa, vel semen. Faciunt oris suavitatem, decocto eorum colluti, aut succo expresso. Horum semen edendum præcipiunt in malacia prægnantibus : ipsa vero contra infirmitatem stomachi, sed non nisi ex aceto facile manduntur.

Punicorum, XXVI.

LVII. Punici mali novem genera nunc iterare super-

appelée *melinum ;* mais il ne faut pas qu'ils soient venus dans des terrains humides : aussi préfère-t-on ceux que l'on tire de la Sicile. Le coing appelé *struthium*, quoiqu'ayant beaucoup d'affinité avec les précédens, est moins estimé. La racine de cette espèce, portée au cou, guérit les écrouelles; mais il faut que celui qui l'arrache décrive à l'entour un cercle avec la main gauche, en nommant cette racine et celui pour qui il la destine.

Sur les pommes douces, 6 ; sur celles qui sont acerbes, 4.

LV. Les pommes nommées *melimela*, ainsi que toutes les autres pommes douces, lâchent le ventre et l'estomac, échauffent et altèrent, et ne sont cependant pas nuisibles aux nerfs. Celles que l'on nomme *orbiculata* (rondes) arrêtent le vomissement et le flux de ventre, et provoquent les urines. Les pommes sauvages ont les mêmes propriétés que les pommes de printemps, qui ont une saveur acerbe. Les unes et les autres s'emploient pour arrêter le flux de ventre.

Sur les citrons, 5.

LVI. La pulpe et la graine du citron, prises dans du vin, neutralisent les mauvais effets du poison. La décoction et le suc du citron, rendent l'haleine douce, quand on s'en lave la bouche. On fait manger la graine aux femmes enceintes, dans les dégoûts qui accompagnent la grossesse. Le fruit est bon pour les faiblesses d'estomac; mais on ne saurait guère le manger qu'avec du vinaigre.

Sur les grenades, 26.

LVII. Il serait inutile d'entrer ici dans de nouveaux

vacuum. Ex his dulcia, quæ apyrina alio nomine appellavimus, stomacho inutilia habentur, inflationes pariunt, dentes gingivasque lædunt. Quæ vero ab his sapore proxima vinosa diximus, parvum nucleum habentia, utiliora paulo intelliguntur. Alvum sistunt, et stomachum, dumtaxat pauca, citraque satietatem. Sed hæc minime danda, quamquam omnino nulla, in febri, nec carne acinorum utili, nec succo. Caventur æque vomitionibus, ac bilem rejicientibus.

Uvam in his, ac ne mustum quidem, sed protinus vinum aperuit natura. Utrumque asperiore cortice. Hic ex acerbis in magno usu. Vulgus coria maxime perficere illo novit : ob id malicorium appellant medici. Urinam cieri eodem monstrant : mixtaque galla in aceto decoctum, mobiles dentes stabilire. Expetitur gravidarum malaciæ, quoniam gustatu moveat infantem. Dividitur malum, cælestique aqua madescit ternis fere diebus. Hæc bibitur frigida cœliacis, et sanguinem exscreantibus.

Stomatice, xxiv.

LVIII. Ex acerbo fit medicamentum, quod stoma-

détails sur les neuf espèces de grenades. Celles que l'on nomme *apyrina* (sans pepins), ou autrement grenades douces, sont, dit-on, contraires à l'estomac, causent des flatuosités et attaquent les dents et les gencives. Celles dont le goût approche le plus de ces dernières, c'est-à-dire les grenades vineuses, ont de petits pepins, et sont un peu plus estimées pour leurs propriétés. Elles arrêtent le flux de ventre, et rétablissent l'estomac, pourvu toutefois qu'on n'en mange que très-peu et sans se rassasier. Mais on ne doit les permettre qu'en très-petite quantité, ou même il faut les interdire absolument dans la fièvre; car le suc et la pulpe des grains sont alors nuisibles. On les défend aussi dans le vomissement et dans les évacuations bilieuses. La nature nous donne dans ce fruit du raisin, et je ne dirai pas du moût, mais du vin tout fait. L'écorce, dans les deux espèces, est un peu rude et grossière. Celle des grenades aigres est employée à une foule d'usages. Les tanneurs s'en servent particulièrement pour préparer leurs cuirs; aussi les médecins l'appellent-ils *malicorium*. Ils lui attribuent la vertu de provoquer l'urine et de raffermir les dents ébranlées; bouillie dans le vinaigre avec de la noix de galle, cette écorce convient encore dans les dégoûts qu'éprouvent les femmes enceintes : lorsqu'elles en mâchent, le fœtus paraît en ressentir quelque émotion. On coupe une grenade, qu'on laisse infuser pendant trois jours dans de l'eau de pluie; cette infusion se prend froide dans le flux de ventre et l'hémoptysie.

Sur la stomatice, 24.

LVIII. On fait, avec des grenades aigres, une com-

tice vocatur, utilissimum oris vitiis, narium, aurium, oculorum caligini : pterygiis, genitalibus, et his quas nomas vocant, et quæ in ulceribus excrescunt. Contra leporem marinum hoc modo : acinis detracto cortice tusis, succoque decocto ad tertias, cum croci, et aluminis scissi, myrrhæ, mellis attici selibris.

Alii et hoc modo faciunt : punica acida multa tunduntur : succus in cacabo novo coquitur mellis crassitudine, ad virilitatis et sedis vitia, et omnia quæ lycio curantur, aures purulentas, epiphoras incipientes, rubras maculas. In manibus rami punicorum serpentes fugant. Cortice punici ex vino decocti et impositi, perniones sanantur. Contusum malum ex tribus heminis vini, decoctum ad heminam, tormina et tænias pellit. Punicum in olla nova, cooperculo inlito, in furno exustum, et contritum, potumque in vino, sistit alvum, discutit tormina.

De cytino, VIII.

LIX. Primus pomi hujus partus florere incipientis, cytinus vocatur Græcis, miræ observationis multorum

position médicinale, appelée *stomatice*, excellente pour les maux de la bouche, du nez et des oreilles; pour éclaircir la vue, guérir les affections des parties génitales, les ulcères corrosifs, appelés nomes, et consumer les chairs superflues qui en retardent la guérison. Voici la manière de préparer ce remède, pour neutraliser le poison du lièvre marin : après avoir dépouillé la grenade de son écorce, on pile les grains et on fait bouillir le jus jusqu'à diminution des deux tiers, avec une demi-livre de safran, autant d'alun, de myrrhe et de miel attique.

Ajoutons une autre recette : on pile une grande quantité de grenades aigres, puis on en fait cuire le jus dans une chaudière neuve, jusqu'à consistance de miel : on emploie ce suc pour les ulcères de l'anus et des parties génitales, pour les maladies qui se traitent avec le *lycium*, les maux d'oreilles qui rendent du pus, les fluxions des yeux qui commencent, enfin pour les taches rouges de la peau. Un rameau de grenadier, tenu à la main, met en fuite les serpens. L'écorce de grenade, cuite dans du vin et appliquée, guérit les engelures. Une grenade concassée, cuite dans trois hémines de vin, jusqu'à diminution des deux tiers, est un bon remède contre les vers et les tranchées. Ce même fruit, brûlé au four, dans un pot de terre neuf bien luté, puis broyé et avalé dans du vin, dissipe les tranchées et arrête le flux de ventre.

Sur le cytinus, 8.

LIX. Le premier produit du grenadier dont la floraison commence, et que les Grecs appellent *cytinus*, a

experimento. Si quis unum ex his, solutus vinculo omni cinctus et calceatus, atque etiam anuli, decerpserit duobus digitis, pollice et quarto sinistræ manus, atque ita lustratis levi tactu oculis, mox in os additum devoraverit, ne dente contingat, adfirmatur nullam oculorum imbecillitatem passurus eo anno. Iidem cytini siccati tritique, carnes excrescentes cohibent : gingivis et dentibus medentur : vel si mobiles sint, decocto succo. Ipsa corpuscula trita, ulceribus quæ serpunt putrescuntve, illinuntur. Item oculorum inflammationi intestinorumque : et fere ad omnia, quæ cortices malorum. Adversantur scorpionibus.

De balaustio, XII.

LX. Non est satis mirari curam diligentiamque priscorum, qui, omnia scrutati, nihil intentatum reliquere. In hoc ipso cytino flosculi sunt, antequam scilicet malum ipsum prodeat, erumpentes, quos balaustium vocari diximus. Hos quoque ergo experti invenerunt scorpionibus adversari. Sistunt potu menses feminarum : sanant oris ulcera, et tonsillas, uvam, sanguinis exscreationes, ventris et stomachi solutiones, genitalia, ulcera quacumque in parte manantia. Siccavere etiam ut sic quoque experirentur, inveneruntque tusorum fa-

des propriétés admirables, selon le témoignage et l'expérience de plusieurs auteurs. Par exemple, après avoir ôté son anneau et sa ceinture, et dénoué ses souliers, on n'aura qu'à cueillir le cytinus avec le pouce et le quatrième doigt de la main gauche, puis s'en frotter légèrement les yeux, ensuite l'avaler sans y toucher avec les dents. C'est, dit-on, un moyen infaillible d'avoir la vue saine pendant toute l'année. Ce même cytinus, séché et réduit en poudre, consume les excroissances de chair; c'est un bon remède pour les dents et les gencives; le suc, en décoction, raffermit les dents ébranlées. Pilés et appliqués, les bourgeons de grenadier mondifient les ulcères rongeans et putrides, apaisent les inflammations des yeux et du bas-ventre, et peuvent servir dans presque tous les cas où l'écorce de grenade est employée. Ils sont encore salutaires contre la piqûre des scorpions.

Sur le balaustium, 12.

LX. On ne saurait trop admirer les soins et l'exactitude des anciens qui, dans l'examen des substances naturelles, n'ont laissé échapper aucune observation utile. Du milieu du cytinus, avant que le fruit paraisse, naît un certain nombre de petites fleurs ou fleurons, que nous avons appelés *balaustium*. Ayant soumis ces fleurs à l'expérience, ils ont reconnu qu'elles étaient utiles contre la piqûre des scorpions. En breuvage, elles arrêtent le flux menstruel, guérissent les ulcères de la bouche, l'inflammation des amygdales, le relâchement de la luette, le crachement de sang, le dévoiement du ventre et de l'estomac, les maladies des parties génitales,

rina dysentericos a morte revocari, alvum sisti. Quin et nucleos ipsos acinorum experiri non piguit. Tosti tusique stomachum juvant, cibo aut potioni inspersi. Bibuntur ex aqua cælesti ad sistendam alvum. Radix decocta succum emittit, qui tænias necat, victoriati pondere. Eadem discocta in aqua, quas lycium, præstat utilitates.

De punico silvestri.

LXI. Est et silvestre punicum a similitudine appellatum. Ejus radices rubro cortice denarii pondere ex vino potæ somnos faciunt. Semine poto, aqua quæ subierit cutem, siccatur. Mali punici corticis fumo culices fugantur.

Pirorum observationes, XII.

LXII. 7. Pirorum omnium cibus etiam valentibus onerosus, ægris quoque vini modo negatur. Decocta eadem mire salubria et grata, præcipue crustumina. Quæcumque vero cum melle decocta, stomachum adjuvant. Fiunt cataplasmata e piris, ad discutienda corporum vitia : et decocto eorum ad duritias utuntur. Ipsa adversantur boletis atque fungis, pelluntque pondere

et les ulcères humides, en quelque partie du corps qu'ils puissent être. Ils ont fait sécher ces fleurs pour éprouver leur vertu dans cet autre état, et ils ont trouvé que, réduites en poudre, elles guérissaient des dysenteries mortelles, et faisaient cesser le flux de ventre. Ils n'ont pas même dédaigné d'examiner les pepins ; ils ont constaté que, rôtis et pulvérisés, ils fortifiaient l'estomac, étant mêlés avec les alimens ou la boisson. Dans de l'eau de pluie, ils arrêtent la diarrhée. Le suc de la racine en décoction, prise à la dose d'un victoriat, tue les vers intestinaux. Cette même racine, dissoute dans l'eau, par une forte décoction, a les mêmes propriétés que le lycium.

Sur la grenade sauvage.

LXI. On connaît un autre arbrisseau, appelé grenadier sauvage, à cause de sa ressemblance avec le précédent. Sa racine a l'écorce rouge ; à la dose d'un denier dans du vin, elle provoque le sommeil. En breuvage, sa graine guérit l'hydropisie. La fumée de l'écorce de grenade brûlée chasse les cousins et les moucherons.

Observations sur les poires, 12.

LXII. 7. Toutes les poires sont pesantes et indigestes, même pour les personnes en santé ; aussi les défend-on, comme le vin, aux malades. Cuites, c'est un mets aussi sain qu'agréable au goût, surtout celles de Crustuminum. Toutes les espèces de poires, confites dans le miel, sont bonnes pour l'estomac. On les applique en cataplasme, ou bien l'on en fait une décoction, pour résoudre les tumeurs dures. C'est un remède efficace contre les

et pugnante succo. Pirum silvestre tardissime maturescit. Conciditur, suspensumque siccatur ad sistendam alvum : quod et decoctum ejus potu præstat. Decoquuntur et folia cum pomo ad eosdem usus. Pirorum ligni cinis contra fungos efficacius proficit. Mala piraque portatu jumentis mire gravia sunt vel pauca. Remedio aiunt esse, si prius edenda dentur aliqua, aut utique ostendantur.

Ficorum observationes, CXI.

LXIII. Fici succus lacteus, aceti naturam habet. Itaque coaguli modo lac contrahit. Excipitur ante maturitatem pomi, et in umbra siccatur, ad aperienda ulcera, cienda menstrua adpositu cum luteo ovi, aut potu cum amylo. Podagris illinitur cum farina græci feni et aceto. Pilos quoque detrahit, palpebrarumque scabiem emendat : item lichenas et psoras. Alvum solvit. Lactis ficulni natura adversatur crabronum, vesparumque, et similium venenis, privatim scorpionum. Idem cum axungia verrucas tollit. Folia, et quæ non maturuere fici, strumis illinuntur, omnibusque quæ emollienda sint, discutiendave. Præstant hoc et per se folia. Et alii usus eorum, tamquam in fricando lichene,

champignons vénéneux, qu'elles précipitent par leur poids, ou neutralisent par leur suc. La poire sauvage mûrit fort tard; on la coupe par tranches et on la suspend pour la faire sécher; on la fait prendre pour arrêter le flux de ventre : la décoction produit le même effet. La décoction des feuilles et du fruit de l'arbre n'est pas moins utile. La cendre du poirier est un bon antidote contre les champignons vénéneux. Une charge de poires ou de pommes, quelque faible qu'elle soit, est un fardeau singulièrement lourd pour les bêtes de somme; on remédie à cet inconvénient, dit-on, si, avant que de les charger, on leur en fait manger, ou seulement si on leur en montre quelques-unes.

Observations sur les figues, 111.

LXIII. Le suc du figuier a la blancheur du lait et les propriétés du vinaigre. Aussi fait-il cailler le lait comme la présure. On recueille ce suc avant la maturité du fruit, et on le fait sécher à l'ombre. Appliqué avec un jaune d'œuf, il fait aboutir les abcès; avalé avec de l'amidon, il pousse les règles. On l'emploie en liniment pour la goutte, avec du vinaigre et de la farine de fenugrec; c'est encore un bon dépilatoire, et un remède utile pour les pustules des paupières, les dartres et la gratelle. Il lâche le ventre et guérit les piqûres des guêpes, des frelons et autres insectes semblables, et particulièrement des scorpions. Incorporé avec de la graisse, il fait tomber les verrues. Les feuilles de l'arbre, et les figues encore vertes, s'appliquent sur les écrouelles, et dans tous les cas où il est nécessaire d'amollir ou de résoudre; les feuilles seules produisent cet effet. Les

et alopeciis, et quæcumque exulcerari opus sit. Et adversus canis morsus, ramorum teneri cauliculi cuti imponuntur. Iidem cum melle ulceribus, quæ ceria vocantur, illinuntur. Extrahunt infracta ossa cum papaveris silvestris foliis. Canum rabiosorum morsus folio trito ex aceto restringunt. E nigra ficu candidi cauliculi illinuntur furunculis, muris aranei morsibus cum cera. Cinis earum e foliis, gangrænis, consumendisque quæ excrescunt.

Fici maturæ urinam cient, alvum solvunt, sudorem movent, papulasque. Ob id autumno insalubres, quoniam sudantia hujus cibi opera corpora perfrigescunt. Nec stomacho utiles, sed ad breve tempus : et voci contrariæ intelliguntur. Novissimæ salubriores, quam primæ : medicatæ vero numquam. Juvenum vires augent : senibus meliorem valetudinem faciunt, minusque rugarum. Sitim sedant : calorem refrigerant. Ob id non negandæ in febribus constrictis, quas stegnas vocant.

Siccæ fici stomachum lædunt : gutturi et faucibus magnifice utiles. Natura his excalfaciendi. Sitim adferunt. Alvum molliunt, rheumatismis ejus, et stomacho contrariæ. Vesicæ semper utiles, et anhelatoribus, ac

frictions, avec ces mêmes feuilles, sont recommandées pour l'alopécie et les dartres, et quand il faut exciter une sorte d'exulcération. On applique sur la morsure d'un chien les rameaux les plus tendres du figuier; on en forme un cataplasme, avec du miel, pour les ulcères qu'on appelle *ceria*. Avec des feuilles de pavot sauvage, ils font sortir les esquilles des os fracturés. Broyées et employées avec du vinaigre, les feuilles guérissent la morsure des chiens enragés. Les jeunes rameaux blancs du figuier noir s'emploient en cataplasme avec de la cire, pour les furoncles et la morsure des musaraignes. La cendre de ses feuilles est bonne contre la gangrène, et pour consumer toutes les excroissances.

Les figues mûres provoquent les urines, lâchent le ventre, excitent la sueur et font venir des échauboulures. Aussi sont-elles malsaines en automne, parce que la sueur qu'elles excitent est suivie d'un froid nuisible. Elles sont pesantes à l'estomac, mais cette pesanteur n'est que passagère. On croit qu'elles gâtent la voix. Celles qui mûrissent les dernières sont plus saines que les premières; mais il faut toujours se défier de celles qui ont subi quelque préparation. Elles augmentent les forces des jeunes gens, rétablissent la santé des vieillards, et effacent en partie les rides; de plus, elles apaisent la soif et calment l'ardeur du sang : aussi doit-on les permettre dans les fièvres sèches, appelées *stegnes*.

Les figues sèches nuisent à l'estomac, mais elles sont très-bonnes pour la gorge. Elles sont échauffantes, et irritent la soif. Elles lâchent le ventre, et on doit s'en abstenir dans les débordemens d'humeur, soit dans l'estomac, soit dans les intestins. Au reste, elles

suspiriosis. Item jocinerum, renum, lienum vitiis. Corpus et vires adjuvant : ob id ante athletæ hoc cibo pascebantur : Pythagoras exercitator, primus ad carnes eos transtulit. Recolligenti se a longa valetudine utilissimæ. Item comitialibus, et hydropicis, omnibusque, quæ maturanda aut discutienda sunt, imponuntur : efficacius calce aut nitro admixto. Coctæ cum hyssopo pectus purgant, pituitam, tussim veterem. Cum vino autem ad sedem, et tumores maxillarum. Ad furunculos, panos, parotidas, decoctæ illinuntur. Utile et decocto earum fovere feminas.

Decoctæ quoque eædem cum feno græco utiles sunt pleuriticis et peripneumonicis. Cum ruta coctæ torminibus prosunt. Tibiarum ulceribus cum æris flore. Pterygiis cum punico malo. Ambustis, pernionibus, cum cera. Hydropicis coctæ in vino, et cum absinthio et farina hordeacea, nitro addito. Manducatæ, alvum sistunt. Scorpionum ictibus cum sale tritæ illinuntur.

Carbunculos extrahunt in vino coctæ et impositæ. Carcinomati, si sine ulcere est, quam pinguissimam

sont toujours utiles dans les maladies de la vessie, dans la courte-haleine, l'asthme, et dans les maladies du foie, des reins et de la rate. Elles sont nutritives et fortifiantes : aussi les athlètes faisaient-ils des figues leur principale nourriture, jusqu'au temps du lutteur Pythagoras qui les accoutuma à se nourrir de viande. Les figues sont encore excellentes dans la convalescence, après une longue maladie, et aussi dans l'épilepsie et l'hydropisie; on les applique dans tous les cas où il s'agit de résoudre, ou d'amener à suppuration; leur effet est plus sûr, si l'on y ajoute de la chaux ou du nitre. Leur décoction, avec de l'hyssope, purge la poitrine, évacue la pituite et guérit les toux invétérées. Cuites dans du vin, on les applique en cataplasme sur les tumeurs des mâchoires et à l'anus; on les emploie également cuites pour les furoncles, les tumeurs érysipélateuses ou celles des parotides. Les fomentations avec la décoction de figues sèches sont utiles pour les femmes.

La décoction de figues, avec du fenugrec, est très-bonne dans la péripneumonie et la pleurésie. Cuites avec de la rue, elles apaisent les douleurs de ventre. On les applique, avec du vert-de-gris, sur les ulcères des jambes; avec de l'écorce de grenade, sur les ptérygies; avec de la cire, sur les engelures et les brûlures; cuites dans du vin avec de l'absinthe, de la farine d'orge et du nitre, elles s'emploient contre l'hydropisie. Prises en aliment, elles resserrent le ventre. Broyées et appliquées avec du sel, elles guérissent la piqûre des scorpions.

Un cataplasme de figues cuites dans le vin fait aboutir les charbons. Pour guérir les chancres non accompagnés d'ulcères et les phagédènes, il n'est point de

ficum imponi, pæne singulare remedium est: item phagedænæ.

Cinis non ex alia arbore acrior : purgat, conglutinat, replet, adstringit. Bibitur et ad discutiendum sanguinem concretum. Item percussis, præcipitatis, convulsis, ruptis, cyathis singulis aquæ et olei. Datur tetanicis et spasticis : item potus vel infusus cœliacis, et dysentericis. Et si quis eo cum oleo perungatur, excalfacit. Idem cum cera et rosaceo subactus, ambustis cicatricem tenuissimam obducit. Lusciosos ex oleo illitus emendat, dentiumque vitia crebro fricatu.

Produnt etiam, si quis, inclinata arbore, supino ore aliquem nodum ejus morsu abstulerit, nullo vidente, atque cum aluta illigatum licio e collo suspenderit, strumas et parotidas discuti. Cortex tritus cum oleo, ventris ulcera sanat. Crudæ grossi verrucas et thymos, nitro farinaque additis tollunt. Spodii vicem exhibet fruticum a radice exeuntium cinis. Bis tostus adjecto psimmythio digeritur in pastillos, ad ulcera oculorum et scabritiam.

Caprificorum observationes, XLII.

LXIV. Caprificus etiamnum multo efficacior fico.

remède plus sûr que d'y appliquer une figue, la plus grasse que l'on puisse trouver.

Il n'est point de cendre aussi âcre que celle du figuier : elle est astringente, propre à déterger, remplir et cicatriser les plaies. Prise en breuvage, elle résout le sang caillé. On l'ordonne, dans un cyathe d'eau avec de l'huile, pour les coups, les chutes graves, les secousses violentes, les ruptures, les spasmes et le tétanos; on la prescrit encore, en breuvage ou en lavement, pour la diarrhée et la dysenterie. Elle réchauffe les parties que l'on en frotte avec de l'huile. Incorporée avec de la cire et de l'huile rosat, elle ne laisse sur les brûlures qu'une cicatrice légère. Appliquée avec de l'huile, elle est bonne pour ceux qui ont la vue faible; des frictions fréquentes, avec cette cendre, sont utiles dans les maux de dents. On dit que si un malade attire à soi une branche de l'arbre, et en arrache un nœud avec les dents, sans être vu de personne, il sera guéri des parotides et des écrouelles, pourvu qu'il porte ce nœud lié avec un fil dans une peau fine, et suspendu à son cou. L'écorce du figuier, broyée avec de l'huile, guérit les ulcères abdominaux. Les figues vertes, appliquées crues avec de la farine et du nitre, emportent les verrues, même celles qu'on appelle *thymes*. La cendre des rejetons qui poussent au pied de l'arbre remplace le spodium. Brûlée une seconde fois, et réduite en trochisques avec de la céruse, elle guérit les ulcères des yeux, et les boutons qui se forment sur les paupières.

Observations sur les figuiers sauvages, 42.

LXIV. Le figuier sauvage est encore plus recomman-

Lactis minus habet : surculo quoque ejus lac coagulatur in caseum. Exceptum id coactumque in duritiam, suavitatem carnibus adfert. Fricatur diluto ex aceto. Miscetur exulceratoriis medicamentis. Alvum solvit : vulvam cum amylo aperit. Pota menses ciet cum luteo ovi. Podagricis cum farina græci feni illinitur. Lepras, psoras, lichenas, lentigines expurgat : item venenatorum ictus, et canis morsus. Dentium quoque dolori hic succus adpositus in lana prodest, aut in cava eorum additus. Cauliculi et folia, admixto ervo, contra marinorum venena prosunt. Adjicitur et vinum. Bubulas carnes additi caules magno ligni compendio percoquunt.

Grossi illitæ strumas, et omnem collectionem emolliunt, et discutiunt. Aliquatenus et folia. Quæ mollissima sunt ex his, cum aceto ulcera manantia, et epinyctidas, et furfures sanant. Cum melle foliis ceria sanant, et canis morsus. Recentes cum vino, phagedænas. Cum papaveris foliis ossa extrahunt. Grossi caprifici inflationes discutiunt suffitu. Resistunt et sanguini taurino poto, et psimmythio, et lacti coagulato potæ. Item in aqua decoctæ atque illitæ parotidas sanant. Cauliculi aut grossi ejus quam minutissimæ ad

dable pour ses vertus médicinales que le figuier cultivé. Il rend moins de suc, mais ses rameaux ont aussi la propriété de faire cailler le lait. Ce suc, recueilli et durci ensuite, communique aux viandes un goût agréable; il suffit de les en frotter après l'avoir délayé dans le vinaigre. On fait entrer ce même suc dans les remèdes caustiques. Il lâche le ventre; avec de l'amidon, il facilite l'écoulement des règles. Prises avec un jaune d'œuf, les figues sauvages provoquent le flux menstruel. On les applique avec de la farine de fenugrec sur les parties malades de la goutte. Elle guérissent la lèpre, la gratelle et les dartres, effacent les taches de rousseur, et remédient aux piqûres des insectes venimeux, et aux morsures des chiens enragés. Le suc, appliqué avec de la laine, apaise la douleur de dents; on l'introduit aussi dans leur cavité. Les feuilles et les jeunes rameaux, mêlés avec de la farine d'ers, sont salutaires contre le venin des animaux marins; l'on y ajoute du vin. Les jeunes tiges accélèrent la cuisson de la chair de bœuf, et épargnent ainsi le bois.

Les figues, appliquées avant leur maturité, sont bonnes pour les écrouelles, et pour amollir et résoudre toutes sortes de dépôts; on peut même dans ce cas employer les feuilles. Les plus tendres, appliquées avec du vinaigre, guérissent les ulcères humides, les épinyctides et les dartres farineuses. Avec du miel, elles guérissent les ulcères appelés *ceria* et la morsure des chiens. Les figues fraîches, avec du vin, guérissent les ulcères rongeans; avec des feuilles de pavot, elles font sortir les esquilles des os fracturés. Le parfum des figues non parvenues à maturité dissipe les gonflemens. Prises en breuvage, elles sont salutaires à ceux qui ont avalé du sang de

scorpionum ictus e vino bibuntur. Lac quoque instillatur plagæ, et folia imponuntur. Item adversus murem araneum. Cauliculorum cinis uvam faucium sedat. Arboris ipsius cinis ex melle, rhagadia. Radix defervefacta in vino, dentium dolores. Hiberna caprificus in aceto cocta et trita, impetigines tollit. Illinuntur ramenta rami sine cortice quam minutissima ad scobis modum.

Caprifico quoque medicinæ unius miraculum additur. Corticem ejus impubescentem puer impubis si defracto ramo detrahat dentibus, medullam ipsam adalligatam ante solis ortum, prohibere strumas. Caprificus tauros quamlibet feroces, collo eorum circumdata, in tantum mirabili natura compescit, ut immobiles præstet.

De erineo herba, III.

LXV. Herba quoque, quam Græci erineon vocant, reddenda in hoc loco propter gentilitatem. Palmum alta est, cauliculis quinis fere, ocimi similitudine, flos candidus, semen nigrum, parvum : tritum cum melle

taureau, ou de la céruse, ou qui ont du lait caillé dans l'estomac. Cuites dans l'eau et appliquées, elles guérissent les inflammations des parotides. Les plus petits de ces fruits, ou les jeunes rameaux pris dans du vin, remédient aux piqûres des scorpions : dans ce cas, on applique aussi sur la plaie le suc et les feuilles de l'arbre. Cette recette convient encore pour la morsure des musaraignes. La cendre des jeunes rameaux est utile dans le relâchement de la luette. La cendre du bois même est un bon remède pour les crevasses de la peau. La racine, bouillie dans du vin, calme la douleur de dents. Le figuier sauvage d'hiver, cuit dans le vinaigre et broyé, enlève les dartres et les boutons. On racle les rameaux dépouillés de leur écorce, pour les réduire en une poudre fine comme de la sciure de bois, qu'on applique ensuite sur le mal.

Le figuier sauvage possède encore, dit-on, une propriété merveilleuse. Si un garçon non pubère rompt un jeune rameau, et enlève avec ses dents l'écorce encore lisse, la moelle aura la vertu de guérir les écrouelles, pourvu qu'on l'attache au cou du malade avant le lever du soleil. Un rameau de cet arbre, lié autour du cou d'un taureau, quelque furieux qu'il soit, l'apaise sur-le-champ, et le rend immobile comme par une espèce d'enchantement.

Sur l'herbe dite erineos, 3.

LXV. Il est une plante que les Grecs appellent *erineos*, dont nous devons parler ici, puisqu'elle porte le même nom. Sa hauteur est d'un palme ; ses tiges sont au nombre de cinq ; ses fleurs, blanches ; ses graines, petites et noires ; elle a beaucoup de rapport avec l'ocimum.

attico, oculorum epiphoris medetur : utcumque autem decerpta manat lacte multo et dulci. Herba perquam utilis aurium dolori, nitri exiguo addito. Folia resistunt venenis.

De prunis, IV.

LXVI. Pruni folia decocta tonsillis, gingivis : uvæ prosunt in vino, decocto eo subinde ore colluto. Ipsa pruna alvum molliunt, stomacho non utilissima, sed brevi momento.

De persicis, II.

LXVII. Utiliora persica, succusque eorum, etiamnum in vino aut in aceto expressus. Nec est alius eis pomis innocentior cibus. Nusquam minus odoris, succi plus, qui tamen sitim stimulet. Folia ejus trita illita, hæmorrhagiam sistunt. Nuclei persicorum cum oleo et aceto, capitis doloribus illinuntur.

De prunis silvestribus, II.

LXVIII. Silvestrium quidem prunorum baccæ, vel e radice cortex, in vino austero si decoquantur, ita ut triens ex hemina supersit, alvum et tormina sistunt. Satis est singulos cyathos decocti sumi.

Broyée avec du miel attique, c'est un bon remède pour les fluxions des yeux. De quelque manière qu'on enlève cette plante, elle rend une grande quantité de suc doux et laiteux. Mêlée avec un peu de nitre, elle est excellente pour les maux d'oreilles. Ses feuilles ont la vertu de neutraliser les poisons.

Sur les prunes, 4.

LXVI. La décoction des feuilles de prunier est bonne pour les amygdales et les gencives. Leur décoction dans du vin, employée en gargarisme, remédie au relâchement de la luette. Les prunes lâchent le ventre; elles sont un peu pesantes sur l'estomac, mais cette pesanteur ne dure qu'un moment.

Sur les pêches, 2.

LXVII. Les pêches sont plus salutaires, aussi bien que leur suc, pris seul, ou exprimé dans du vin ou du vinaigre. C'est, de tous les fruits de ce genre, le moins nuisible, celui qui a le moins d'odeur, et le plus de suc; cependant il excite la soif. Ses feuilles, broyées et appliquées, arrêtent les hémorrhagies. Les noyaux, en liniment avec de l'huile et du vinaigre, dissipent les maux de tête.

Sur les prunes sauvages, 2.

LXVIII. Les baies du prunier sauvage, ou bien l'écorce de la racine, cuites dans une hémine de vin sec, jusqu'à diminution des deux tiers, arrêtent le cours de ventre et les tranchées. On prend un cyathe de cette décoction à chaque fois; cette dose est suffisante.

De limo, sive lichene arborum, II.

LXIX. Et in iis, et sativis prunis est limus arborum, quem Græci lichena appellant, rhagadiis et condylomatis mire utilis.

De moris, XXXIX.

LXX. Mora in Ægypto et Cypro sui generis, ut diximus, largo succo abundant, summo cortice desquamato : altiore plaga siccantur, mirabili natura. Succus adversatur venenis serpentium, prodest dysentericis, discutit panos, omnesque collectiones : vulnera conglutinat, capitis dolores sedat, item aurium : splenicis bibitur, atque illinitur : et contra perfrictiones : celerrime teredinem sentit. Neque apud nos succo usus minor. Adversatur aconito et araneis, in vino potus. Alvum solvit : pituitas, tæniasque et similia ventris animalia extrahit. Hoc idem præstat et cortex tritus.

Folia tingunt capillum cum fici nigræ et vitis corticibus simul coctis in aqua cælesti. Pomi ipsius succus alvum solvit protinus. Ipsa poma ad præsens stomacho utilia, refrigerant, sitim faciunt. Si non superveniat alius

Sur le lichen des arbres, 2.

LXIX. On trouve sur l'écorce des pruniers, sauvages ou cultivés, une production appelée en grec *lichen;* elle est singulièrement utile pour les crevasses de la peau, et les excroissances calleuses de l'anus et des parties génitales.

Sur les mûres, 39.

LXX. Nous avons parlé des mûriers de Chypre et d'Égypte, qui forment un genre particulier. Ils fournissent un suc abondant, si l'on se contente d'en ratisser l'écorce ; et, chose étonnante! quand on les entame profondément, ils se dessèchent aussitôt. Ce suc est salutaire contre la morsure des serpens; il est employé avec succès dans la dysenterie, et pour résoudre les tumeurs inflammatoires et toutes sortes de dépôts. Il consolide les plaies, et calme les douleurs de tête et d'oreilles. On l'ordonne en breuvage ou en liniment dans les maux de rate et dans les frissons. Il se gâte en fort peu de temps. Le suc des mûriers d'Italie n'est pas moins usité parmi nous. Pris dans du vin, c'est un bon antidote contre l'aconit et la piqûre des araignées. Il lâche le ventre; il fait sortir la pituite, les ténias et autres vers intestinaux. L'écorce de l'arbre, réduite en poudre, produit le même effet.

Les feuilles, bouillies dans de l'eau de pluie avec des écorces de vigne et de figuier noir, ont la propriété de teindre les cheveux. Le suc de mûres a une vertu laxative qui opère très-promptement. Les mûres elles-mêmes sont bonnes à l'estomac pour l'instant; elles rafraîchissent,

cibus, intumescunt. Ex immaturis succus sistit alvum: veluti animalis alicujus, in hac arbore observandis miraculis, quæ in natura ejus diximus.

Stomatice, sive arteriace, sive panchrestos, IV.

LXXI. Fit ex pomo panchrestos stomatice, eadem arteriace appellata, hoc modo : sextarii tres succi e pomo, leni vapore ad crassitudinem mellis rediguntur. Post additur omphacii aridi pondus x duorum, aut myrrhæ x unius, croci x unius. Hæc simul trita miscentur decocto. Neque est aliud oris, arteriæ, uvæ, stomachi, jucundius remedium. Fit et alio modo : succi sextarii duo, mellis attici sextarius, decoquuntur, ut supra diximus.

Mira sunt præterea quæ produntur. Mori germinatione, priusquam folia exeant, sinistra decerpi jubentur futura poma : ricinos Græci vocant. Hi terram si non attigere, sanguinem sistunt adalligati, sive ex vulnere fluat, sive ore, sive naribus, sive hæmorrhoidis : ad hoc servantur repositi. Idem præstare et ramus dicitur luna plena detractus, incipiens fructum habere, si terram non attigerit, privatim mulieribus adalligatus lacerto, contra abundantiam mensium. Hoc et quocumque tem-

mais bientôt elles excitent la soif, et causent des gonflemens, si l'on ne prend aussitôt après quelque autre nourriture. Le suc de ce fruit encore vert resserre le ventre. On pourrait croire que le mûrier est doué d'une espèce de sentiment, si l'on observe le singulier phénomène que nous avons rapporté en traitant de cet arbre en particulier.

Sur la stomatice ou arteriace, autrement panchrestos, 4.

LXXI. On fait avec les mûres un médicament appelé *panchrestos*, *stomatice* ou *arteriace*; en voici la recette : prenez trois setiers de suc de mûres, faites-les cuire à petit feu, jusqu'à consistance de miel. Ajoutez-y deux deniers de verjus sec, ou un denier de myrrhe et un de safran : broyez le tout ensemble et opérez le mélange. Il n'est point de remède plus agréable, pour la bouche, la gorge, la luette et l'estomac. Une autre recette, c'est de mêler à six setiers de suc de mûres un setier de miel attique, et de faire cuire le mélange de la manière que nous venons de dire.

On attribue encore au mûrier des propriétés qui tiennent du merveilleux. Dès le premier moment de la germination, avant que les feuilles ne paraissent, on doit cueillir de la main gauche les bourgeons à fruit : les Grecs les appellent ricins. Ces bourgeons, attachés sur le corps, pourvu qu'ils n'aient point touché la terre, arrêtent les hémorrhagies, soit d'une plaie, ou de la bouche, ou du nez, ou des hémorrhoïdes; on les met en réserve pour cet usage. On prétend qu'un rameau enlevé pendant la pleine-lune, lorsqu'il commence à porter fruit, produit le même effet, pourvu encore qu'il

pore ab ipsis decerptum, ita ut terram non attingat, adalligatumque existimant præstare. Folia mori trita, aut arida decocta, serpentium ictibus imponuntur. Ad idemque potu proficitur. Scorpionibus adversatur e radice corticis succus, ex vino aut posca potus.

Reddenda est et antiquorum compositio. Succum expressum pomi maturi immaturique mixtum, coquebant in vase æreo ad mellis crassitudinem. Aliqui myrrha adjecta et cupresso præduratum ad solem torrebant, permiscentes spatha ter die. Hæc erat stomatice, qua et vulnera ad cicatricem perducebant. Alia ratio : succum siccato exprimebant pomo, multum sapori obsoniorum conferente. In medicina vero contra nomas, et pectoris pituitas, et ubicumque opus esset, adstringi viscera. Dentes quoque colluebant eo. Tertium genus : succi foliis et radice decoctis ad ambusta ex oleo illinenda. Imponuntur et per se folia.

Radix per messes incisa succum dat aptissimum dentium dolori, collectionibusque, et suppurationibus. Alvum

n'ait pas touché la terre. Les femmes en particulier doivent le porter attaché au bras pour arrêter l'écoulement excessif des menstrues. Si elles cueillent elles-mêmes, en quelque temps que ce soit, un de ces rameaux, en prenant garde qu'il ne touche la terre, et qu'elles le portent attaché au bras, il aura la même propriété. Les feuilles de mûrier, broyées toutes fraîches, ou bouillies sèches, s'appliquent sur la morsure des serpens. Prises en breuvage, elles sont également efficaces. Le suc tiré de l'écorce de la racine, avalé dans du vin ou de l'oxycrat, guérit la piqûre des scorpions.

Ajoutons ici l'ancienne recette pour faire la *stomatice*. On mélangeait une certaine quantité de suc de mûres vertes, et de celles qui étaient en maturité; on faisait cuire ce mélange dans un vase d'airain, jusqu'à consistance de miel. Quelquefois on y ajoutait de la myrrhe et du cyprès, et on laissait durcir le tout au soleil, en le remuant trois fois par jour avec une spatule. Tel était le remède dont on se servait jadis pour consolider les plaies. Voici encore une autre recette : on fait sécher le fruit, et ensuite on en exprime le suc. C'est un assaisonnement qui relève le goût des viandes. On l'employait en médecine, pour les ulcères rongeans, pour faciliter l'expectoration, et pour tous les cas où il fallait remédier au relâchement des viscères. On s'en lavait la bouche pour conserver les dents. Le troisième médicament de cette espèce se faisait avec le suc des feuilles et de la racine du mûrier cuites ensemble; ce suc s'appliquait avec de l'huile sur les brûlures : on peut, dans ce cas, employer seulement les feuilles.

La racine, incisée dans le temps de la moisson, fournit un suc utile pour le mal de dents et pour les dépôts récens,

purgat. Folia mori in urina madefacta, pilum coriis detrahunt.

De cerasis, v.

LXXII. Cerasa alvum molliunt, stomacho inutilia : eadem siccata alvum sistunt, urinam cient. Invenio apud auctores, si quis matutino roscida cum suis nucleis devoret, in tantum levari alvum, ut pedes morbo liberentur.

De mespilis, II. De sorbis, II.

LXXIII. Mespila, exceptis setaniis, quæ malo propiorem vim habent, reliqua adstringunt stomachum, sistuntque alvum. Item sorba sicca : nam recentia stomacho et alvo citæ prosunt.

De nucibus pineis, XIII.

LXXIV. 8. Nuces pineæ, quæ resinam habent, contusæ leviter, additis in singulas sextariis aquæ ad dimidium decoctæ, sanguinis exscreationi medentur, ita ut cyathi bini bibantur ex eo. Corticis e pinu in vino decoctum contra tormina datur. Nuclei nucis pineæ sitim sedant, et acrimoniam stomachi rosionesque, et contrarios humores consistentes ibi : et infirmitatem

ou qui entrent en suppuration. De plus, il purge le ventre. Les feuilles de mûrier, macérées dans de l'urine, enlèvent le poil des peaux.

Sur les cerises, 5.

LXXII. Les cerises fraîches lâchent le ventre, et nuisent à l'estomac. Sèches, elles resserrent le ventre, et provoquent les urines. Suivant certains auteurs, si l'on mange le matin des cerises avec leurs noyaux, lorsqu'elles sont encore chargées de rosée, l'évacuation qu'elles procurent est telle, que les pieds en sont délivrés de la goutte.

Sur les nèfles, 2. Sur les sorbes, 2.

LXXIII. Les nèfles, à l'exception des sétaniennes, qui ont les propriétés de la pomme, resserrent l'estomac, et arrêtent le flux de ventre. Il en est de même des sorbes sèches : fraîches, elles sont également bonnes pour le relâchement de l'estomac et des voies inférieures.

Sur les pommes de pin, 13.

LXXIV. 8. Les pommes de pin résineuses légèrement concassées, bouillies dans un setier d'eau pour chacune, jusqu'à diminution de la moitié, sont un bon remède pour l'hémoptysie ; la dose est de deux cyathes chaque fois. La décoction de l'écorce de pin dans du vin apaise les tranchées. Les pignons éteignent la soif, calment les tiraillemens d'estomac, et adoucissent les humeurs âcres et nuisibles de ce viscère; de plus, ils raniment les forces, et font du bien aux reins et à la vessie. Il

virium roborant, renibus et vesicæ utiles. Fauces videntur exasperare, et tussim. Bilem pellunt poti ex aqua, aut vino, aut passo, aut balanorum decocto. Miscetur his contra vehementiores stomachi rosiones cucumeris semen, et succus porcilacæ. Item ad vesicæ ulcera et renes, quoniam et urinam cient.

De amygdalis, xxix.

LXXV. Amygdalæ amaræ radicum decoctum cutem in facie corrigit, coloremque hilariorem facit. Nuces ipsæ somnum faciunt, et aviditatem. Urinam et menses cient. Capitis dolori illinuntur, maximeque in febri : si ab ebrietate, ex aceto et rosaceo, et aquæ sextario. Et sanguinem sistunt, cum amylo et menta. Lethargicis, et comitialibus prosunt. Capite peruncto epinyctidas sanant : e vino vetere ulcera putrescentia. Canum morsus cum melle. Et furfures ex facie, ante fotu præparata. Item jocineris et renum dolores ex aqua potæ : et sæpe ex ecligmate cum resina terebinthina. Calculosis et difficili urinæ in passo : et ad purgandam cutem in aqua mulsa tritæ, sunt efficaces.

Prosunt ecligmate jocineri, tussi, et colo, cum elelisphaco modice addito. In melle sumitur nucis avellanæ magnitudo. Aiunt, quinis fere præsumptis ebrietatem

paraît qu'ils irritent la gorge et augmentent la toux. Pris dans de l'eau, ou du vin, ou du vin cuit, ou enfin dans une décoction de dattes, ils évacuent la bile. Dans les tiraillemens violens d'estomac, on mêle les pignons avec de la graine de concombre et du suc de pourpier. Ce remède convient aussi pour les ulcères de la vessie et pour les reins, parce qu'il provoque les urines.

Sur les amandes, 29.

LXXV. La décoction de la racine d'amandier amer adoucit la peau du visage et rend le teint plus agréable. Les amandes procurent le sommeil et excitent l'appétit ; elles provoquent les urines et les menstrues. En liniment, elles calment les douleurs de tête, surtout dans la fièvre ; si cette douleur est la suite de l'ivresse, on les applique avec du vinaigre et de l'huile rosat dans un setier d'eau. Avec de l'amidon et de la menthe, elles arrêtent le sang. Elles sont bonnes pour la léthargie et l'épilepsie. On s'en frotte la tête pour les épinyctides. Avec du vin vieux, elles détergent les ulcères putrides ; avec du miel, elles guérissent les morsures des chiens. Elles enlèvent les dartres farineuses du visage après une fomentation préalable. En breuvage dans de l'eau, elles soulagent les douleurs du foie et des reins ; elles provoquent souvent le même effet en looch avec de la térébenthine. On les ordonne, dans du vin cuit, pour la gravelle et la difficulté d'uriner. Broyées dans de l'eau miellée, elles nettoient la peau.

En électuaire, avec du miel et un peu de sauge, elles conviennent dans la toux, la colique et les maladies du foie. On en fait prendre aux malades la gros-

non sentire potores : vulpesque, si ederint eas, nec contingat e vicino aquam lambere, mori. Minus valent in remediis dulces, et hæ tamen purgant, et urinam cient. Recentes stomachum implent.

De nucibus græcis, I.

LXXVI. Nucibus græcis cum absinthii semine ex aceto sumptis, morbus regius sanari dicitur : item illitis per se vitia sedis, et privatim condylomata. Item tussis et sanguinis rejectio.

De juglandibus, XXIV.

LXXVII. Nuces juglandes Græci a capitis gravedine appellavere. Etenim arborum ipsarum foliorumque vires in cerebrum penetrant : hoc minore tormento, et in cibis, nuclei faciunt. Sunt autem recentes jucundiores, siccæ unguinosiores, et stomacho inutiles, difficiles concoctu, dolorem capitis inferentes, tussientibus inimicæ, et vomituris jejunis : aptæ in tenesmo solo : trahunt enim pituitam. Eædem præsumptæ venena hebetant : item anginam cum ruta et oleo. Adversantur cæpis, leniuntque earum saporem. Aurium inflammationi imponuntur cum mellis exiguo; et cum ruta mammis, et

la grosseur d'une aveline. On prétend que cinq de ces amandes, mangées avant de boire, garantissent les buveurs de l'ivresse; et que si un renard, après en avoir mangé, ne trouve pas d'eau dans le voisinage, il meurt infailliblement. Les amandes douces ont moins de vertus comme médicamens; cependant elles sont purgatives et diurétiques. Fraîches, elles chargent l'estomac.

Sur les noix grecques, 1.

LXXVI. Les noix grecques, prises dans du vinaigre avec de la graine d'absinthe, sont, dit-on, un bon remède contre la jaunisse. Appliquées seules, elles guérissent les tumeurs à l'anus, et particulièrement les excroissances calleuses de cette partie. Elles sont bonnes aussi pour la toux et l'hémoptysie.

Sur le noyer, 24.

LXXVII. Les Grecs donnent au noyer un nom qui exprime la propriété malfaisante qu'il a d'appesantir la tête : en effet, l'odeur forte et pénétrante de cet arbre et de ses feuilles affecte le cerveau. Il en est de même des noix, quand on en mange; mais l'effet est moins violent. Fraîches, elles sont plus agréables; sèches, elles sont huileuses, pesantes à l'estomac, difficiles à digérer : elles causent, de plus, des douleurs de tête, irritent la toux, et nuisent beaucoup si l'on veut vomir à jeun. Elles ne conviennent que dans le ténesme, parce qu'elles entraînent les phlegmes. Mangées à jeun, elles servent d'antidote. Avec de l'huile et de la rue, elles dissipent l'esquinancie. Elles corrigent l'acrimonie

luxatis : cum cæpa autem et sale, et melle, canis hominisque morsui. Putamine nucis juglandis, dens cavus inuritur. Putamen combustum tritumque in oleo aut vino, infantium capite peruncto, nutrit capillum : et ad alopecias eo sic utuntur. Quo plures nuces quis ederit, hoc facilius tineas pellit. Quæ perveteres sunt nuces, gangrænis et carbunculis medentur : item suggillatis : cortex juglandium, lichenum vitio, et dysentericis. Folia trita cum aceto, aurium dolori.

In sanctuariis Mithridatis maximi regis devicti, Cn. Pompeius invenit in peculiari commentario ipsius manu compositionem antidoti, e duabus nucibus siccis, item ficis totidem, et rutæ foliis viginti simul tritis, addito salis grano : et qui hoc jejunus sumat, nullum venenum nociturum illo die. Contra rabiosi quoque canis morsum, nuclei a jejuno homine commanducati illitique præsenti remedio esse dicuntur.

De avellanis, III; pistaciis, VIII; castaneis, V.

LXXVIII. Nuces avellanæ capitis dolorem faciunt, inflationem stomachi : et pinguitudini corporis conferunt, plus quam sit verisimile. Tostæ et destillationi

de l'ognon et lui donnent une saveur plus douce. On les emploie en cataplasme, avec un peu de miel, pour l'inflammation des oreilles; avec de la rue, pour les tumeurs des mamelles et pour les luxations; et avec de l'ognon, du sel et du miel, pour les morsures de l'homme et des chiens. On cautérise avec des coquilles de noix la cavité des dents cariées. Ces mêmes coquilles, brûlées et broyées dans de l'huile ou du vin, sont un bon liniment pour faire croître les cheveux des enfans: on les emploie de même pour l'alopécie. Les noix, mangées en assez grande quantité, chassent les vers; les plus vieilles guérissent la gangrène, les meurtrissures, et le charbon. Le brou des noix est bon pour les dartres et pour la dysenterie. Les feuilles du noyer, broyées avec du vinaigre, remédient à la douleur d'oreilles.

Après la défaite de Mithridate, ce monarque si puissant, Pompée trouva dans ses archives secrètes une recette particulière écrite de sa propre main; c'était un antidote dont voici la composition. On prend deux noix sèches, autant de figues, vingt feuilles de rue, et on broie le tout ensemble avec un grain de sel. Quiconque usera de ce remède à jeun n'aura rien à craindre de tout poison pendant la journée entière. Les noix mâchées par un homme à jeun, et appliquées sur les morsures d'un chien enragé, sont, dit-on, un remède souverain pour ces sortes de plaies.

Sur les avelines, 3; les pistaches, 8; les châtaignes, 5.

LXXVIII. Les avelines occasionent des douleurs de tête et des gonflemens d'estomac. Elles engraissent plus qu'on ne saurait croire. Rôties, elles sont un bon remède

medentur. Tussi quoque veteri tritæ, et in aqua mulsa potæ. Quidam adjiciunt grana piperis, alii e passo bibunt. Pistacia eosdem usus et effectus habent, quos pinei nuclei, præterque ad serpentium ictus, sive edantur, sive bibantur.

Castaneæ vehementer sistunt stomachi et ventris fluxiones, alvum cient, sanguinem exscreantibus prosunt, carnes alunt.

De siliquis, v. De corno, I. De unedone.

LXXIX. Siliquæ recentes, stomacho inutiles, alvum solvunt. Eædem siccatæ sistunt, stomachoque utiliores fiunt. Urinam cient. Syriacas in dolore stomachi ternas in aquæ sextariis decoquunt quidam ad dimidium, eumque succum bibunt. Sudor virgæ corni arboris lamina ferrea candente exceptus, non contingente ligno, illitaque inde ferrugo, incipientes lichenas sanat. Arbutus sive unedo, fructum fert difficilem concoctioni, et stomacho inutilem.

De lauris, LXIX.

LXXX. Laurus excalfactoriam naturam habet, et foliis, et cortice, et baccis : itaque decoctum ex his, maxime e foliis, prodesse vulvis et vesicis convenit. Illita vero vesparum, crabronumque, et apium, item

pour les catarrhes et les fluxions. Pilées et prises dans de l'eau miellée, elles guérissent les toux chroniques. Quelques-uns y ajoutent des grains de poivre ; d'autres les prennent dans du vin cuit. Les pistaches ont les mêmes usages et les mêmes vertus que les pignons, et sont, de plus, excellentes contre la morsure des serpens, étant mangées ou prises en breuvage.

Les châtaignes arrêtent puissamment les débordemens d'humeurs, soit des intestins, soit de l'estomac. Elles lâchent le ventre, font cesser l'hémoptysie, et entretiennent l'embonpoint.

Sur les carouges, 5 ; le cornouiller, 1 ; l'arbousier.

LXXIX. Les carouges fraîches sont nuisibles à l'estomac et lâchent le ventre ; sèches, elles le resserrent et ne sont plus indigestes. Elles provoquent les urines. Pour la douleur d'estomac, on fait cuire trois carouges de Syrie dans un setier d'eau, jusqu'à diminution de la moitié, et on boit la décoction. Le suc du cornouiller se reçoit sur une lame de fer rouge qu'on approche du rameau sans toucher le bois. La rouille de cette lame s'applique ensuite sur les dartres naissantes et les guérit. L'arbousier, ou *unedo*, porte des fruits indigestes et nuisibles à l'estomac.

Sur les lauriers, 69.

LXXX. Les feuilles, l'écorce et les baies du laurier sont échauffantes : aussi leur décoction, et principalement celle des feuilles, passe-t-elle généralement pour un bon remède dans les maladies de la matrice et de la vessie. En cataplasme, ces mêmes feuilles guérissent la

serpentium venenis resistunt, maxime sepis, dipsadis, et viperæ. Prosunt et mensibus feminarum cum oleo cocta. Cum polenta autem, quæ tenera sunt trita, ad inflammationes oculorum : cum ruta, testium : cum rosaceo, capitis dolores, aut cum irino. Quin et commanducata atque devorata per triduum terna, liberant tussi : eadem prosunt suspiriis trita cum melle. Cortex radicis cavendus gravidis. Ipsa radix calculos rumpit, jocineri prodest tribus obolis in vino odorato pota. Folia pota vomitiones movent. Baccæ menses trahunt adpositæ tritæ, vel potæ. Tussim veterem et orthopnœam sanant binæ, detracto cortice in vino potæ. Si et febris sit, ex aqua, aut ecligmate ex aqua mulsa, aut ex passo decoctæ. Prosunt et phthisicis eodem modo, et omnibus thoracis rheumatismis. Nam et coquunt pituitam et extrahunt.

Adversus scorpiones quaternæ ex vino bibuntur. Epinyctidas ex oleo illitæ, et lentigines, et ulcera manantia, et ulcera oris, et furfures. Cutis pruriginem succus baccarum emendat, et phthiriasin. Aurium dolori et gravitati instillatur, cum vino vetere et rosaceo. Peruunctos eo fugiunt venenata omnia. Prodest contra ictus et potus, maxime autem ejus laurus, quæ te-

piqûre des guêpes, des frelons, des abeilles, et neutralisent le venin des serpens, et en particulier du seps, du dipsas et de la vipère. Cuites dans de l'huile, elles provoquent le flux menstruel. Les plus tendres, pilées avec de la farine d'orge, sont bonnes pour les inflammations des yeux; avec de la rue, pour les enflures des testicules; avec de l'huile rosat ou de l'huile d'iris, pour les douleurs de tête. Trois feuilles de laurier, mâchées et avalées trois jours de suite, délivrent de la toux. Broyées avec du miel, elles conviennent dans l'asthme. L'écorce de la racine est dangereuse pour les femmes enceintes; la racine même, prise au poids de trois oboles dans du vin aromatisé, dissout les calculs de la vessie et guérit les obstructions du foie. La décoction des feuilles excite le vomissement. Les baies, prises en breuvage, ou broyées et appliquées, passent pour emménagogues. Deux de ces baies, dépouillées de leur écorce et prises dans du vin, guérissent les toux invétérées et l'orthopnée. S'il existe de la fièvre, on les donne dans de l'eau, ou en électuaire dans de l'eau miellée, ou bouillies dans du vin cuit; de cette manière, elles sont utiles encore dans la phthisie et dans toutes les fluxions de poitrine, car elles cuisent et évacuent les phlegmes.

On en prend quatre, dans du vin, pour la piqûre des scorpions. En liniment avec de l'huile, elles effacent les taches de rousseur, guérissent les épinyctides, les dartres, et dessèchent les ulcères humides et ceux de la bouche. Le suc de ces baies est utile pour les démangeaisons et pour la phthiriase. On l'injecte, avec du vin vieux et de l'huile rosat, pour la douleur d'oreilles et la surdité: il suffit de s'en frotter le corps pour éloigner tous les animaux venimeux. Il guérit leurs piqûres,

nuiora habet folia. Baccæ cum vino serpentibus, et scorpionibus, et araneis resistunt. Ex oleo et aceto illinuntur et lieni, et jocineri: gangrænis cum melle. Et in fatigatione etiam aut perfrictione succo eo perungi, nitro adjecto, prodest. Sunt qui celeritati partus multum conferre putent radicem, acetabuli mensura in aqua potam: efficacius recentem, quam aridam. Quidam adversus scorpionum ictus, decem baccas dari jubent potui. Item et in remedio uvæ jacentis, quadrantem pondo baccarum, foliorumve, decoqui in aquæ sextariis tribus ad tertias, eamque calidam gargarizare: et in capitis dolore, impari numero baccas cum oleo conterere, et calfacere.

Laurus Delphicæ folia trita olfactaque subinde, pestilentiæ contagia prohibent: tanto magis si et urantur. Oleum ex Delphica, ad cerata, acopumque, ad perfrictiones discutiendas, nervos laxandos, lateris dolores, febres frigidas utile est. Item ad aurium dolorem, in mali punici cortice tepefactum. Folia decocta ad tertias partes aquæ, uvam cohibent gargarizatione: potu alvi dolores, intestinorumque. Tenerrima ex his trita in vino, papulas, pruritusque, illita noctibus.

étant pris en breuvage, surtout celui du laurier à petites feuilles. Ces mêmes baies, prises dans du vin, sont un remède utile contre le venin des serpens, des scorpions et des araignées. On les emploie en cataplasme, avec de l'huile et du vinaigre, pour les affections de la rate et du foie, et, avec du miel, pour la gangrène. Il est bon de s'en frotter le corps, avec un peu de nitre, dans les fatigues excessives et dans les frissons. Selon quelques auteurs, la racine du laurier, prise dans de l'eau, à la dose d'un acétabule, facilite singulièrement l'accouchement. La racine est meilleure fraîche que sèche. Des médecins prescrivent dix graines de laurier, en breuvage, pour la piqûre des scorpions. Dans les relâchemens de la luette, on devra faire bouillir trois onces de ces baies, ou bien de feuilles de laurier, dans trois setiers d'eau, jusqu'à réduction à un tiers, et se gargariser avec cette décoction chaude. Pour la douleur de tête, il faudra broyer les baies, en nombre impair, dans de l'huile, et les faire chauffer avant de les appliquer.

Les feuilles du laurier de Delphes, broyées et flairées de temps en temps, sont un préservatif contre la peste ; le parfum des feuilles qu'on brûle est encore plus efficace. L'huile tirée de cette espèce de laurier est employée, dans les cérats et dans les linimens, pour les lassitudes ; elle est bonne pour dissiper les frissons, les fièvres froides, les douleurs de reins et les spasmes nerveux. Chauffée dans une écorce de grenade, elle guérit le mal d'oreilles. Les feuilles, bouillies dans de l'eau, jusqu'à diminution des deux tiers, sont prescrites en gargarisme pour le relâchement de la luette, et en breuvage pour les douleurs du ventre et des intestins. Les plus tendres de ces feuilles, broyées dans du vin et

Proxime valent cetera laurorum genera. Laurus Alexandrina, sive Idæa, partus celeres facit, radice pota trium denariorum pondere, in vini dulcis cyathis tribus. Secundas etiam pellit, mensesque. Eodem modo pota daphnoides (sive his nominibus quæ diximus), silvestris laurus prodest: alvum solvit, vel recenti folio, vel arido, drachmis tribus cum sale in hydromelite manducata. Pituitas extrahit folium et vomitus, stomacho inutile. Sic et baccæ quinædenæ purgationis causa sumuntur.

De myrto, LX.

LXXXI. 9. Myrtus sativa candida, minus utilis est medicinæ, quam nigra. Semen ejus medetur sanguinem exscreantibus. Item contra fungos in vino potum. Odorem oris commendat vel pridie commanducatum. Item apud Menandrum Synaristosæ hoc edunt. Datur et dysentericis denarii pondere in vino. Ulcera difficilia in extremitatibus corporis sanat, cum vino subfervefactum. Imponitur lippitudini cum polenta, et cardiacis in mamma sinistra: et contra scorpionis ictus in mero: et ad vesicæ vitia, capitis dolores, et ægilopas, antequam suppurent: item tumoribus: exemptisque nucleis in vino vetere tritum eruptionibus pituitæ. Succus seminis

appliquées la nuit, remédient aux échauboulures et apaisent les démangeaisons.

Les autres espèces de laurier ont à peu près les mêmes vertus que les précédens. Le laurier d'Alexandrie ou du mont Ida facilite les accouchemens, si l'on prend trois deniers de sa racine dans trois cyathes de vin doux. Il fait sortir l'arrière-faix et provoque les menstrues. Le daphnoïde, laurier sauvage, connu encore sous d'autres noms que nous avons indiqués, a les mêmes propriétés. Ses feuilles, fraîches ou sèches, lâchent le ventre, au poids de trois drachmes, avec du sel dans de l'hydromel. Elles évacuent les phlegmes et excitent le vomissement, mais elles sont contraires à l'estomac. Les baies sont prescrites, au nombre de quinze, quand il s'agit de purger.

Sur le myrte, 60.

LXXXI. 9. Le myrte blanc cultivé a moins d'usages et de propriétés en médecine que le myrte noir. Sa graine est bonne pour l'hémoptysie, et, prise dans du vin, contre les champignons vénéneux. Elle laisse dans la bouche une odeur suave qui dure jusqu'au lendemain. Les Synaristoses de Ménandre mangent de la graine de myrte. On l'ordonne, dans du vin, pour la dysenterie, au poids d'un denier. Légèrement bouillie dans du vin, elle guérit les ulcères rebelles des extrémités du corps. On l'applique, avec de la farine, pour la chassie; et sur la mamelle gauche, dans la maladie cardiaque; avec du vin pur, pour la piqûre du scorpion, pour les maladies de la vessie, les douleurs de tête, les tumeurs et les fistules lacrymales, avant qu'elles suppurent. On l'emploie aussi avec succès pour les pustules séreuses

alvum sistit, urinam ciet. Ad eruptiones pusularum, pituitæque, cum cerato illinitur : et contra phalangia. Capillum denigrat. Lenius succo oleum est ex eadem myrto : lenius et vinum, quo numquam inebriatur. Inveteratum sistit alvum et stomachum : tormina sanat, fastidium abigit.

Foliorum arentium farina sudores cohibet inspersa, vel in febri. Utilis et cœliacis, et procidentiæ vulvarum, sedis vitiis, ulceribus manantibus, igni sacro fotu, capillis fluentibus, furfuribus : item aliis eruptionibus, ambustis. Additur quoque in medicamento, quod liparas vocant, eadem de causa qua oleum ex his, efficacissimum ad ea quæ in humore sunt, tamquam in ore et vulva.

Folia ipsa fungis adversantur trita ex vino, cum cera vero articulariis morbis et collectionibus. Eadem in vino decocta dysentericis et hydropicis potui dantur. Siccantur in farinam, quæ inspergitur ulceribus, aut hæmorrhagiæ. Purgant et lentigines, pterygia, et paronychias, et epinyctidas, condylomata, testes, tetra ulcera : item ambusta cum cerato.

qui s'élèvent sur la peau; on doit alors broyer les baies dans du vin vieux, et en ôter les pepins. Leur suc resserre le ventre et provoque les urines. En liniment avec du cérat, il guérit les pustules séreuses ou inflammatoires, et la morsure de l'araignée-phalange. Il teint les cheveux en noir. L'huile de myrte est plus douce que le suc, aussi bien que le vin de myrte, qui n'enivre jamais. Si on le laisse vieillir, il resserre le ventre et l'estomac, apaise les tranchées et ranime l'appétit.

Les feuilles sèches pulvérisées, appliquées extérieurement, arrêtent la sueur, même dans la fièvre. En fomentation, c'est un bon remède pour la diarrhée, pour la chute de la matrice, les maladies du siège, les ulcères humides, l'érysipèle, l'alopécie, les dartres farineuses, les exanthèmes et les brûlures. On fait entrer encore cette poudre dans ces sortes d'emplâtres, appelées par les Grecs *lipares*. Elle produit à peu près les mêmes effets que l'huile qu'on tire des feuilles mêmes du myrte, excellente pour les ulcères des parties humides, comme ceux de la bouche et de la vulve.

Les feuilles fraîches, broyées dans du vin, neutralisent les mauvais effets des champignons vénéneux. Avec de la cire, elles sont bonnes pour la goutte et pour les dépôts. On ordonne leur décoction dans du vin pour la dysenterie. On les dessèche et on les pulvérise pour les appliquer sur les ulcères, ou pour arrêter les hémorrhagies. On les emploie encore avec succès pour les taches de rousseur, les excroissances à la racine des ongles, les panaris, les tumeurs calleuses de l'anus, l'inflammation des testicules, les ulcères malins, et les pustules appelées épinyctides. Incorporées avec du cérat, elles guérissent les brûlures.

Ad aures purulentas et foliis crematis utuntur, et succo, et decocto. Comburuntur et in antidota. Item cauliculi flore decerpti, in novo fictili operto cremati in furno, dein triti ex vino. Et ambustis foliorum cinis medetur. Inguen ne intumescat ex ulcere, satis est surculum tantum myrti habere secum, non ferro, nec terra contactum.

De myrtidano, XIII.

LXXXII. Myrtidanum diximus quomodo fieret. Vulvæ prodest, adpositu, fotu, et illitu. Multo efficacius et cortice, et folio, et semine. Exprimitur et foliis succus mollissimis in pila tusis, adfuso paulatim vino austero, alias aqua cælesti : atque ita expresso utuntur ad oris sedisque ulcera, vulvæ, et ventris : capillorum nigritiam, malarum perfusiones, purgationes lentiginum, et ubi constringendum aliquid est.

De myrto silvestri, sive oxymyrsine, sive chamæmyrsine, sive rusco, VI.

LXXXIII. Myrtus silvestris, sive oxymyrsine, sive chamæmyrsine, baccis rubentibus et brevitate a sativa distat. Radix ejus in honore est, decocta vino, ad renum dolores pota, et difficili urinæ, præcipueque

Pour le mal d'oreilles avec écoulement de pus, on prescrit la cendre, le suc ou la décoction des feuilles. Cette cendre entre encore dans la composition des antidotes, de même que les tiges fleuries de myrte, brûlées au four, dans un pot de terre neuf, et broyées ensuite dans du vin. La même cendre est aussi un bon remède pour les brûlures. Pour empêcher l'enflure qui pourrait survenir dans l'aine à la suite d'un ulcère, il suffit de porter sur soi une jeune pousse de myrte que la terre ni le fer n'aient pas touchée.

Sur le myrtidanum, 13.

LXXXII. Nous avons indiqué ailleurs la manière de faire le vin de myrte. En pessaire, en liniment et en fomentation, il est bon pour les maladies de la vulve, et il a beaucoup plus de vertu que l'écorce, les feuilles ou les baies de myrte. On pile aussi dans un mortier les plus tendres de ces feuilles, en les arrosant peu à peu avec du gros vin ou avec de l'eau de pluie : le suc exprimé de la sorte s'emploie pour les ulcères de la bouche, de l'anus, de la vulve et du ventre; pour teindre les cheveux en noir, dissiper les fluxions des joues, effacer les taches de rousseur, et enfin dans tous les cas où les astringens sont nécessaires.

Sur le myrte sauvage, autrement oxymyrsine, chamæmyrsine ou ruscus, 6.

LXXXIII. Le myrte sauvage, autrement nommé *oxymyrsine* ou *chamæmyrsine*, diffère du myrte cultivé en ce qu'il est plus petit et qu'il porte des baies rouges. On estime la décoction de sa racine dans du vin pour

crassæ, et graveolenti : morbo regio, et vulvarum purgationi trita cum vino. Cauliculi quoque incipientes asparagorum modo in cibo sumpti, et in cinere cocti. Semen cum vino potum, aut oleo, aut aceto, calculos frangit. Item in aceto et rosaceo tritum, capitis dolores sedat : et potum, morbum regium. Castor oxymyrsinen myrti foliis acutis, ex qua fiunt ruri scopæ, ruscum vocavit, ad eosdem usus. Et hactenus habent se medicinæ urbanarum arborum. Transeamus ad silvestres.

les maux de reins et les difficultés d'uriner, surtout quand elle est épaisse et d'une odeur forte. Broyée dans du vin, elle est bonne pour la jaunisse et pour nettoyer la vulve. Ses jeunes pousses, mangées en guise d'asperges et cuites sous la cendre, ont les mêmes propriétés. Les baies, prises dans du vin, de l'huile ou du vinaigre, brisent les calculs de la vessie. Broyées dans du vinaigre et de l'huile rosat, elles calment les douleurs de tête. En breuvage, elles guérissent la jaunisse. Castor appelle *ruscus* le myrte sauvage à feuilles piquantes, dont les villageois font des balais. Ses usages sont les mêmes. Voilà ce que nous avions à dire sur les vertus médicinales des arbres cultivés : nous allons passer à celles des arbres sauvages,

NOTES

DU LIVRE VINGT-TROISIÈME.*

En commençant ces commentaires sur la matière médicale de Pline, nous croyons devoir prévenir que nous nous bornerons à signaler les propriétés thérapeutiques qui semblent aujourd'hui incontestables aux modernes, ou bien celles qui sont rationnelles et fondées sur la constitution chimique des substances mentionnées par l'auteur latin. On conçoit que, si nous voulions relever toutes les assertions hasardées renfermées dans cet ouvrage, nous ferions un travail long et fastidieux, qui n'aurait aucune utilité réelle. Nous ne ferons d'exceptions que pour les cas qui expliquent un préjugé encore en crédit en Europe par un préjugé consacré dans les écrits du naturaliste romain.

1. — Chap. III, page 206, ligne 14. *Folia vitium et pampini capitis dolores, etc.* Ce paragraphe tout entier est traduit de Dioscoride (v, 1) ; nous aurons très-fréquemment occasion de signaler de semblables emprunts. Pline a pris toute sa physiologie végétale et sa botanique à Théophraste, comme il a emprunté toute sa matière médicale à Dioscoride. Caton, Columelle et Varron lui ont fourni la plus grande partie de son agriculture, ainsi que les règles qu'il a tracées pour l'horticulture. On s'est demandé lequel de Pline ou de Dioscoride avait précédé l'autre, et nous nous étonnons qu'on ait pu douter que Pline ait été le véritable compilateur des écrits de son devancier. Les Romains ont été chercher les sciences et les arts en Grèce, et le naturaliste romain, en s'emparant de tout ce qu'il y avait dans les écrits des Grecs, n'a fait qu'user du droit de conquête.

* Toutes les notes des livres XII à XXVII inclusivement sont dues à M. Fée.

Tout ce que Pline dit ici des propriétés médicinales de la vigne n'a rien de réel. Les feuilles et les vrilles ont une saveur acide très-marquée, mais leur action sur le corps humain est à peu près nulle. Il en est de même de celle de la sève de la vigne, à laquelle notre auteur attribue la propriété de guérir les ulcères, d'agir comme dépilatoire, etc. L'écorce de la vigne, ainsi que les feuilles contenant une faible quantité de tannin, pourraient, dans certains cas, arrêter les hémorrhagies : *Cortex vitium et folia arida, vulnerum sanguinem sistunt, ipsumque vulnus conglutinant.*

2. — Page 208, ligne 7. *Vitis albœ viridis tusœ succo impetigines tolluntur.* Cette vigne blanche ne peut être la bryone, dont les propriétés médicinales ont une grande énergie ; c'est tout simplement une variété à fruits blancs de la vigne sauvage. Cf. plus loin la note 6.

3. — Ligne 8. *Cinis sarmentorum vitiumque et vinaceorum, etc.* Cette cendre alcaline ne diffère guère de celle qu'on obtient de l'incinération des autres végétaux. Avant que la chimie ait été fondée sur des bases solides, c'est-à-dire avant les glorieux travaux de l'illustre et malheureux Lavoisier, on attribuait aux cendres les mêmes propriétés qu'on accordait aux plantes qui les avaient fournies, et il en résultait d'étranges bévues. Au reste, dans ce passage, Pline, en parlant des propriétés de ces cendres alcalines, n'est pas fort éloigné de la vérité, puisqu'il les représente comme une sorte de caustique. Il est à remarquer pourtant qu'il les indique comme fondantes à l'intérieur; mais, comme il prescrit de les arroser avec du vinaigre, la décomposition des sous-carbonates de potasse et de soude donne lieu à la formation d'acétates de ces mêmes bases. Or, on voit encore une foule de praticiens estimables ordonner, dans les engorgemens du foie, de la terre foliée de tartre (acétate de potasse). Cf. sur les diverses assertions renfermées dans ce chapitre, Dioscoride au (passage cité), Marcellus Empiricus (chap. 28) et Plinius Valerianus (II, 18; III, 22, 36 et 51).

4. — IV, page 210, ligne 4. *Omphacium qua fieret ratione incipientis uvœ pubertate, in unguentorum loco docuimus.* Pline en a en effet parlé au livre XII. Cf. la note 108. Cette composition,

dont les propriétés devaient être fort variables, était faite soit avec le raisin de la vigne amminéenne, soit avec celui de la vigne pythienne. *Voyez* les notes 23 et 176 du livre XIV, sur ces deux sortes de vigne.

5. — V, page 210, ligne 15. *Omphacio cohæret œnanthe, quam vites silvestres ferunt.* Pline en a traité au livre XII. Cf. la note 110 de ce même livre, et la note 206 du livre XIV. L'*œnanthe* n'est autre chose que la fleur de la vigne, dont l'odeur est délicieuse. Ses propriétés médicinales sont dépourvues d'activité, et tout ce que notre auteur en dit est dépourvu de vraisemblance. Les cendres de l'*œnanthe* sont alcalines. Cf. plus haut, la note 3.

6. — Ligne 18. *Et ex alba vite refrigerat* (*œnanthe*). Cette *vitis alba* n'est pas la vigne blanche, *Bryonia alba* des botanistes, mais bien quelque variété de la vigne à vin, à fruits blancs. Pline, au livre XII, chap. 61, a vanté l'*œnanthe* de la vigne blanche, et la met au dessus de la noire (*id est fructu, nigro*). *Omnibus autem ex alba labrusca præstantior, quam e nigra.* Ici le mot *labrusca*, vigne sauvage, empêche toute équivoque, et il s'agit bien de deux variétés de la vigne. Dans le passage de ce livre que nous commentons, il n'y a non plus aucun doute. La fleur de la bryone est inodore, et ne pourrait entrer avec avantage dans la composition des parfums.

7. — Page 212, ligne 8. *Massaris odoribus tantum gignitur.* Le *massaris* n'est autre chose que l'*œnanthe,* ou fleur de la vigne, récoltée en Afrique; on lui donnait la préférence sur tous les autres parfums, à cause de la suavité de son odeur. Cf. au livre XII la note 111.

8. — VI, page 212, ligne 12. *Maturescentium autem uvæ vehementiores nigræ.* La distinction que Pline établit entre les propriétés des raisins noirs et celles des raisins blancs est rationnelle. Le raisin noir contient dans son enveloppe un principe colorant fort abondant, ainsi qu'un peu de tannin. Le raisin blanc n'offre point de principe colorant, mais beaucoup de tannin. En général, les raisins blancs sont plus sucrés que les noirs, et leur enveloppe est moins épaisse. Les uns et les autres ont une action

laxative. Pline assure que les raisins qui ont été exposés à l'air le sont beaucoup moins. Nous pensons que leur action n'est que peu ou point modifiée ; mais comme il arrive qu'on mange plus de raisins à l'époque des vendanges que lorsqu'ils sont dans les fruitiers, on a pu tirer, de la différence de quantité consommée, la conséquence fausse qu'ils agissaient alors diversement.

9. — VII, page 214, ligne 4. *Quæ autem in vino dulci conditæ fuere, caput tentant.* Pline dit la même chose de ceux qui sont conservés sur le marc de vin, ou gardés dans le vin cuit : *Nam in vinaceis servatæ, et caput, et vesicam, et stomachum infestant... Quæ vero in musto fuere, pejorem vim etiamnum habent, quam quæ in vinaceis.* On ne sera point étonné que ces raisins soient capiteux, quand on réfléchira que, mis dans le milieu dont parle Pline, ils subissent une sorte de fermentation qui développe en eux, aux dépens du sucre, une certaine quantité d'alcool.

10. — Ligne 10. *Saluberrimas putant medici in cœlesti aqua servatas, etiamsi minime jucundas.* La conservation des raisins dans l'eau de pluie n'est pas possible. Les raisins, plongés dans ce liquide, se gâtent promptement, et acquièrent une saveur tout-à-fait désagréable. Au reste, ce passage est emprunté à Dioscoride (v, 3).

11. — Ligne 16. *Paulo tamen graviores existimantur fieri vinaceorum halitu.* Nous avons rendu compte de cet effet probable par le développement d'une certaine quantité d'alcool dans le raisin, quoique celui-ci conserve cependant sa forme. Cf. la note 9.

12. — Ligne 17. *Uvæ florem in cibis si edere gallinacei, uvas non attingunt.* Ce peu de mots renferme un préjugé qui n'est fondé sur rien de réel. Il en est de même de l'observation relative à la propriété astringente du sarment de la vigne, qui augmente quand on le conserve dans des pots.

13. — IX, page 216, ligne 2. *Nuclei acinorum eamdem vim (adstringendi) obtinent.* Dioscoride (v, 3) s'exprime dans les mêmes termes. Les pepins de raisin ont en effet une propriété astringente. Les modernes ont trouvé le moyen d'en extraire

une huile douce assez agréable au goût, et qui est applicable à plusieurs usages économiques. Les pepins de raisin ne figurent pas dans la matière médicale des peuples modernes, et cela n'est point regrettable. Le marc du raisin dont on a enlevé les pepins est, dit notre auteur, moins nuisible à la tête et à la vessie que celui du raisin où on les a laissés : c'est un préjugé à ajouter à tous ceux qui déparent l'histoire naturelle de Pline.

14. — XI, page 216, ligne 14. *Uva theriace, de qua suo loco diximus, contra serpentium ictus estur.* C'est au livre XIV, ch. 22, que Pline a parlé de ce vin, antidote de la morsure des serpens. Cf. sur ce vin, dont les propriétés sont supposées, l'auteur des *Géoponiques* (IV, 7) et Palladius (II, *in Februar.*, tit. 28). Le mot thériaque est formé du grec θὴρ, bête fauve, et de ἀκέομαι, je guéris.

15. — XII, page 216, ligne 19. *Uva passa, quam astaphida vocant.* Dioscoride (V, 4) en parle sous le nom de σταφίς, et a fourni tout ce chapitre à Pline. *Astaphis* est le même mot que *staphis*, mais articulé à la manière attique. Les raisins secs sont plutôt, pour les modernes, des alimens que des médicamens ; pourtant, en raison du sucre qu'ils contiennent et qui est uni à une petite quantité de mucilage, on leur attribue des propriétés adoucissantes et béchiques : ils figurent dans les fruits pectoraux. Dioscoride et Pline leur attribuent les mêmes vertus médicinales, *iis exemptis (nucleis), vesicæ utilis habetur ; et tussi, alba utilior, etc.* Les anciens s'exagéraient les qualités nuisibles des pepins de raisin. Le vin cuit, fait avec les raisins secs, est, dit notre auteur, excellent pour la morsure du serpent hémorrhoïs, ce qui est une fable. Tout ce que Pline avance, relativement aux propriétés de l'*astaphis*, et qui n'est pas fondé sur la présence du sucre et du mucilage dans ces fruits, doit être rangé parmi les fables. La plupart des assertions qu'on lit dans ce chapitre sont dans ce cas.

16. — Page 218, ligne 4. *Testium inflammationi cum farina cumini, aut coriandri imponuntur.* Pline a traité du cumin, *Cuminum Cyminum* des botanistes, et de la coriandre, *Coriandrum sativum*, L., au livre XX. Cf. les notes 160 et 208.

17. — Page 218, ligne 10. *Podagris et unguium mobilibus cum panace.* Le *panax* des anciens doit être rapporté au *Pastinaca Opoponax*, L. Pline en a parlé au livre XII. Cf. la note 110, au livre cité.

18. — XIII, page 218, ligne 14. *Astaphis agria, sive staphis, quam uvam taminiam aliqui vocant falso : suum enim genus habet, cauliculis nigris, rectis, foliis labruscæ : fert folliculos verius, quam acinos, virides, similes ciceri : in his nucleum triangulum.* Cette description, plus complète que celles qui nous sont ordinairement fournies par Pline, est la traduction littérale du commencement du chapitre 156 du livre IV de la matière médicale de Dioscoride, auquel notre auteur a pris en outre tout ce qui a rapport aux propriétés médicinales de cette plante. On peut, sans crainte d'errer, la rapporter à la staphisaigre des modernes, *Delphinium Staphisagria*, L., de la famille des renonculacées. La staphisaigre a des tiges droites, des feuilles pétiolées, palmées, grandes comme celles de la vigne, assez profondément découpées en lobes incisés et pointus ; les fleurs sont en grappe lâche et terminale ; le fruit est formé de trois capsules oblongues, uniloculaires et univalves ; les semences sont de la grosseur d'un haricot, triangulaires et d'un brun noirâtre. Pline connaissait bien la violence de son action, puisqu'il dit : *His nucleis ad purgationem uti non censuerim, propter ancipitem strangulationem : nec ad pituitam oris siccandam, fauces enim lædunt*, et plus loin : *Semen enim abdicaverim, propter nimiam vim ardoris.* Les modernes font entrer la poudre des semences de la staphisaigre dans quelques préparations destinées aux bestiaux ; on l'emploie comme pédiculaire, ainsi que le faisaient les anciens, qui sans doute nous ont fait connaître cette propriété des semences de la staphisaigre. Pline, et avant lui Dioscoride, ont déclaré qu'elles étaient propres à combattre la morsure des animaux venimeux : c'est une erreur.

Voici comment nous établissons la concordance synonymique de cette plante :

Σταφὶς ἀγρία, HIPPOC., *Nat. mul.*, 584 ; DIOSC., IV, 156 ; le fruit, Φθειρόκοκκον, GRÆC. — *Staphis et astaphis agria*,

Plin., *loco comm.; Herba pituitaria, abusive Uva taminia; Staphisagria*, C. Bauh., *Pin.*, 324; *Delphinium Staphisagria*, L., *Spec. pl.*, 750. — La staphisaigre, et vulgairement l'herbe pédiculaire.

19. — Page 218, ligne 18. *Maturescit cum vindemia, nigrescitque: quum taminiæ rubentes norimus acinos.* L'*uva taminia* n'est pas la couleuvrée, vigne blanche ou bryone, dont Pline va parler (Cf. la note 23), mais bien le taminier, *Tamus communis*, L. Les baies de cette plante n'ont aucun rapport avec les fruits de la staphisaigre, qui sont secs et capsulaires. *Voyez* la note précédente.

20. — XIV, page 220, ligne 13. *Labrusca quoque œnanthen fert.... quæ a Græcis ampelos agria appellatur, spissis et candicantibus foliis, geniculata, rimoso cortice, etc.* Ce chapitre est plein d'erreurs. Pline commence par traiter de la vigne sauvage, *Vitis vinifera*, L., *Spec. plant.*, 293, var. *α Labrusca*, Tournef., *Inst.*, 613, et bientôt il parle de la bryone, *Bryonia dioica* des botanistes. La bryone a des fleurs inodores, ses tiges meurent chaque année et n'ont point d'écorce, etc., etc. La phrase que nous avons citée ne peut donc, en aucune manière, lui être appliquée. D'un autre côté, les fruits de la vigne sauvage n'ont pas la couleur du kermès animal, et ses racines ne sont point purgatives. Dioscoride (iv, 183) traite de la labrusque, et bientôt après de la bryone: Pline a pris dans ce chapitre plusieurs phrases qui appartiennent à cette dernière plante, et les a glissées dans le texte qu'il a consacré à la labrusque. Cet auteur commet une grosse erreur, en disant que les Latins donnaient à la labrusque le nom d'*uva taminia*, qui doit appartenir exclusivement à la bryone. Cf. sur l'*œnanthe*, la note 206 *bis* du livre xiv, et sur la bryone, la note 23 du présent livre.

21. — Ligne 21. *Utuntur ea pro amuleto.* L'emploi des amulettes remonte à une haute antiquité. On donne ce nom aux remèdes, figures, ou caractères auxquels on accorde des propriétés merveilleuses. Les Égyptiens nous ont laissé un grand nombre de ces talismans; les Grecs en avaient de plusieurs sortes, les *alexipharmaca, alexiteria, amynteria, apotropæa, phylacteria*,

periapta, apotelesmata, pectremata, periammata, brebia, etc.; par exemple les isis, les scarabées, les phallus sont des amulettes. Les Latins ont hérité de tous les préjugés des Grecs, et ont encore ajouté au vaste héritage que ceux-ci nous ont laissé et dont nous nous sommes emparés sans hésiter. On se tromperait beaucoup si l'on croyait que les amulettes ont perdu toute faveur dans les pays policés de l'Europe moderne. Il en existe un nombre fort considérable, et sans parler des amulettes sacrés, tels que les scapulaires, le buis bénit, l'anneau de saint Hubert, contre la rage, etc., on voit encore des personnes, qui occupent un rang assez élevé dans la société, suspendre du liège au cou des femelles de leurs animaux domestiques pour faire passer le lait, mettre des marrons dans leur poche pour prévenir le retour des hémorrhoïdes, faire porter des colliers de dents de loup, d'ambre jaune ou de pivoine à leurs enfans, pour les préserver des convulsions, etc. Une personne qui nous fut bien chère, et qui était fort au-dessus de la plupart des préjugés, porta toute sa vie un fragment de crapaud enchassé dans une bague, pour se conserver la vue bien nette, et nous avons vu naguère la femme d'un haut fonctionnaire de l'état, sujette à faire des fausses-couches, mettre tout l'espoir d'une maternité plus complète dans la peau d'une couleuvre dont elle se ceignait les reins. Ces exemples ne suffisent-ils pas pour mettre en évidence cette vérité, que, dans le mouvement progressif vers une philosophie libre et dégagée de préjugés, les masses restent long-temps en arrière.

22. — XV, page 222, ligne 6. *Est huic similis* (*labrusca*), *sed in salictis nascens : ideo distinguitur nomine, quum eosdem usus habeat, et salicastrum vocatur.* On ne peut hasarder autre chose que des conjectures sur la détermination possible du *salicastrum.* Ce n'est pas sans quelque apparence de vraisemblance qu'on a désigné la douce-amère : cette plante est grimpante, ses fruits sont d'un beau rouge, disposés en grappe, etc.; toutefois il n'y a qu'un rapport éloigné entre les feuilles de la labrusque et celles de cette solanée, mais elle se plaît aussi dans les saussaies. D'autres commentateurs ont pensé que le *salicastrum* n'est autre chose que la vigne noire, sceau de Notre-Dame, le *Tamus com-*

munis, L., dont les fruits sont rougeâtres, les tiges grimpantes, et que l'on trouve moins fréquemment dans les saussaies que la précédente. Les propriétés que Pline accorde au *salicastrum* (*scabiem et pruriginem hominum quadrupedumque aceto mulso trita hæc efficacius tollit*), étant les mêmes que celles attribuées à la douce-amère, il faut s'en tenir à cette plante.

23. — XVI, page 222, ligne 12. *Vitis alba est, quam Græci ampeloleucen, alii ophiostaphylon... appellant.* Dioscoride (I, 184) ajoute encore les noms de *bryonia*, de *chelidonion* et d'*agrostis*. *Ampeloleuce* est la traduction de *vitis alba*; *ophiostaphylon* répond au mot français *couleuvrée*; *melothron* signifie petite pomme, à cause du fruit que porte cette plante; *psylothron*, qu'Hippocrate écrit *psilothrion* (*de Fistul.*, text. 6, p. 686), signifie dépilatoire, etc., etc.

La concordance synonymique de cette plante doit être établie comme il suit :

Αμπελος λευκὴ, DIOSCOR., IV, 184; Ψιλώθριον *vel* Ψίλωθρον, HIPP., *de Ulcer.*, *loco cit.*; Μήλωθρον, THEOPH., *Hist. pl.*, VI, I (quelques auteurs veulent que ce Ψίλωθρον d'Hippocrate soit le *Tamus communis*). — *Vitis alba*, LATINOR.; *Bryonia alba*, PLIN., *loco comm.*; *Bryonia alba*, L., *Spec. plant.*, 1439. — La bryone, vigne blanche ou couleuvrée.

24. — Ligne 14. *Hujus sarmenta longis et exilibus, etc.* La description de la bryone est assez bonne, et tout ce que notre auteur dit de ses propriétés est exact. Au reste, c'est Dioscoride (IV, 184) qui lui a fourni ce chapitre. La racine de bryone est la seule partie de la plante qui fût employée naguère; aujourd'hui la plante entière est négligée. Ce qui se rapporte, dans le texte de notre auteur, à la virulence de son action, n'est point exagéré; c'est un poison violent.

25. — Ligne 17. *Radix alba, grandis, raphano similis initio.* Aussi lui a-t-on conservé le nom vulgaire de navet du diable, pour donner tout à la fois une idée de sa forme et de ses qualités nuisibles.

26. — Ligne 19. *Folia et caules exulcerant corpus.* On peut

taxer ici notre auteur d'un peu d'exagération. Les racines ont une action plus violente. Les fruits, jadis usités par les corroyeurs, sans doute pour teindre les cuirs, sont aujourd'hui tombés dans l'oubli; ils agissent sur l'estomac comme vomitifs.

27. — Page 224, ligne 4. *Radix... contra serpentium ictus*. C'est ce qui a valu à cette plante le nom français de couleuvrée, et le nom grec d'*ophiostaphylon*, arbrisseau à serpens, que lui donne Dioscoride (IV, 184). Il est presque superflu de dire que ces propriétés contre la morsure des serpens sont contestées, et que celles qui lui attribuent le pouvoir de guérir l'épilepsie sont imaginaires. Il en est de même de la plupart des vertus dont les anciens la dotent gratuitement; il n'y a pas encore quarante ans qu'on indiquait, sur l'autorité de Pline, la bryone comme antiépileptique, vulnéraire, hydragogue, diurétique, incisive, etc.

28. — XVII, page 226, ligne 11. *Est ergo et nigra, quam proprie bryoniam vocant, alii chironiam, etc.* Il existe en Allemagne une variété de la bryone d'Europe, à fruits noirs, qui certes n'a jamais été connue des Romains, et moins encore des Grecs; c'est donc hors du genre *bryonia* qu'il faut la chercher, et l'on arrive aussitôt à désigner avec certitude le taminier, *Tamus communis*, L. Dioscoride, qui lui donne le nom de vigne noire, sous lequel elle est encore vulgairement connue en Europe, et notamment en France, dit que ses feuilles, quoique plus grandes, sont voisines de celles du lierre ou du *smilax;* que ses tiges sont grimpantes, ses fruits disposés en grappe, d'abord verdâtres, puis noirs à leur maturité. La racine, noire à l'extérieur, est intérieurement de couleur jaune de buis. Il s'agit donc bien du taminier.

Voici comment nous en établissons la synonymie :

Ἄμπελος ἀγρία, HIPPOCR., *Hist.*, 889; Ἄμπελος μέλαινα, DIOSCOR., IV, 185; Ἄμπελος ἰδαία, THEOPH., *Hist. pl.*, III, 17. — *Vitis nigra, bryonia nigra*, PLIN., lib. XXIII, 17 (*a quibusdam*, PLINIO *teste*, *bryonia*, *chironia*, *gynæcanthe et apronia vocata*), c'est l'*Uva taminia* du chapitre 13 du présent livre ; *Bryonia lævis, sive nigra racemosa*, C. BAUH., *Pin.*, 297 ; *Vitis vel Bryonia nigra*, QUORUMD. ; *Tamus communis*, L., *Spec. pl.*, 1458. — Le taminier sceau de Notre-Dame, vigne-vierge, vigne noire.

Plusieurs auteurs désignent la variété à baies noires de la bryone; mais, outre qu'elle ne se trouve qu'en Allemagne, comment la reconnaître dans la description qu'en fait Dioscoride. Une seule inexactitude se trouve dans l'auteur grec : il donne au taminier des fruits noirs, tandis qu'ils sont rouges à leur maturité. Sprengel (*Hist. Rei herb.*, 191) désigne pour l'ἄμπελος μέλαινα, la bryone blanche, *Bryonia alba*, L., qu'il regarde comme distincte de la bryone dioïque, *Bryonia dioica*, L., réunies par les auteurs. L'auteur de l'*Historia Rei herbariæ* reconnaît le *tamus* dans l'ἄμπελος ἀγρία de Dioscoride (IV, 183) que nous avons dit être la vigne sauvage, *Vitis Labrusca* des anciens botanistes. Cette opinion ne peut prévaloir sur la nôtre. Pline, au chapitre 14 de ce livre, dit : *Labrusca quoque œnanthen fert, satis dictam, quæ a Græcis ampelos agria appellatur* ; et, venant à parler des propriétés de cette vigne sauvage, il rentre dans le texte de Dioscoride (IV, 183); on doit conclure de tout ceci que la vigne sauvage, celle qui produit l'*œnanthe*, est bien la *Vitis vinifera, var. Labrusca;* Pline dit clairement que les Grecs lui donnaient le nom d'ἄμπελος ἀγρία. L'affiliation nominale est donc ici prouvée et rendue incontestable par tout ce que les auteurs disent des propriétés de cette plante, propriétés sur lesquelles ils s'accordent. Toutefois, il est juste de prévenir que le texte de Pline et celui de Dioscoride sont ici corrompus. Cf. la note 20 du présent livre.

29. — Page 226, ligne 14. *Asparagos ejus Diocles prætulit veris asparagis, etc.* On mange encore en Toscane ses turions, qui ressemblent à ceux de l'asperge, auxquels cependant ils sont inférieurs en qualité. On y nomme la plante *tamaro*. Matthiole affirme qu'on trouve les turions du taminier sur les marchés de Goritie ; ils y sont vendus concurremment avec les autres légumes.

30. — Ligne 17. *Radix foris nigra, intus buxeo colore, etc.* Les

caractères relatifs à la couleur de la racine du taminier sont tirés de Dioscoride; elle n'a pas une action aussi violente sur le corps humain, mais pourtant elle purge assez violemment. Nous dédaignons de relever les préjugés consacrés dans cette phrase : *Aiunt, si quis villam ea præcinxerit, fugere accipitres, tutasque fieri villaticas alites. Eadem in jumento homineque, flemina, aut sanguinem, qui se ad talos dejecerit, circumligata sanat.*

31. — XVIII, page 328, ligne 6. *Musta differentias habent naturales has, etc.* Il y a autant d'espèces de moût qu'il y a de sortes de vins. Il est rouge, blanc ou jaunâtre, plus ou moins sucré et plus ou moins consistant, suivant la variété de raisin qui le fournit. Plus un moût contient de sucre, plus le vin qu'il fournit est riche en alcool. Le moût n'est point usité aujourd'hui en médecine. Il est purgatif et adoucissant en raison du mucilage qu'il contient.

32. — Ligne 11. *A balineis raptim et sine interspiratione potum, necat.* Il est inutile de dire que le moût ne peut produire un pareil effet. Nous ajouterons qu'il est impuissant pour neutraliser le venin des cantharides et celui des serpens, et préjudiciable dans l'empoisonnement par l'opium et la ciguë.

33. — Ligne 18. *Contra meconium..... cicutam..... dorycnium.* Cf. sur le *meconium*, la note 188 du livre XX; sur la ciguë, la note 104 du livre XIV, et sur le *dorycnium*, la note 281 du livre XXI.

34. — XIX, page 230, ligne 2. *Vini genera differentiasque perquam multas exposuimus, etc.* Pline a en effet traité fort au long des vins, au livre XIV, 6 à 23. Cf. nos notes sur ce sujet important. Nous ne pourrons discuter les propriétés des vins énumérés par Pline, puisque ces vins ne nous sont pas connus. On est même assez peu d'accord sur les propriétés particulières des divers vins de France. On en reconnaît de froids et de chauds, suivant qu'ils contiennent peu ou beaucoup d'alcool; de secs et de sucrés, suivant la proportion de sucre qu'on y trouve. On les dit capiteux, stomachiques, généreux, suivant que leur action a lieu sur la tête ou sur l'estomac; il en était sans doute de

même des vins chez les anciens, quoiqu'ils différassent beaucoup des nôtres, ainsi que nous avons essayé de le prouver dans nos notes sur le livre XIV auquel nous renvoyons.

35. — XX, page 230, ligne 17. *Surrentinum veteres maxime probavere : sequens œtas Albanum aut Falernum.* Cf. sur le vin de Sorrente, la note 104 de ce livre, et sur ceux d'Albe et de Falerne, les notes 102 et 103. Pline donne au vin d'Albe tantôt le premier rang, et tantôt le troisième.

36. — XXI, page 234, ligne 4. *At quœ supersunt Setina.* Cf. sur le vin de Setia, la note 101 du livre XIV. L'opinion des anciens, sur les qualités à assigner à ce vin, était fort controversée, les uns vantant sa bonté, et les autres le comparant au vinaigre.

37. — Ligne 6. *Ab his Statana non longo intervallo abfuerint.* Cf. sur ce vin peu connu, la note 107 du livre XIV.

38. — Ligne 7. *Alvo citœ Signinum maxime conducere indubitatum est.* Ce qui prouve que ces vins avaient une assez grande âpreté. Cf. la note 112 du livre XIV.

39. — XXII, page 234, ligne 10. *Reliqua in commune dicentur.* Tout ce que Pline va nous dire sur les propriétés du vin, ne serait pas avoué par les médecins modernes. Néanmoins le vin mérite, soit qu'on le considère comme aliment, soit qu'on le considère comme médicament, une partie des éloges qui lui sont donnés ici. Pline attribue au vin la propriété d'ajouter à la vigueur du corps; c'est là, dit-il, sa principale action. Le lait nourrit les os, la bière les nerfs, l'eau les muscles, mais le vin seul donne la vigueur. Ce sont de bien singulières idées médicales que celles qui veulent attribuer aux diverses boissons la faculté d'agir plutôt sur tel ou tel de nos organes que sur tel ou tel autre. Nos chansonniers ont mis en vers l'opinion de notre auteur, qui donne au vin le pouvoir de rehausser la couleur du teint : *Vino aluntur vires, sanguis, colosque hominum.* Mais, quoi que ceux-ci aient fait, jamais aucun d'eux n'a été aussi loin, dans ses louanges, qu'Asclépiade : il déclare qu'il s'en faut bien peu

que le pouvoir du vin ne l'emporte sur celui des dieux : *Asclepiades utilitatem vini æquari vix deorum potentia pronuntiavit.*

40. — XXIII, page 238, ligne 7. *Vinum jejunos bibere, novitio invento.* Pline a dit au livre XIV : *Tiberio Claudio principe, ante hos anno XL institutum ut jejuni biberint, potusque vini antecederet cibos.* Cf. Plutarque (livre VIII, *Symp. quæst.*, 9, 734) et Juvénal (*Satir.* VI, 423) sur cet usage qui n'est pas encore entièrement tombé en désuétude. Horace conseille le vin miellé :

> .... Vacuis committere venis
> Nil, nisi lene, decet : leni præcordia mulso
> Prolueris melius........
>
> HORAT., lib. II, *Satir.* 4, v. 25.

On préfère communément, à ce vin miellé, les vins blancs sucrés.

41. — Ligne 9. *Quod Homerica illa Helena ante cibum ministravit.* Pline rappelle le vers 219 du livre IV de l'*Odyssée* :

> Ἔνθ' αὖτ' ἄλλ' ἐνόησ' Ἑλένη Διὸς ἐκγεγαυῖα·
> Αὐτίκ' ἄρ' εἰς οἶνον βάλε φάρμακον, ἔνθεν ἔπινον, κ. τ. λ.

42. — Ligne 12. *Vino damus homines, quod soli animalium non sitientes bibimus.* Beaumarchais établit plaisamment une seconde distinction.

43. — Ligne 17. *Merum quidem remedio est contra cicutas, coriandrum, etc.* On s'étonne de trouver ici parmi les poisons stupéfians la coriandre, qui doit à l'huile volatile qu'elle renferme des propriétés opposées ; le gui, qui n'a aucune propriété réelle ; le mercure cru, dont l'action est nulle sur l'estomac, etc. Cf. sur la propriété du vin contre l'action de la ciguë, la note 98 du livre XIV.

44. — Page 240, ligne 7. *Utiliter etiam fovetur vino calido virilitas jumentis : quo etiam infuso cornu lassitudinem auferri aiunt.* On emploie encore ce moyen lorsque l'on veut faire faire une longue course aux chevaux, ou bien pour les délasser quand ils l'ont faite.

45. — XXIV, page 240, ligne 14. *Saluberrimum liberaliter ge-*

nitis ; Campaniæ quodcumque tenuissimum. Les vins de Campanie (royaume de Naples), les vins de Sorrente et de Stata étaient les plus renommés.

46. — Page 240, ligne 19. *Saluberrimum (vinum), cui nihil in musta additum est : meliusque, si nec vasis pix adfuit.* Enfin Pline convient que les vins naturels sont les plus salubres, surtout quand ils ne sont pas poissés ; les vins obtenus par la méthode ici indiquée différaient fort peu des nôtres. Plus loin, notre auteur dit que ceux dans lesquels on jetait du marbre, du gypse et de la chaux, devenaient redoutables, même aux plus forts tempéramens, et cela devait être. Le marbre et la chaux (sous-carbonate de chaux) en enlevaient l'acidité, le dénaturaient tout-à-fait et en faisaient une boisson dangereuse et désagréable. Nous ne suivrons pas notre auteur dans ce qu'il dit touchant les propriétés des vins marinés, poissés ou goudronnés, ces affreuses boissons étant aujourd'hui inconnues. Tout ce que Pline dit ici est emprunté à Dioscoride (v, 27) ; ce qui prouve que les Romains et les Grecs ignoraient l'art de faire les vins, et que leur goût, sous ce rapport, était entièrement dépravé.

47. — Page 242, ligne 17. *Helvenaco (vino) quoque tamen nimio caput tentari convenit.* Cf. sur la vigne helvénaque, notre note 36 du livre XIV.

48. — Page 244, ligne 1. *Quod ad febrium valetudines attinet, certum est non dandum in febri, nisi veteribus ægris : nec nisi declinante morbo.* Le vin pris à l'intérieur, dans le traitement des fièvres, est fort nuisible ; cependant on sait que plusieurs peuples du Nord le donnent dans presque tous les cas morbides, avec une sorte de profusion.

49. — Ligne 6. *Nec a partu abortuve, etc.* Pline défend ici, avec grande raison, de donner du vin aux femmes en couches. Aujourd'hui on suit encore dans le peuple une vieille habitude fort respectée par nos pères, celle de donner du vin chaud sucré aux nouvelles accouchées. Les médecins s'efforcent, depuis plusieurs années, de combattre ce préjugé qui a coûté la vie à bien des mères. On doit remarquer que la sagesse préside, dans tout ce paragraphe, aux préceptes donnés par Pline, relativement à l'abstinence du vin dans certaines maladies.

50. — XXV, page 244, ligne 23. *Cardiacorum morbo unicam spem in vino esse certum est.* Cette vertu cordiale est célébrée par tous les auteurs ; Juvénal a dit :

Cardiaco cyathum numquam mixturus amico.
Sat. V, v. 32.

On se rappelle cette vieille phrase, connue même de ceux qui ne savent pas le latin : *Vinum bonum lœtificat cor hominis.* Il est presque inutile de prévenir que l'action immédiate du vin a lieu sur l'estomac, et que ce viscère excité accélère le mouvement circulatoire du sang, et donne ainsi une nouvelle vie.

51. — XXVI, page 246, ligne 15. *Inter vini genera, quæ fingi docuimus, etc.* Pline en a traité en effet au livre XIV. Cf. les notes 206, 207 et suivantes.

52. — Ligne 19. *E napis vinum.* Ce vin, analogue à notre vin antiscorbutique, avait un montant qui devait lui donner beaucoup de ton. Le vin de genièvre, dont il est parlé plus loin, était-il fait avec les baies fermentées ou avec les baies infusées dans le vin? c'est ce que Pline ne nous dit pas. Cf. sur ce vin, Dioscoride (V, 46).

53. — Ligne 23. (*Vinum*) *palmeum.* Pline en a parlé au livre XIV. Cf. notre note 211, au livre cité.

54. — Page 248, ligne 2. *Fictitium non potest videri, quod bion appellavimus.* Pline a parlé de ce vin au livre XIV. Cf. notre note 171.

55. — XXVII, page 248, ligne 9. *Aceto summa vis est in refrigerando, non tamen minor in discutiendo : ita fit ut infusum terræ spumet.* On a long-temps pensé que l'action des substances les unes sur les autres rendait compte de leurs propriétés médicamenteuses. Le vinaigre divise les pierres ; donc, disait-on, il doit diviser les humeurs ; on trouve encore bien des traces de ce système absurde dans la matière médicale moderne.

56. — Ligne 14. *Vim in balineis æstus arcet, si contineatur ore.* Celse (I, 3) dit la même chose : *Si quis in balneo æstuat, reficit hunc ore exceptum, et in eo retentum acetum. Si id non est, eodem modo frigida aqua assumpta.*

57.—Page 248, ligne 18. *Medetur potæ hirudini.* Cette propriété, dont parle aussi Dioscoride (V, 21), n'est point hypothétique : si des sangsues, après s'être introduites dans l'estomac ou dans le larynx, y adhéraient, le vinaigre leur ferait lâcher prise, et, en facilitant le vomissement, on se débarrasserait de ces animaux. L'eau, fortement salée, agirait peut-être plus efficacement encore.

58. — *Item lepris, furfuribus, ulceribus manantibus, canis morsibus, scorpionum ictibus, scolopendrarum, muris aranei, etc.* Ces propriétés prophylactiques du vinaigre sont illusoires dans tous les cas indiqués par Pline; l'administration de ce liquide est conseillée dans l'empoisonnement par les substances narcotiques, mais seulement après l'expulsion du poison de l'estomac, expulsion qu'il faut favoriser par le vomissement.

59. — Page 250, ligne 1. *In sanguinis fluxione post excisos calculos, etc.* Ainsi l'extraction de la pierre était connue du temps de Pline; elle avait lieu, dit-on, avant le siècle d'Hippocrate. Celse la pratiquait à Rome avec un grand succès. Cette opération cessa d'être pratiquée après la chute du grand empire, et il fallut des siècles pour en retrouver les procédés.

60. — Ligne 8. *Tussim veterem inhibet, et gutturis rheumatismos, orthopnœam, etc.* Les médecins modernes administrent encore aujourd'hui les oxymels dans les catarrhes chroniques.

61. — Ligne 11. *Nuper ab aspide calcata percussus utrem aceti ferens, etc.* Le vinaigre, ainsi que nous l'avons dit plus haut, agit avec quelque efficacité contre les poisons stupéfians; or, le venin de la vipère est dans ce cas; mais, pour combattre un empoisonnement aussi redoutable, il faut employer des agens plus actifs; tels sont la ligature, la cautérisation, l'alcali volatil à l'intérieur, etc., moyens dont Pline ne fait nulle mention dans sa matière médicale. La succion a plus d'efficacité, et les anciens la connaissaient. Notre auteur dit plus loin que les personnes qui sucent les piqûres de bêtes venimeuses se rincent la bouche avec du vinaigre : *Neque altero os colluunt venena exsugentes.*

62. — Ligne 17. *Saxa rumpit infusum, quæ non ruperit ignis antecedens.* Il est certain que le vinaigre disgrège les calcaires (sous-carbonate de chaux), le gaz carbonique se dégage, et il

y a formation de sous-acétate de chaux. Pline rappelle sans doute ici le passage d'Annibal dans les Alpes, et la prétendue trouée qu'il fit à travers les rochers, en les dissolvant avec le vinaigre. Il est vraiment curieux qu'une pareille fable ait pu trouver des gens crédules. La totalité du vinaigre que produit l'Europe entière, si elle était réunie au pied des Alpes, ne pourrait, en plus de temps qu'Annibal n'en mit à subjuguer la presque totalité de l'Italie, parvenir à disgréger complètement les molécules d'une seule de ces roches. Quelques auteurs ont pensé que, par *rupit aceto*, il fallait entendre qu'Annibal avait doublé la dose de *posca* (boisson d'eau et de vinaigre) à ses soldats, afin qu'ils supportassent mieux les fatigues de la traversée; mais pourquoi Pline prend-il ici la chose au sérieux? Les exploits miraculeux d'Annibal, sa brusque invasion en Italie, étaient extraordinaires; il fallait des moyens qui le fussent aussi pour les expliquer: or, dissoudre des rochers pour se frayer un passage dans l'intérieur de leur masse, a paru un moyen digne de cet homme qui mit l'empire romain à deux doigts de sa perte.

62 *bis*.—XXVIII, page 252, ligne 12. *Acetum scillinum inveteratum magis probatur.* Pline a déjà parlé du vinaigre de scille au livre XX. Aucune des propriétés rappelées dans ce passage ne mérite qu'on la discute sérieusement. Pline a copié ici Dioscoride presque littéralement. Nous avons dit que le vinaigre scillitique était la base d'un oxymel qui a gardé ce nom, et que nos médecins emploient encore assez fréquemment.

63. — XXIX, page 254, ligne 4. *Oxymeli antiqui (ut Dieuches tradit) hoc modo temperabant.* L'oxymel des modernes est une dissolution de miel dans le vinaigre blanc, et ne ressemble en aucune manière à la composition monstrueuse dont il est ici question, et qu'aucun estomac ne pourrait supporter. Les propriétés qu'on lui accorde, contre la morsure du *seps* et contre l'empoisonnement par l'opium, sont fondées en partie. Le vinaigre agit efficacement dans les cas d'empoisonnement par les poisons stupéfians.

64. — Ligne 11. *Et contra meconium, ac viscum, etc.* Nous

avons déjà fait remarquer que le gui ne peut avoir une place parmi les poisons. Il a des propriétés sédatives mal constatées, mais n'apporte aucun trouble dans l'économie vivante.

65.—Page 254, ligue 13. *Quæ nunc omnia oxalme contingunt: id sale et aceto recente efficacius est.* L'*oxalme* était un composé de sel et de vinaigre, ou de saumure et de vinaigre. Dioscoride (V, 22) lui accorde la propriété de faire périr les sangsues dans l'estomac des personnes qui les ont accidentellement ingérées, et cette propriété est assez probable. Ce même auteur donne le nom de *thymoxaline* (V, 23) à une préparation qui se faisait avec le thym broyé, la rue, le pouliot, le sel marin et le vinaigre. Nous n'avons aucun analogue dans les pharmacopées modernes.

66. — XXX, page 254, ligne 17. *Vino cognata res sapa est, musto decocto, donec tertia pars supersit.* Pline a parlé du *sapa*, qu'il nomme *vinum syræum, seu hepsema*, comme d'un vin doux. Cf. au livre XIV, la note 180. Les propriétés que Pline lui accorde sont illusoires. Fabianus, cité vers la fin du chapitre par notre auteur, a dit une sottise en prétendant que, bu à jeun, le *sapa*, sorte de raisiné, était un poison.

67. — XXXI, page 256, ligne 2. *Consequens horum est vini fæx.* La lie du vin est chargée de sous-tartrate de potasse, de matière colorante (dans le vin rouge), d'un peu de vin, qui devient bientôt acidule, etc. Son emploi médicinal est aujourd'hui nul. Pourtant, dans la médecine populaire, on fait quelquefois des applications de lie à l'extérieur, pour fortifier les membres atrophiés.

68. — Ligne 3. *Ergo vini fæci tanta vis est, ut descendentes in cupas enecet. Experimentum demissa præbet lucerna, quamdiu extinguatur, periculum denuntians.* Pline étend le nom de lie de vin, *fæx vini*, au marc des raisins; au moment où la fermentation, n'étant pas achevée, donne lieu à un dégagement considérable de gaz carbonique, il asphyxie très-promptement les animaux qui le respirent. On suit encore le moyen indiqué par notre auteur pour s'assurer si l'air des caves est ou non respirable. Une grande quantité de lie de vin, renfermée dans un cellier, donnerait lieu

à une évaporation considérable d'alcool qui déterminerait l'ivresse, mais non la mort. Tout ce que Pline dit, touchant les propriétés de la lie, peut être regardé comme hypothétique. Elle ne serait d'aucun secours dans les empoisonnemens par les champignons, augmenterait les inflammations au lieu de les diminuer, etc. Brûlée jusqu'à ce qu'elle ne renferme plus d'humidité, elle a les propriétés du tartre brut, dont elle ne diffère plus alors.

69.—Page 256, ligne 21. *Tuncque usum acaciæ habet.* L'*acacia* dont on veut ici parler est le suc épaissi des légumes de l'*Acacia nilotica*, connu dans le commerce sous le nom de suc d'acacia.

70. — XXXII, page 258, ligne 2. *Fœx aceti pro materia acrior sit necesse est, multoque magis exulceret.* Les lies de vinaigre desséchées ont des propriétés identiques avec les lies de vin ; elles sont aussi peu usitées en médecine que celles-ci, et tout ce qu'en dit Pline doit être mis au rang des fables. Toutefois, il dit avec raison qu'elles ont des propriétés plus actives quand on les brûle.

71. — Ligne 9. *Cum melanthio autem contra crocodili morsus, et canis.* Le *melanthion* est la nielle cultivée. Cf. le livre XX et la note 180. Nous doutons que la morsure du crocodile laisse beaucoup de ressources à la médecine.

71 *bis.* — XXXIII, page 258, ligne 15. *Sapæ fæce ambusta sanantur, etc.* Les fèces du *sapa* ne sont autre chose que les parties les plus consistantes de ce même *sapa ;* il n'y a aucun rapport entre ses propriétés et celles des lies de vin et de vinaigre.

72. — XXXIV, page 260, ligne 1. *Folia* (*olearum*).... *vehementissime adstringunt, purgant, sistunt.* Les feuilles de l'olivier sont riches en tannin et en acide gallique; ainsi on peut dire d'elles *vehementissime adstringunt.* Elles ont été proposées comme un des succédanés du quinquina. Il n'est pas vrai qu'elles purgent ; on les range parmi les astringens toniques. Tout ce qui, dans Pline, ne se rapporte pas à ces qualités est hypothétique. Dioscoride s'exprime dans les mêmes termes que notre auteur (I, 139).

73. — XXXV, page 260, ligne 17. *Eosdem et flos earum habet effectus.* Les fleurs de l'olivier sont inusitées; leurs propriétés doivent se rapprocher des feuilles. Quant à la cendre des jeunes branches, c'est un sous-carbonate de potasse impur, qui agit à l'extérieur, en irritant puissamment les surfaces sur lesquelles on l'applique. L'eau qui sort du bois, quand on le brûle, est une sorte d'acide pyro-ligneux qui pourrait répercuter les dartres, pour le traitement desquelles Pline l'indique mal-à-propos, d'après Dioscoride (I, 139).

74. — Ligne 22. *Nam et lacryma quæ ex arbore ipsa distillat, etc.* Ce suc, concrété en larmes, nous paraît être la gomme d'olivier (*enhæmon* de Théophraste et de Pline, Cf. au livre XXII, la note 83), dont les propriétés sont négatives. Dioscoride (I, 139) dit à tort que c'est un poison; il ajoute que cette production résineuse ressemble à la scammonée, ce qui est vrai. Pline revient, vers la fin de ce paragraphe, sur les propriétés astringentes de l'écorce des racines d'olivier, en les indiquant à l'intérieur dans les crachemens de sang. Toutes les parties de l'olivier sont riches en tannin et en acide gallique. Cf. plus haut, la note 72.

75. — Ligne 23. *Æthiopicæ maxime oleæ.* Dioscoride (I, 142) parle en effet de ces arbres comme étant ceux d'entre tous les oliviers qui fournissent une plus grande quantité de résine en larmes. Césalpin croyait que ce suc n'était autre chose que l'élémi, ce qui est tout-à-fait hypothétique. On doit l'élémi à une térébinthacée. Les oliviers d'Éthiopie ne sont autre chose que les oliviers sauvages ou *oleastres*. Dioscoride (I, 138) dit positivement: « L'olivier sauvage, que les Latins nomment *oleaster*, et que d'autres personnes qualifient d'olivier d'Éthiopie. »

76. — XXXVI, page 262, ligne 8. *Olivæ albæ stomacho utiliores, ventri minus.* Les olives blanches rentrent dans quelques-unes des variétés nombreuses des fruits de l'olivier d'Europe. Les olives n'ont aujourd'hui d'importance médicale qu'en raison de l'huile qu'on en retire. Ce que Pline dit de leurs propriétés est mensonger.

77. — Page 262, ligne 15. *Colymbades (olivæ)*. Nous avons parlé des olives colymbades ou confites dans la note 27 du livre XV.

78. — XXXVII, page 262, ligne 19. *De amurca poteramus videri satis dixisse.* Pline a parlé assez longuement de l'*amurca*, au livre XV. Cf. au livre cité, les notes 19, 75 et 76. L'*amurca* (fèces de l'huile d'olives) contient, en assez grande quantité, de l'huile, du mucilage, des débris du sarcocarpe de l'olive, etc.; ainsi on peut lui accorder des propriétés émollientes. Loin de fortifier les gencives, il en augmenterait l'atonie; mais il pourrait convenir en friction pour guérir quelques maladies herpétiques, pour faciliter la réduction des luxations, dans la goutte, pour en calmer les douleurs, etc.: encore serait-il impuissant dans la plupart de ces cas. Il est faux qu'il fasse tomber les dents sur lesquelles on l'applique, plus faux encore qu'il puisse guérir les fistules de l'anus, les ulcères, etc. On n'emploie plus, de nos jours, l'*amurca*. Cf. sur les propriétés de l'*amurca*, Dioscoride (I, 135).

79. — Page 264, ligne 15. *Item jumentorum scabiem..... mire sanat.* Caton (*de Re rust.*, c. 96) s'exprime en ces termes : *Oves ne scabræ fiant, amurcam condito, puram bene facito : aquam ubi lupinus deferbuerit, et fæcem de vino bono, inter se omnia commisceto pariter.... Eodem modo in omnes quadrupedes utitor, si scabræ erunt.* Dioscoride (I, 135) s'exprime en termes peu différens. L'*amurca*, étant un corps gras qui peut donner une grande souplesse à la peau, serait certainement utile pour combattre certaines affections psoriques des bestiaux. Cf. sur le *lupin*, le chapitre 36 du livre XVIII, et sur le *chamæleon*, le chapitre 21 du livre XXII.

80. — XXXVIII, page 264, ligne 20. *Oleastri foliorum eadem natura (quam amurcæ)*. Cette analogie de propriétés entre l'*amurca* et les feuilles de l'olivier sauvage est fausse; elle est complète avec celles de l'olivier cultivé. Cf. plus haut, la note 72. Au reste, notre auteur dit plus loin : *Cetera, ut in oleis.*

81. — *Spodium e cauliculis (oleastri)*. Cf. sur cette cendre alcaline, la note 73.

82. — Page 266, ligne 2. *Cetera, ut in oleis. Peculiare autem....*

contra sanguinis exscreationes. Pline dit ici que l'*oleaster* a les mêmes propriétés que l'olivier, sauf les exceptions qu'il fait connaître; il ajoute que l'*oleaster* est surtout recommandable dans le crachement de sang, et pourtant il a dit précédemment : *Folia (oleæ sativæ) vehementissime adstringunt..... cum melle profluvium sanguinis e nervosis partibus cohibet, etc.*

83. — Page 266, ligne 4. *Oleum tantum acrius, efficaciusque : et de eo os quoque colluitur ad dentium firmitatem*. Du moins, Dioscoride le dit (I, 141) : Τὸ δὲ ἐκ τῆς ἀγρίας ἐλαίας ἔλαιον, κ. τ. λ. : *Silvestris olivæ oleum ad gengivas putri uligine laborantes colluitur, dentesque labantes confirmat*. Quintus Serenus conseille de mâcher des feuilles d'olivier sauvage pour fortifier les gencives, ce qui nous semble plus efficace que l'huile, quoique celle-ci ait une vertu astringente marquée :

> Mansus item prodest succis oleaster acerbis.
>
> Q. Serenus, III, 25.

Aucune des parties de l'*oleaster* n'est employée, et tout ce que dit Pline de leurs propriétés est au moins hypothétique; néanmoins, on doit remarquer que plusieurs assertions, fournies par le texte, reposent sur la vertu astringente de l'*oleaster*, pleinement justifiée par la présence du tannin qui y abonde.

84. — XXXIX, page 266, ligne 20. *Olei naturam causasque abunde diximus*. Pline en a traité dans les premiers chapitres du livre XV.

85. — Ligne 21. *Utilissimum esse omphacium*. Cf. sur l'*omphacium*, la note que nous avons donnée au livre XII, vers la fin de ce livre. Pline et Dioscoride donnent aussi le nom d'*omphacium* à un rob de raisins non encore mûrs, ou de verjus, desséché quelquefois jusqu'à siccité. Ce que notre auteur dit des propriétés médicinales de l'*omphacium* est puisé dans Dioscoride (I, 29), et n'est point fondé sur des considérations tirées de la nature intime de l'*omphacium*; cette huile est un succédané de celle qu'on extrait des fruits de l'*oleaster*. C'est mal-à-propos que notre auteur paraît estimer moins celui qui est récent que celui qui a vieilli; mais il a raison de le dire astringent.

86. — LX, page 268, ligne 6. *Œnanthino idem est effectus, qui rosaceo.* L'*oleum œnanthinum* se préparait en faisant infuser l'*œnanthe* (fleur de la vigne) dans l'*omphacium.* Ce que Pline dit des propriétés émollientes est assez fondé ; mais il lui attribue une foule de vertus que l'autorité d'un médecin éclairé ne sanctionnerait pas ; les anciens n'avaient en toxicologie que des idées fausses et erronées.

87. — Ligne 15. *Tormina calidum potum cyathis sex, magisque ruta simul decocta pellit.* Un médecin moderne craindrait avec raison, en employant un pareil moyen, d'augmenter les accidens au lieu de les faire cesser. La rue est une plante fort dangereuse.

88. — Ligne 16. *Item ventris animalia.* On conseille encore quelquefois, comme vermifuge, l'huile d'olives ou quelque autre huile fixe ; on accorde la préférence aux huiles fixes qui agissent comme purgatives. Pline veut-il parler ici de l'huile d'olive ou seulement de l'*œnanthinum?* c'est ce qu'on ne peut bien décider. Dioscoride (I, 54) accorde à l'huile, en général, les propriétés alexipharmaques, calmantes et vermifuges, que notre auteur attribue plus particulièrement à l'*œnanthinum.*

89. — Page 270, ligne 1. *Lethargicis auxiliare, et inclinato morbo.* Celse (III, 20) dit que l'huile a la propriété de tirer les léthargiques de leur engourdissement : *Excitat autem lethargicos validissime; repente aqua frigida infusa post remissionem : itaque perunctum oleo multo corpus, tribus aut quatuor amphoris, totum per caput perfundendum est, etc.;* mais que Celse l'ait entendu de l'huile en général, ou que Pline l'ait dit seulement de l'huile d'*œnanthe*, cela importe peu, puisque l'une et l'autre ne peuvent être d'aucun secours dans le cas pour lequel ces auteurs les préconisaient.

90. — XLI, page 270, ligne 8. *Oleum cicinum bibitur ad purgationes ventris cum pari caldœ mensura.* Pline a traité du *cici* au livre XV, note 44 : c'est le ricin. L'huile qu'on retire de ses semences agit en effet comme purgative, et peu de médicamens ont aujourd'hui un emploi plus fréquent. Il est curieux de lire dans Pline que son action cathartique s'exerce surtout dans

les parties précordiales : *Privatim dicitur purgare præcordia.* Galien (*de Fac. simpl. med.*, VI) a déterminé la force purgative de l'huile de ricin. Dioscoride (I, 38) ajoute aux vertus purgatives, qui sont les seules positives, une foule de propriétés médicinales hypothétiques.

91. — Page 270, ligne 14. *Semen ex quo fit, nulla animans attingit.* Les animaux laissent intacte la semence du ricin, parce que l'instinct les avertit qu'elle recèle un principe âcre qui leur serait nuisible.

92. — *Ellychnia ex uva fiunt, claritatis præcipuæ.* On ne connaît pas, dans les pays où les ricins abondent, l'usage des grappes (long épi floral ramifié, accompagné de bractées membraneuses). On ne sait trop même comment on pourrait s'en servir pour faire des mêches. L'huile de ricin sert à brûler dans beaucoup de contrées. L'inconvénient dont Pline parle, et qui est fondé sur la trop grande consistance de l'huile de ricin, est réel.

93. — Ligne 16. *Folia igni sacro illinuntur ex aceto.* On lit encore dans les traités modernes de matière médicale, que les feuilles du ricin jouissent de qualités émollientes, relâchantes et adoucissantes. Ces propriétés sont-elles réelles, ou bien supposées? sont-elles fondées sur les assertions de Pline, ou sur des observations rigoureuses? c'est ce que nous n'osons décider.

94. — XLII, page 272, ligne 2. *Oleum amygdalinum purgat, mollit corpora, etc.* L'huile d'amandes douces n'est pas purgative, et n'agit comme laxative qu'à des doses fort élevées. Elle ne renferme en elle aucun principe âcre qui lui donnerait les propriétés de l'huile de ricin.

95. — Ligne 7. *Medetur furunculis, et a sole ustis cum cera.* La préférence que l'on accorde à l'huile d'amandes douces sur toutes les autres, dans la confection des cérats et des pommades cosmétiques, s'explique par ce qu'en dit notre auteur, qui, avant que les sciences médicales et pharmaceutiques fussent fondées sur des bases solides, fournissait des recettes à tous les guérisseurs. Il est inutile de prévenir que la phrase qui termine ce paragraphe renferme une absurdité. L'huile d'amandes douces, lorsqu'on s'en

frotte la tête, ne provoque point le sommeil : *Per se vero capiti illitum, somnum allicit.*

96. — XLIII, page 272, ligne 12. *Oleum laurinum utilius quo recentius, quoque viridius colore.* L'huile fixe de laurier, ainsi que nous l'avons dit dans nos notes sur le livre xv, s'obtient par expression, et conserve une certaine quantité d'huile volatile à laquelle elle doit l'excellence de son odeur. Elle se trouve encore dans les pharmacies modernes, et sert quelquefois en liniment contre les douleurs rhumatismales et autres affections voisines.

97. — XLIV, page 272, ligne 18. *Similis et myrtei olei ratio.* Cette huile, telle que les anciens la préparaient, n'a point d'analogie avec l'huile de laurier, huile fixe, qui retient une assez grande quantité d'huile essentielle. L'huile de myrte ne se trouve plus dans les pharmacies modernes. Dioscoride (I, 49) a fourni tout ce que Pline nous dit des propriétés de ce médicament. La plupart de ces propriétés sont gratuitement supposées. Ce n'est point un contre-poison des venins corrosifs. *Voyez* la note suivante, ainsi que les notes 48 et 49 du livre xv.

98. — XLV, page 274, ligne 7. *Chamæmyrsinæ, sive oxymyrsinæ eadem natura.* Pline a dit, au livre xv, *Myrtus silvestris, quam quidam oxymyrsinen vocant, alii chamæmyrsinen.* Il est aujourd'hui bien établi que ce myrte sauvage est le petit houx. On ne peut tirer par expression, de ses semences, aucune huile fixe ; mais il paraît, au reste, que l'huile du myrte sauvage, ainsi que celle du myrte ordinaire, n'était pas une huile fixe, mais de l'huile d'olives non mûres (*omphacium*) que l'on faisait bouillir avec le suc exprimé des jeunes feuilles de ces arbustes : il en résultait une huile médicinale artificielle qui se chargeait de chlorophylle aromatique quand on la faisait avec le myrte, et inodore quand on la préparait avec le petit houx ; leurs propriétés les faisaient différer, et c'est le contraire que dit ici Pline.

99. — Ligne 8. *Cupressinum oleum eosdem effectus habet, quos myrteum.* Nous avons dit, note 50 du livre xv, que *l'oleum cupressinum* était sans doute quelque huile essentielle analogue à

celle de térébenthine. Dioscoride se tait sur le mode de préparation ; peut-être s'agit-il d'une huile dans laquelle on aurait fait bouillir les feuilles du cyprès.

100.—Page 274, ligne 9. *Item citreum.* Cette huile est, suivant nous, une huile volatile analogue à l'essence de térébenthine. Cf. la note 50, livre XV, et sur le *citrus* (*Thuya articulata*), la note 3 du livre XIII.

101. — *E nuce vero juglande, quod caryinum appellavimus, alopeciis utile est.* Cf. sur l'huile de noix, la note 51 du livre XV, et sur le noyer, la note 159 du livre cité. On a dit successivement de toutes les huiles, et de tous les corps gras, qu'ils pouvaient remédier à l'alopécie. L'huile de noix sert peu, de nos jours, en médecine; ses usages économiques sont assez nombreux.

102. — Ligne 13. *Ex cnidio grano (oleum) factum, eamdem vim habet, quam cicinum.* Le *granum cnidium* était fourni par deux thymelées, les *Daphne Gnidium* et *Cneorum* des auteurs. Infusés dans une huile fixe, ces fruits devaient lui communiquer des propriétés purgatives plus intenses que celles dont jouit l'huile de ricin ; mais, au reste, l'analogie signalée par Pline existe dans les propriétés seulement; car, l'une est une huile fixe naturelle, et l'autre une huile fixe artificielle.

103. — Ligne 14. *E lentisco factum (oleum).* Cette huile de lentisque est une huile fixe qui se retire des fruits du *Pistacia Lentiscus.* L'extraction s'en fait encore en Italie. Cette huile était autrefois usitée en médecine. Cf. la note 54 du livre XV. Les propriétés que Pline et Dioscoride (I, 51) lui attribuent sont supposées.

104. — Ligne 18. *Balaninum oleum repurgat varos, furunculos, etc.* Il s'agit ici de l'huile des semences du *Moringa oleifera*, L., connue dans le commerce sous le nom d'huile de Ben. Pline en parle au livre XV, sous le nom de *oleum e glande ægyptia.* Cf. sur cette huile, la note 55 du livre cité; et sur l'arbre *moringa*, la note 89 du livre XII. Les propriétés que lui accorde Pline, pour dissiper les taches de rousseur et fortifier les gencives, sont illusoires.

105. — XLVI, page 274, ligne 21. *Cypros qualis esset, et quemadmodum ex ea fieret oleum docuimus.* Pline a donné en effet des détails sur le *Lawsonia inermis*, L., auquel nous rapportons le *cyprus* des anciens, au livre XII. *Voyez* la note 99 de ce même livre, et la note 55 du livre XV, sur l'huile de *cyprus*, huile médicinale dont Dioscoride donne le mode de préparation (I, 66); les propriétés de cette huile sont hypothétiques.

106. — Page 276, ligne 1. *Folia* (*cypri*) *stomacho illinuntur, etc.* Les propriétés attribuées par Pline et par Dioscoride (I, 125) ne sont pas avouées par les modernes. On connaît au reste fort peu en Europe les vertus du *lawsonia* ou henné; il joue un grand rôle dans la médecine des peuples orientaux. Les feuilles servent en teinture, et leur décoction pourrait fort bien colorer les cheveux en blond doré : *Ipsa* (*folia*) *rufant capillum tusa*, dit Pline. Les fleurs ont une odeur vive qui, étant long-temps respirée, déterminerait sans doute une céphalalgie plus ou moins intense, ou peut-être même la somnolence : *Odor floris olet, qui somnum facit.*

107. — Ligne 9. *Adstringit* (*oleum*) *gleucinum.* La base de ce médicament composé était le moût de raisin. Cf. au livre XV, la note 60.

108. — Ligne 10. *Eadem ratione qua et œnanthinum.* Cf. sur l'*œnanthe*, la note 110 du livre XII., et la note 206 du livre XIV; et sur les parfums d'*œnanthe*, la note 8 du livre XIII. *Voyez* aussi Dioscoride (I, 57).

109. — XLVII, page 276, ligne 13. *Balsaminum longe pretiosissimum omnium, ut in unguentis diximus, etc.* Pline a en effet traité, au livre XII, du *balsamum* (*Terebenthine de Amyris gileadensis et opobalsamum*). Cf. au livre cité, la note 105. Toutes les propriétés que Pline lui accorde sont peu certaines, et ont été puisées dans Dioscoride (I, 19); cet auteur dit qu'on peut s'en servir pour combattre la morsure des vipères, éclaircir la vue, etc., et Quintus Serenus a mis en vers quelques-unes des assertions renfermées dans le texte de Pline :

> Balsama si geminis instillans auribus addas,
> Tum poteris alacrem capitis reparare vigorem.
>
> II, 126.

Portio si capitis morbo tentetur acuto,
Allia diversam lana contecta per aurem
Inducta prosunt : et eodem balsama pacto.
III, 127.

Quoique les vertus du baume de la Mecque aient été vantées en prose et en vers, et dans la langue de tous les pays, les modernes ne voient en lui qu'une térébenthine peu ou point différente de celle qu'on obtient des conifères.

110. — XLVIII, page 276, ligne 24. *Malobathri quoque naturam et genera exposuimus*. Pline en a traité en effet au livre XII. Nous avons essayé de démontrer que nous ne savions à quelle plante il fallait rapporter ce *malobathrum*, qui du moins était distinct du *Laurus Malabathrum* des botanistes modernes. Cf. au livre cité, la note 120. Pline dit que l'huile de *malobathrum* coûtait soixante deniers la livre, tandis que le *malobathrum* valait jusqu'à trois cents deniers, ce qui nous prouve que cette huile était une préparation artificielle. On y ajoutait de la myrrhe.

111. — XLIX, page 278, ligne 9. *Hyoscyaminum* (*oleum*) *emolliendo utile est, nervis inutile. Potum quidem cerebri motus facit*. Suivant Dioscoride (I, 143), on la préparait avec les semences de la jusquiame blanche. C'était une huile fixe dont les propriétés étaient narcotiques à un très-haut degré. On doit s'étonner de ce que les anciens aient pu l'administrer à l'intérieur, et que Pline se soit contenté de dire seulement qu'elle troublait le cerveau.

112. — Ligne 10. *Therminum* (*oleum*). Ce nom de *therminum* est le nom grec du lupin (θέρμος). On se servait de ce légume pour en préparer une huile médicinale, comme on en fait une de nos jours avec les semences de fenugrec.

113. — Ligne 12. *Narcissinum* (*oleum*). Le nom de narcisse vient de νάρκη (sommeil), parce qu'on était dans la persuasion qu'il agissait comme narcotique. On sait aujourd'hui que c'est un poison irritant et non stupéfiant.

114. — *Raphaninum phthiriases longa valetudine contractas tollit, etc.* L'huile fixe que l'on extrait de la semence des crucifères est chargée d'un peu d'huile essentielle, qui lui donne

cette odeur et cette saveur particulières. On ne l'emploie plus en médecine ; mais nous ne doutons pas qu'appliquée sur les parties du corps en proie à la vermine, elle ne la fasse mourir.

115. — Page 278, ligne 14. *Sesaminum* (*oleum*). Cf. sur l'huile de sésame, *Sesamum orientale*, L., la note 68 du livre XV.

116. — Ligne 16. *Lirinon, quod et Phaselinum et Syrium vocavimus, renibus utilissimum est, etc.* C'est au livre XXI, chap. 11, que Pline a écrit : *Est et rubens lilium, quod Græci crinon vocant... Laudatissimum in Antiochia, et Laodicea Syriæ, mox in Phaselide.* Ce n'est pas sans raison que notre auteur la croyait émolliente. Cf. sur le *lilium rubens a Græcis crinon dictum*, la note 32 du livre cité. Dioscoride parle (I, 63) d'un onguent ou parfum de lis ; est-ce là l'*oleum lirinon* de Pline ?

117. — Ligne 18. *Selgiticum* (*oleum*). Cf. au livre XV, la note 70.

118. — Ligne 19. *Sicut herbaceum* (*oleum*) *quoque, quod Iguvini circa Flaminiam viam vendunt.* Cette huile, sur la composition de laquelle on manque de renseignemens, devait sans doute ce nom d'*herbaceum* aux herbes qui y entraient à l'exclusion de tous autres médicamens. Notre baume tranquille (*oleum de narcoticis*) est dans ce cas.

119. — L, page 280, ligne 2. *Elæomeli, quod in Syria ex ipsis oleis manare diximus, etc.* Il n'est pas facile de décider ce qu'on doit entendre par *elæomeli.* C'est un suc qui découle de certains arbres ; mais quels sont-ils ? est-ce une sorte de manne, comme celle de l'*alhagi ?* est-ce une sorte de térébenthine ? En adoptant cette opinion, on se demande comment on pouvait s'en servir à l'intérieur à des doses assez élevées pour purger ? comment enfin ne dit-on rien de son odeur, qui devait être fort prononcée ? Tout cela n'est pas facile à expliquer. Pline et Dioscoride s'accordent pour en parler dans les mêmes termes ; malheureusement on sait que ces deux auteurs n'ont d'autorité que pour un seul, car Pline a copié Dioscoride de la manière la plus servile. Si nous admettons la possibilité de quelques inexactitudes, on pourra croire que l'*éléomel* est une térébenthine ; et en effet, il est question, dans Dioscoride (I, 37), de son emploi en fric-

tions dans les douleurs nerveuses. On trouve une singulière contradiction dans nos auteurs : ils disent que l'éléomel assoupit ceux qui en prennent intérieurement, et, plus loin, que les buveurs qui veulent faire leurs preuves se préparent à leurs excès en avalant un cyathe d'éléomel. Le père Hardouin dit que c'était par bravade qu'ils en agissaient ainsi ; il est bien plus simple de mettre sur le compte de Dioscoride et de Pline la prétendue vertu soporifique de l'éléomel.

120. — Page 280, ligne 7. *Pissino oleo usus ad tussim et quadrupedum scabiem est.* Cf. la note 71 du livre XV, et Dioscoride (1, 96).

121. — LI, page 280, ligne 10. *A vitibus oleisque proxima nobilitas palmis : inebriant recentes.* Il n'est pas vrai que les dattes récentes causent l'ivresse ; ce fruit figure encore dans la matière médicale des peuples modernes, parmi les fruits pectoraux ; il fait la base de plusieurs sirops pectoraux dont les charlatans cachent soigneusement la recette. Le suc des dattes cuites est, comme le dit Pline, un bon analeptique. Cf. Dioscoride (1, 149).

122. — Ligne 18. *Nuclei palmarum cremati in fictili novo, etc.* La cendre lavée des noyaux de dattes n'a point de propriétés qui la distinguent de celle de tous les autres végétaux.

123. — LII, page 282, ligne 2. *Palma quæ fert myrobalanum, probatissima in Ægypto, etc.* Il ne s'agit plus ici du myrobalan, dont notre auteur a parlé au livre XII, et qu'il dit venir dans le pays des Troglodytes, dans la Thébaïde, et dans la partie de l'Arabie qui sépare la Judée de la Basse-Égypte. Pline parle de son fruit comme servant exclusivement aux parfums, etc. Ce myrobalan est bien la noix de Ben, le *balanus myrepsicus* de Dioscoride, *Moringa oleifera*, L. Mais quel est donc ce myrobalan, qui n'a point de noyau et qui est fourni par une sorte de palmier ? c'est ce qu'il convient de chercher. Pline dit ici que le palmier à myrobalans croît en Égypte, et que ses fruits, sans noyau, agissent comme laxatifs. Au livre XII, chap. 47, il avait écrit que les dattes d'Égypte portent le nom d'adyses, et sont employées en parfum

aussi souvent que le myrobalan, et que quand on voulait qu'elles servissent à cet usage, on les cueillait avant maturité, pour qu'elles fussent sans noyau. Mûres, on les nommait *phœnicobalans;* ce rapprochement lève toute difficulté; il est évident que Pline, qui compile avec tant d'inexactitude les autres auteurs, s'est à son tour mal compilé; il a voulu écrire : « Passons au palmier qui produit le *phœnicobalanus*, et il a écrit *myrobalanus.* » Ainsi s'explique avec la plus grande facilité ce qui autrement serait tout-à-fait inexplicable. Cf. sur le *phœnicobalanus*, la note 94 du livre XII, où nous avons cherché à établir qu'il s'agissait des fruits du *douma.*

124. — LIII, page 282, ligne 7. *Palma elate, sive spathe, etc.* Nous avons dit que, par *spathe,* il fallait entendre l'enveloppe du régime du *Phœnix dactylifera.* Cf. au livre XII, la note 117. C'est à tort que quelques auteurs ont prétendu que le mot *elate* désignait une espèce distincte de palmier. Dioscoride (I, 151) s'exprime en termes qui lèvent tous les doutes à cet égard. Cf. plus loin la note 127, où nous ferons voir que Dioscoride désigne l'*elate* comme une partie du palmier. On voit au reste, par ce que dit Pline des propriétés de l'*elate*, que cet auteur ne parle que de l'écorce, enveloppe principale, et des feuilles, membranes intérieures, dont Dioscoride ne dit rien; au reste, ces deux auteurs sont assez d'accord sur les propriétés de l'*elate.* Cette enveloppe ligneuse (*spathe*), considérée sous le rapport médical, est inerte; dans sa jeunesse, elle est riche en mucilage, et ce mucilage est accompagné d'un peu de tannin.

125. — LIV, page 282, ligne 21. *Ex his (malis) verna, acerba, stomacho inutilia sunt.* Les fruits verts sont encore aujourd'hui proscrits sous le rapport alimentaire. La maturation n'y a pas encore fait naître le sucre; l'acide malique et l'acide tartrique, au contraire, y abondent, et exercent une vive action sur l'estomac et sur les intestins.

126. — Ligne 23. *Cocta meliora. Cotonea cocta suaviora.* Un grand nombre de fruits gagnent beaucoup par la cuisson que l'on pourrait nommer une maturation artificielle; et en effet,

la coction change les élémens constituans des fruits, et y développe du sucre aux dépens de l'acide et du mucilage. Les coings âpres et acerbes, même lorsqu'ils ont acquis toute la maturité que peut leur donner la nature, deviennent agréables et sains quand on les mange cuits. Pline les regarde avec raison comme des astringens puissans; on fait encore aujourd'hui, avec leur suc, un sirop autrefois très-usité, et qui n'est pas tombé dans l'oubli. Les coings cuits conservent quelque chose de l'astringence qu'ils avaient étant crus. On ne les applique plus en topique sur l'estomac. Le duvet, dont ils sont couverts, est inusité et entièrement inutile dans le cas pour lequel Pline l'indique : *Lanugo eorum carbunculos sanat.* La conserve de coings, que notre auteur préconise comme stomachique, était encore naguère estimée comme telle. Croire que ce fruit cuit, et mêlé à la cire, puisse remédier à l'alopécie, est une absurdité. Les fleurs ne sont plus aujourd'hui usitées; mais, en revanche, la médecine moderne a tiré parti du mucilage qui abonde dans les pepins du coing.

127. — Page 284, ligne 21. *Fit et oleum ex his* (*cotoneis*), *quod melinum vocavimus.* Cf. au livre XIII, la note 11. Dioscoride (I, 56) donne la composition de ce médicament, dans lequel il fait entrer l'*elate* du palmier (la spathe) et le jonc odorant.

128. — Page 186, ligne 2. *Minus utilia struthia, quamvis cognata.* Cf. sur cette variété du coing, les notes 86 et 88 du livre XV.

129.—*Radix eorum circumscripta terra manu sinistra capitur, etc.* Le grave naturaliste raconte ce procédé superstitieux sans paraître ne pas y ajouter foi. Nous avons dit quelque chose des amulettes à la note 21 de ce même livre. La pratique superstitieuse dont parle ici Pline, rappelle celle consignée par Josèphe dans son *Histoire de la guerre de Judée;* on la trouve rappelée par Matthiole dans l'épître qui précède ses *Commentaires sur Dioscoride.* Dupinet, son traducteur, s'exprime en ces termes, auxquels nous laisserons toute leur naïveté : « Il y a, dit Josèphe (VII, 25), un lieu en Judée, dit Baaras, auquel croist une racine nommée *baaras*, qui a une couleur comme de feu, estincelant sur le soir comme une estoile; de laquelle il est fort difficile de s'approcher et de l'arracher, si bien elle fuyt sous terre, et ne s'arreste jusques à ce qu'on luy puisse jetter dessus d'urine de femme, ou de son flux menstruel : joinct que si alors quelqu'un la touche, il est assuré d'en mourir, sinon qu'il emportât la susdite racine pendante en sa main. Or pour l'avoir, ils y procèdent de telle façon : on la deschausse tout à l'entour, et n'en laisse on qu'un bien peu sous terre ; puis on y attache un chien, lequel voulant suivre son maistre, qui s'en ira, l'arrache ; mais il meurt tout soudain, comme payant pour celui qui la voulait arracher ; dès lors, il n'y a danger à la manier. Or ne s'y hazarde on pas pour une seule vertu qu'elle a, qui est que en touchant ceux qui seront possédez des mauvais esprits, soudain ils en sont délivrez. »

130. — LV, page 286, ligne 7. *Melimela.* Pline donne à cette variété de la pomme le nom de *mustea præcocia* et de *melimela* au livre XV. Cf. la note 105 du livre cité. Cette pomme a dû ce nom à la saveur sucrée de sa chair. On faisait un sirop de pommes *altérant* (*siticulosa*) et purgatif, dont la recette était attribuée au roi Sapor.

131. — Ligne 9. *Orbiculata sistunt alvum, etc.* Nous avons parlé de cette variété de pommes au livre XV, note 105. Pline la dit astringente ; plusieurs pommes ont, en effet, cette propriété.

132. — Ligne 10. *Silvestria mala similia sunt vernis acerbis, alvumque sistunt.* Les pommes sauvages sont acerbes et conséquemment astringentes. Nous en avons parlé note 105 du livre XV.

133. — LVI, page 286, ligne 14. *Citrea contra venenum in vino bibuntur, vel ipsa, vel semen, etc.* Nous avons traité du citronnier, *malum medicum*, au livre XII, note 20. Théophraste (*Hist. plant.*, IV, 4), Athénée (III, 84), Dioscoride (I, 166), Oppius, (*apud* Macrob., II, 15) et Virgile (II, 126) confirment les propriétés du citronnier, dans le même sens que notre auteur. On ne peut guère comprendre que Pline ait pu croire que le citron ne pouvait être mangé qu'étant assaisonné avec le vinaigre. Est-ce qu'il s'agirait d'un citron à fruits doux, de la

lime douce par exemple, dont on aurait relevé la fadeur avec du vinaigre?

134. — LVII, page 286, ligne 21. *Punici mali novem genera nunc iterare supervacuum.* Pline a en effet parlé des grenades au livre XIII (Cf. la note 138 de ce livre); mais il ne les a distinguées, à l'exception de l'apyrène, que d'après leur saveur douce, sucrée, vineuse, etc. Nous connaissons aujourd'hui en Europe plusieurs variétés de grenades, mais aucune n'est privée de noyaux, et l'on ne peut raisonnablement penser que la culture puisse parvenir à les faire disparaître en totalité. Le suc de ce fruit renferme une faible quantité d'acide gallique. On en prépare un sirop qui est tempérant et légèrement astringent. C'est une puérilité que Pline a écrite, quand il a dit que ce suc était nuisible dans les déjections bilieuses, dans la fièvre, etc. Il est des cas où il pourrait être au contraire fort utile. On trouve encore aujourd'hui dans nos pharmacies le péricarpe de la grenade, qu'on estime comme astringent, et auquel Pline attribue la propriété de ranimer le fœtus et de lui causer une douce sensation. Les fleurs (*balaustes*) sont aujourd'hui inusitées, ainsi que l'écorce de la racine, dont nous parlerons plus bas.

135. — LVIII, page 288, ligne 20. *Ex acerbo fit medicamentum, quod stomatice vocatur.* Ce médicament, pour la préparation duquel Pline donne deux recettes, devait jouir, ainsi que nous le dit notre auteur, des mêmes propriétés que le *lycium.* On serait tenté de croire, en lisant attentivement ce passage, que parmi les affections contre lesquelles Pline le conseille est, entre autres, la maladie siphylitique : *Pterygiis, genitalibus, et his quas nomas vocant, et quæ in ulceribus excrescunt.... Succus.... coquitur mellis crassitudine, ad virilitatis et sedis vitia, et omnia quæ lycio curantur.*

136. — Page 290, ligne 3. *Contra leporem marinum.* Nous avons dit que, sous ce nom, les anciens entendaient parler d'un mollusque que l'on nomme *aphysia.* Cf. Dioscoride (*in Alexiph.*).

137. — Ligne 11. *In manibus rami punicorum serpentes fugant.* Préjugé qu'il suffit de signaler, et qu'il est superflu de combattre.

138. — Page 290, ligne 13. *Contusum malum ex tribus heminis vini.... tormina et tœnias pellit.* Les thérapeutistes modernes attribuent à tous les végétaux riches en tannin la propriété de faire mourir les vers. *Voyez* plus bas la note 140.

139. — LIX, page 290, ligne 19. *Primus pomi hujus partus florere incipientis, cytinus vocatur Grœcis.* Le grenadier avait chez les anciens une telle importance, que ses diverses parties portaient des noms différens : le calice de la fleur, comme on le voit ici, se nommait *cytinus,* nom que les modernes ont depuis appliqué à une plante parasite, au *Cytinus Hypocystis,* L.; la corolle était connue sous le nom de *balauste;* le péricarpe, sous celui de *malicorium.* Le *cytinus* a une grande astringence; ainsi, tout ce qui se rapporte à ses propriétés peut être avoué par une saine critique; il en est de même des pétales, *balaustes,* riches en tannin, et contenant en outre, comme toutes les fleurs d'un rouge très-prononcé, du fer à l'état d'oxide. Il est assez curieux d'entendre Pline recommander, avant de cueillir le *cytinus,* de dénouer ses souliers, de quitter son anneau et sa ceinture, etc., etc. L'auteur latin recommande d'avaler un calice de grenade sans le mâcher, afin de conserver long-temps la vue saine; ce qui est à peu près impossible, car ce calice est coriace, fort épais et assez gros. Dioscoride ne dit rien de la pratique superstitieuse conseillée par l'auteur romain. En général, celui-ci est loin d'apporter autant de discernement et de philosophie dans ses écrits qu'en a apporté le philosophe d'Anazarbe.

140. — LX, page 294, ligne 4. *Radix decocta succum emittit, qui tœnias necat.* Dioscoride (1, 152) attribue les mêmes propriétés à l'écorce de la racine de grenadier, et ces propriétés ne sont point illusoires. Les modernes avaient laissé ce médicament dans l'oubli. Les Grecs devaient-ils la connaissance des propriétés de l'écorce de la racine de grenadier aux Indiens, ou ceux-ci l'ont-ils puisée dans les écrits des Grecs? c'est ce qu'on ne peut décider.

141. — LXI, page 294, ligne 9. *Est et silvestre punicum a*

similitudine appellatum. Ce grenadier sauvage est sans doute le même arbrisseau que le grenadier ordinaire ou cultivé, abandonné à lui-même ou croissant spontanément. Dioscoride (I, 154) donne exclusivement le nom de *balaustin* à la fleur de ce grenadier sauvage, et dit que ses propriétés sont les mêmes que celles de la fleur des grenadiers cultivés. L'action narcotique de la racine est supposée : Dioscoride n'en dit rien ; il est probable que Pline attribue faussement au grenadier sauvage, ῥοιὰ ἀγρία, les propriétés qui devaient être attribuées seulement au coquelicot, μήκων ῥοιάς.

142. — LXII, page 294, ligne 15. *Pirorum omnium cibus etiam valentibus onerosus, etc.* Les propriétés alimentaires des poires varient suivant les espèces. Celles dont la chair est fondante et sucrée se digèrent bien plus facilement que les autres. Les préceptes donnés à ce sujet par l'école de Salerne sont trop absolus, et ce reproche peut être adressé à la plupart d'entre eux :

> Persica, poma, pira, et lac, caseus, et caro salsa,
> Atra hæc bile nocent, suntque infirmis inimica.
>
> Dum coquis, antidotum pira sunt ; sed cruda, venenum :
> Cruda gravant stomachum.........
>
> .... Sine vino, sunt pira virus.

143. — Ligne 16. *Decocta eadem mire salubria et grata, præcipue Crustumina.* Nous avons traité de la poire de Crustuminum, note 106 du livre XV. Cf. sur l'action de la cuisson sur les fruits, la note 115 de ce même livre.

144. — Ligne 18. *Quæcumque vero cum melle decocta, stomachum adjuvant.* Les fruits confits se digèrent mieux que les autres ; le corps sucré, avec lequel on les associe, aide la digestion et la rend plus prompte.

145. — Ligne 20. *Ipsa adversantur boletis atque fungis, etc.* Il faut bien se garder d'ajouter foi à cette décision. Dioscoride (II, 160) dit la même chose des poires sauvages. Plus loin notre auteur assure que la cendre du poirier est excellente pour neutraliser le poison des champignons ; rien de semblable n'arrive.

146. — Page 296, ligne 5. *Mala piraque portatu jumentis mire gravia sunt vel pauca. Remedio aiunt esse, si prius edenda dentur aliqua, aut utique ostendantur.* Pline, pour se soustraire à la garantie d'un pareil fait, dit *aiunt;* mais à quoi bon alors grossir son livre de pareilles assertions? Pline, réduit à ce qu'il renferme de faits positifs, serait fort peu volumineux; mais ces pratiques superstitieuses, ces faits erronés qui témoignent de l'ignorance des Romains, servent au moins à rectifier nos idées sur l'état des sciences physiques à Rome, à l'époque de sa plus grande gloire, et nous consolent d'avoir perdu une foule de manuscrits qui, répandus partout à l'époque de la chute du grand empire, auraient certainement retardé la marche de l'esprit humain, et peut-être ajourné indéfiniment l'époque de la renaissance ou plutôt de la naissance des sciences.

147. — LXIII, page 296, ligne 10. *Fici succus lacteus, aceti naturam habet. Itaque coaguli modo lac contrahit.* Il est faux que le suc propre du figuier soit de la nature des acides; il peut coaguler le lait sans que ce soit une preuve de cette analogie avec eux. On sait que plusieurs corps qui ne sont point acides, et notamment l'alcool, séparent les principes constituans du lait. Columelle (VII, 8) parle de l'action de ce suc propre: *Nec minus lac cogitur ficulneo lacte, quod emittit arbor, si ejus virentem saucies corticem.* Dioscoride s'exprime en termes peu différens (I, 183). Le suc du figuier est fort caustique, et son emploi dans la fabrication des fromages ne serait pas sans inconvénient. On sait qu'il renferme beaucoup de caoutchouc: c'est la présence de ce principe immédiat qui lui donne la tenacité qu'on lui connaît. On ne s'en sert plus en médecine, mais il a plusieurs des propriétés que lui assigne notre auteur; il pourrait, ainsi qu'il l'affirme, répercuter les dartres, agir comme caustique, comme dépilatoire, etc.

148. — Ligne 19. *Folia, et quæ non maturuere fici, etc.* Les feuilles et les figues non mûres doivent leurs propriétés au suc propre qui y abonde; il en est de même des jeunes rejetons. Parmi les assertions de Pline, qui ont rapport au figuier, il en est de mensongères, celle par exemple qui veut que les rejets

guérissent l'hydrophobie, et fassent sortir les esquilles des os fracturés; mais ce qui a rapport uniquement à la propriété caustique, a quelque justesse.

149. — Page 298, ligne 6. *E nigra ficu.* Pline a parlé au liv. XV (*Voyez* note 139) de la figue noire, sous le nom de *telana atra, longo pediculo;* ses propriétés médicinales ne la font point différer des autres variétés.

150. — Ligne 10. *Fici maturæ urinam cient, alvum solvunt, etc.* Les figues mûres contiennent une fort grande quantité de sucre et de mucilage; aussi les croit-on émollientes, adoucissantes et laxatives. Tout ce que Dioscoride (I, 183) et Pline disent de ce fruit, et qui est fondé sur ces propriétés, est assez rationnel; le reste peut être révoqué en doute, ou rejeté comme absurde.

151. — Page 300, ligne 12. *Decoctæ (fici) quoque eædem cum feno græco utiles sunt pleuriticis et peripneumonicis.* Cf. sur le fenugrec, le livre XVIII et la note 206 qui y est jointe. Ce légume est riche en mucilage, et fort adoucissant.

152. — Ligne 13. *Cum ruta coctæ torminibus prosunt.* Cf. sur la rue, la note 241 du livre XX. Cette plante est rangée parmi les poisons âcres; elle perd par la coction une grande partie de son activité.

153. — Page 302, ligne 3. *Cinis (fici) non ex alia arbore acrior.* Les cendres du figuier sont riches en sels alcalins, et doivent avoir en effet une plus grande âcreté que celles fournies par plusieurs végétaux. Ce que notre auteur dit de ses propriétés est hypothétique. Ce paragraphe renferme encore une de ces pratiques superstitieuses contre lesquelles nous nous sommes déjà plusieurs fois élevés : Dioscoride ne dit rien de pareil; tout ce que Pline ajoute au texte de l'auteur grec est entaché d'inexactitude ou de superstition.

154. — LXIV, page 302, ligne 22. *Caprificus etiamnum multo efficacior fico.* Il serait possible que la culture adoucît l'âcreté du suc propre du figuier, et qu'il contînt plus de parties aqueuses; dans ce sens, l'assertion de Pline pourrait mériter quelque confiance.

155. — Page 304, ligne 2. *Exceptum id coactumque in duritiam,*

suavitatem carnibus adfert. On ne conçoit guère comment le suc propre du figuier peut augmenter la saveur des viandes ; elles pourraient, sans rien acquérir, perdre au contraire de leurs qualités, et devenir âcres et irritantes. Pline paraît croire que le bois de figuier sauvage dispose les chairs qu'on fait bouillir à recevoir plus vite l'action du calorique, ce qui n'est rien moins que prouvé : *Bubulas carnes additi caules magno ligni compendio percoquunt.*

156. — Page 304, ligne 8. *Dentium quoque dolori hic succus..... prodest, etc.* On retrouve encore parmi les moyens employés pour calmer les maux de dents, l'emploi des caustiques : l'ammoniaque, les acides, les huiles essentielles, etc. Le suc propre du figuier pourrait fort bien, dans certains cas, agir de même.

157. — Ligne 20. *Resistunt et sanguini taurino poto, et psimmythio, et lacti coagulato potæ.* Mettre le sang de taureau à côté de la céruse, comme un poison dangereux, est digne de l'auteur qui écrit plus loin : *Caprificus tauros quamlibet feroces, collo eorum circumdata, in tantum mirabili natura compescit, ut immobiles præstet.* Nicandre (*in Alexiph.*, p. 151) a rangé aussi le sang de taureau parmi les poisons. Plutarque (*Sympos. quæst.* II, 7, p. 641) parle des effets merveilleux du caprifiguier pour calmer les taureaux furieux, mais cela ne justifie pas Pline; Nicandre et Plutarque n'étaient pas naturalistes. Isidore de Séville (*Orig.*, XVII, 7) ajoutait foi à cette fable, et Poinsinet dit naïvement que cet effet mérite confirmation.

158. — Page 306, ligne 9. *Corticem ejus impubescentem... prohibere strumas.* Cf. sur ces pratiques absurdes, et sur les amulettes, les notes 21 et 139 de ce même livre.

159. — LXV, page 306, ligne 15. *Herba quoque, quam Græci erineon vocant.* Les campanulacées renferment, en général, un suc propre laiteux, comme les chicoracées, mais plus doux, moins amer, et quelquefois même insipide ; c'est cette particularité qui a fait chercher dans cette famille la plante laiteuse à laquelle Pline donne le nom d'*erineon*, et l'on a désigné la raiponce, *Campanula Rapunculus*, L. L'*erineon* s'élance à la hauteur d'un palme ; il ressemble à l'*ocynum*, mais qu'est-ce que l'*ocy-*

num? Ses fleurs sont blanches, ses graines petites et noires. Ces renseignemens sont bien incomplets, et ne permettent pas de présenter une synonymie bien arrêtée; il est bien vrai pourtant que la campanule-raiponce est légèrement laiteuse, haute d'une coudée, ses graines sont noirâtres et petites; mais cela suffit-il pour faire reconnaître la plante en question? nous ne le croyons pas :

Ἔρινος, NICAND., *Alexiph.*, 647; EJUSD., *in Ther.*, c. 47; DIOSC., IV, 29. — *Erineon*, PLIN., *loco comm.; Campanula Rapunculus?* L. — La raiponce.

Sprengel (*Hist. Rei herb.*, I, 161) désigne pour l'*erineon* de Dioscoride, la *Campanula Erinus*, L., petite plante assez semblable à la *Veronica arvensis*, L. Il y a bien moins de probabilité pour cette campanule que pour celle que nous désignons dans la synonymie. Guilandin a indiqué l'*Hieracium sabaudum*, L., opinion qui n'est pas dénuée de quelque probabilité; enfin Tragus a cru que l'*erinos* des Grecs devait être rapporté à l'*Euphorbia dulcis*, qui n'est pas rare en France et en Italie; mais les fleurs au lieu d'être blanches, comme le veut le texte de Pline, sont rouges; ce qui rend cette opinion inadmissible; mais celles qu'on lui substitue valent-elles mieux? il est permis d'en douter.

160. — LXVI, page 308, ligne 6. *Pruni folia decocta tonsillis, gingivis.* Les feuilles du prunier sont astringentes en raison du tannin qui s'y trouve en quantité notable.

161. — Ligne 7. *Ipsa pruna alvum molliunt.* Les pruneaux agissent comme laxatifs. Les fruits d'une variété fort connue, le prunier de Saint-Julien, portent le nom de pruneaux à médecine. Galien (*de Fac. simpl. med.*, VII, p. 192) reconnaît aussi que les prunes sont purgatives.

162. — LXVII, page 308, ligne 11. *Utiliora persica, succusque eorum, etc.* La pêche est un fruit succulent qui paraît avec honneur sur nos tables, mais qui ne sert plus en médecine. On en fait un vin assez agréable. Il y a lieu de s'étonner que Pline ait

pu écrire que ce fruit était de tous les fruits le moins odorant ; on sait le contraire : le parfum de la pêche la place en tête des fruits d'Europe, et le suc, dont elle est gorgée, au lieu d'exciter la soif, l'apaise. Les feuilles du pêcher sont astringentes comme celles de la plupart des arbres de la famille des rosacées.

163.—Page 308, ligne 15. *Nuclei persicorum cum oleo et aceto, capitis doloribus illinuntur.* L'effet que notre auteur attribue aux noyaux (et aux amandes qu'ils renferment) contre les douleurs de tête, n'est pas aussi hypothétique qu'on pourrait le croire. L'acide hydrocyanique, dont les amandes sont gorgées, doit agir comme calmant. Le moyen proposé par Pline n'est pas toutefois sans danger.

164. — LXVIII, page 308, ligne 18. *Silvestrium quidem prunorum baccæ, vel e radice cortex... alvum et tormina sistunt.* Les fruits du prunellier, ainsi que l'écorce de la racine, sont astringens et peuvent agir comme le dit Pline. On sait que c'est avec les fruits de cet arbuste qu'on prépare un extractif, riche en tannin, et qu'on nomme dans les pharmacies *acacia nostras*, parce qu'il ressemble au suc d'acacia d'Égypte, et qu'il en a les propriétés.

165. — LXIX, page 310, ligne 2. *Et in iis (prunis silvestribus), et sativis prunis est limus arborum, quem Græci lichena appellant, etc.* On sait peu de chose de positif sur les propriétés des lichens, mais ce qu'on en connaît ne permet pas de croire à celles que Pline attribue aux lichens du prunellier. Il n'est guère possible de décider d'une manière absolue quel est le lichen dont veut parler notre auteur. Néanmoins un lichen est qualifié de *prunastri*, c'est l'*Evernia prunastri*, Ach., *Lich. univ.* On le trouve souvent sur le prunellier, mais il y croît avec un grand nombre d'autres lichens, et notamment avec divers *borrera* et *parmelia ;* mais à quoi bon chercher à déterminer cette plante, s'il est vrai, ainsi que le veulent plusieurs critiques, à l'avis desquels nous nous rangeons volontiers, que Pline ait mal copié Dioscoride, et détourné le mot *lichen*, qui signifie tout à la fois la plante

lichen et la maladie psorique (les dartres), de la signification exigée par le texte grec? Dioscoride dit (I, 173) que la gomme des pruniers (*gummi nostras*) guérit les dartres (λειχῆνας), mais point que les lichens guérissent les condylômes, etc.

166. — LXX, page 310, ligne 6. *Mora in Ægypto et Cypro sui generis, ut diximus, etc.* Dioscoride dit cela du sycomore (I, 181) : *Liquorem fundit arbor primo vere, priusquam fructum proferat, lapidis ictu summo cortice desquamato : si enim frangatur altius, nihil quidquam emittit.* Pline a dit la même chose du mûrier (XVI, 72) : *Mirum : is in moro medicis succum quœrentibus, vere, hora diei secunda, lapide incussus manat : altius fractus siccus videtur.* Les mûriers d'Égypte et de Chypre ne sont autre chose que des sycomores; ainsi notre auteur renvoie au livre XIII, 14 et 15, et non au mûrier dont il a traité livre XV, chap. 27 ; il aurait fallu, pour ne pas donner prise à l'équivoque, que Pline eût mis *ficus* au lieu de *mora ;* car l'analogie qui se trouve entre le sycomore et le figuier est bien moins grande que celle qui existe entre le premier de ces arbres et le mûrier ; on lit d'ailleurs au livre XIII, ch. 14 : *Et Ægypto multa genera* (*arborum*)... *Ante omnia ficus, ob id Ægyptia cognominata.*

167. — Ligne 12. *Celerrime* (*succus mori Ægyptiæ*) *teredinem sentit.* Les sucs séveux fermentent avec une très-grande rapidité, et passent à l'état vineux, puis acéteux, en quelques jours, quelquefois même en peu d'heures. La remarque de Pline et celle de Dioscoride sont donc fondées.

168. — Ligne 13. *Neque apud nos succo usus minor.* Ce n'est pas du suc du fruit dont il est question ici, mais du suc séveux qui s'obtient *cortice desquamata.* Pline parlera plus bas du jus de mûres. Les propriétés qu'il accorde à ce suc séveux, contre l'empoisonnement avec l'aconit, sont supposées.

169. — Ligne 17. *Folia tingunt capillum.* Les feuilles et l'écorce du mûrier sont riches en tannin et en acide gallique, ce qui peut, jusqu'à un certain point, expliquer ce qu'en dit Pline. Quant aux vertus anthelmintiques, peut-être serait-il bon de vérifier si elles sont vraies.

170. — Ligne 18. *Pomi ipsius succus alvum solvit protinus.*

Le suc des mûres est en effet laxatif, il contient du sucre, du mucilage, de l'acide tartrique, etc. Le suc des mûres, avant leur maturité, agit comme astringent, ainsi que le dit Pline plus loin et que l'assure Galien (*de Fac. simpl. med.*, 210).

171. — Page 310, ligne 20. *Si non superveniat alius cibus, intumescunt* (*mora*). Horace dit pourtant, dans la satire 4 du livre II, que les mûres sont salubres au dessert :

> .... Ille salubres
> Æstates peraget, qui nigris prandia moris
> Finiet, ante gravem quæ legerit arbore solem.

La mûre, prise au commencement ou à la fin du dessert, peut être rangée parmi les fruits salubres.

172. — Page 312, ligne 2. *In hac arbore observandis miraculis, quœ in natura ejus diximus.* Pline a dit en effet au livre XVI, ch. 41 : *Morus novissima arborum germinat, nec nisi exacto frigore : ob id dicta sapientissima arborum. Sed quum cœpit, in tantum universa germinatio erumpit, ut in una nocte peragat, etiam cum strepitu.* Cf. sur cette phrase, la note 222 du livre cité.

173. — LXXI, page 312, ligne 5. *Fit ex pomo panchrestos stomatice, eadem arteriace appellata.* On prépare aujourd'hui un rob et un sirop de mûres qui ont quelque analogie avec l'électuaire de mûres, et sans addition de myrrhe ou de safran. On les emploie tous deux dans les maladies de la gorge, les inflammations de la luette, etc., cas dans lesquels Pline les préconise. *Panchrestos* a la même signification que panacée, et signifie remède à tous maux ; *stomatice* veut dire bon pour la bouche (στόμα), et *arteriace*, bon pour la trachée-artère. Pline a parlé, au livre XX, de l'*arteriace ;* celui dont la recette se lit ici est le même que le *stomatice* dont Marcellus Empiricus (XIV, 102) a donné le procédé d'après Ptolémée Évergète.

174. — Ligne 14. *Mori germinatione, priusquam folia exeant, sinistra decerpi jubentur futura poma : ricinos Grœci vocant.* Les fruits ne paraissent qu'après les feuilles, et les fleurs sont communément situées dans leur aisselle. Par *futura poma*, notre auteur entend parler des fruits non mûrs ou peut-être même des

fleurs (*chatons*). H. Barbarus voulait qu'on lût, au lieu de *ricinos, cytinos*. Ce dernier nom a été donné par Pline au calice infère des fleurs du grenadier. Mais quel rapport y a-t-il entre les ricins et le calice du grenadier, ou entre ce dernier et les mûres, avant leur maturité? c'est ce qu'il n'est pas facile de dire. Nous nous tairons sur les pratiques superstitieuses accumulées dans ce paragraphe, les mêmes absurdités devant donner lieu aux mêmes réflexions.

175. — Page 314, ligne 6. *Reddenda est et antiquorum compositio*. Cette recette du *stomatice* diffère peu de celle qui est donnée pour l'*arteriace;* seulement, au lieu de jus de mûres vertes, on prescrit, dans cette dernière composition, l'*omphacion* desséché (suc de verjus), et, au lieu de résine de cyprès, on y met du safran. Pline, en écrivant ces mots, *succum siccato exprimebant pomo*, s'est rendu inintelligible; à moins que, par le mot *pomo siccato*, on entendît parler seulement des mûres exposées au soleil pour les confire à demi, et en extraire ensuite un suc plus épais. Dioscoride a dit (I, 181) : « Les mûres vertes, séchées et réduites en poudre, dont on saupoudre les viandes au lieu de sumac, agissent contre le flux de sang. »

176. — Ligne 15. *Tertium genus : succi foliis et radice decoctis ad ambusta ex oleo illinenda*. Ce suc n'est pas miscible à l'huile; Dioscoride (I, 180) dit que les feuilles, broyées et mêlées avec l'huile, remédient aux brûlures. Sans peser rigoureusement la valeur de l'assertion relative aux propriétés de ce médicament, nous dirons que le procédé indiqué par l'auteur grec est plus rationnel que celui donné par l'auteur latin.

177. — LXXII, page 316, ligne 4. *Cerasa alvum molliunt, stomacho inutilia, etc.* Cf. sur les cerises, les notes 206-217 du livre XV. Les cerises ordinaires sont tempérantes; loin de nuire à l'estomac, elles lui conviennent quand elles sont bien mûres. Les cerises noires, les bigarreaux, et autres cerises à chair ferme, sont beaucoup moins salutaires. La qualité diurétique, attribuée par Pline au péricarpe de la cerise, l'est, par les modernes, aux queues ou pédoncules de ce même fruit. Mais cette propriété est-elle bien fondée? Les cerises qui sont tempérantes et rafraîchissantes n'ont-elles pas plutôt une action sur les reins?

Dioscoride (1, 157) et Galien (*de Fac. simpl. med.*, p. 189) s'accordent sur ce point avec Pline.

178. — Page 316, ligne 6. *Si quis matutino roscida cum suis nucleis devoret, in tantum levari alvum, ut pedes morbo liberentur.* Les cerises chargées de rosée agissent comme laxatives, non en raison de la rosée qui les recouvre, mais parce qu'on doit, pour les trouver dans les circonstances prescrites par Pline, les manger à jeun.

179. — LXXIII, page 316, ligne 10. *Mespila, exceptis setaniis.... reliqua adstringunt stomachum, sistuntque alvum.* Cf. sur les *mespila*, la note 154 du livre XV. Les fruits de l'azarolier (*anthedon, mespilus*) sont astringens jusqu'à complète maturité ; ceux du *Cratœgus Oxyacantha* (*mespilus gallica*) passent aussi pour astringens. Les fruits du néflier *tetania* ont des propriétés semblables, quoique Pline dise le contraire. Cf. Dioscoride (1, 169).

180. — Ligne 12. *Item sorba sicca.* Cf. sur les sorbes, la note 175 du livre XV. Les sorbes sont rangées parmi les fruits astringens. Dioscoride (1, 170) croyait à cette astringence, et Martial a écrit :

Sorba sumus molles nimium durantia ventres.

Lib. XIII, *Epigr.* 26.

181. — LXXIV, page 316, ligne 15. *Nuces pineæ, quæ resinam habent... sanguinis exscreationi medentur, etc.* On n'emploie plus les pommes de pin, mais on a admis dans la thérapeutique moderne les bourgeons de pin et de sapin, dont les propriétés sont analogues. Toutefois on ne s'en sert pas dans les crachemens de sang.

182. — Ligne 19. *Nuclei nucis pineæ sitim sedant, et acrimoniam stomachi, etc.* Les pignons d'Inde (*pineæ*) ont une place dans la matière pharmaceutique européenne, mais on s'en sert bien rarement. Naguère on les rangeait parmi les semences émulsives froides. L'emploi des amandes douces a prévalu. C'est avec raison que Pline et Dioscoride disent ces semences adoucissantes.

183. — Page 318, ligne 1. *Fauces videntur exasperare, et tussim.* Les pignons, comme toutes les semences huileuses, rancissent; au lieu d'être adoucissans, ils irritent alors la gorge et déterminent la toux.

184. — Ligne 4. *Miscetur his contra vehementiores stomachi rosiones cucumeris semen, et succus porcilacœ.* Cf. sur le concombre, dont les semences ont en effet de l'analogie avec le pourpier relativement aux propriétés, le livre XIX et la note 111; et sur le pourpier, le livre XIII et la note 152.

185. — Ligne 5. *Item ad vesicœ ulcera et renes.* Les boissons émulsives peuvent agir d'une manière avantageuse dans les cas indiqués par Pline. Dioscoride (I, 88) et Celse (IV, 10) s'expriment en termes peu différens.

186. — LXXV, page 318, ligne 8. *Amygdalœ amarœ radicum decoctum cutem in facie corrigit, coloremque hilariorem facit.* Cf. sur l'amandier, le livre XV et la note 166. Ce n'est pas à la décoction de la racine que l'on attribue aujourd'hui des qualités cosmétiques, mais à l'huile fixe qu'on retire des semences, et qui étant mélangée avec l'huile d'amandes douces et la cire, dans des proportions voulues, sert à faire des cérats et des pommades cosmétiques. Le grave Plutarque (*Symp. quœst.*, I, 6, p. 624) a vanté, pour rehausser l'éclat du teint, la décoction de racines d'amandier amer.

187. — Ligne 9. *Nuces ipsœ (amygdalœ amarœ) somnum faciunt.* Ces amandes sont riches en acide prussique ou hydrocyanique; or, l'on sait que l'action sédative de cet acide est très-grande. Plusieurs propriétés des amandes amères, indiquées par Pline, sont fondées en raison. Ces fruits sont sans action contre la morsure des chiens enragés, contre les ulcères de mauvaise nature, les maladies du foie et contre celles des reins, quoi qu'en aient dit Dioscoride (I, 176), Abdarrhame (II), Plinius Valerianus (III, 51), et enfin Quintus Serenus (chap. 26, p. 142).

188. — Ligne 19. *Ad purgandam cutem in aqua mulsa tritœ, sunt efficaces.* Cf. plus haut, la note 186.

189. — Page 318, ligne 21. *Prosunt ecligmate jocineri, tussi, et colo, cum elelisphaco modice addito.* Nous avons déjà parlé ailleurs de l'*elelisphacum.*

190. — Ligne 23. *Aiunt, quinis fere præsumptis ebrietatem non sentire potores.* Il est inutile de prévenir que le moyen indiqué dans cette phrase n'a point d'efficacité. Plutarque (*Simp. quæst.* I, 6, p. 124) dit que ce préservatif de l'ivresse était employé par Drusus, frère de Tibère, et l'un des meilleurs buveurs de son temps. Athénée croyait à cette propriété (II, 152), ainsi que Plinius Valerianus (IV, 51) et Siméon Sethi. Plusieurs modernes ont voulu expliquer cet effet, qui n'est rien moins que prouvé (*Éphém. d'Allem.*, 8e année, 185).

191. — Page 320, ligne 1. *Vulpesque, si ederint eas, nec contingat e vicino aquam lambere, mori.* Les amandes amères sont un poison pour quelques petits animaux (les oiseaux par exemple) à cause de l'acide prussique qu'elles recèlent; mais les grands animaux n'en sont point incommodés; et d'ailleurs, comment pourrait-il arriver que les renards mangeassent des amandes amères, eux qui sont carnivores? Les écureuils pourraient en être incommodés; mais leur instinct les en éloigne.

192. — Ligne 2. *Minus valent in remediis dulces.* Les modernes emploient bien plus fréquemment, en médecine, les amandes douces que les amandes amères, dont la saveur est repoussante et les propriétés mal établies. Ce n'est pas sans fondement que notre auteur a dit que les amandes étaient difficiles à digérer et qu'elles pesaient sur l'estomac : *Recentes stomachum implent.* Dioscoride (I, 196) conseille d'avaler des amandes vertes avec leur coquille, sans doute quand elles sont encore fort petites, pour débarrasser l'estomac.

193. — LXXVI, page 320, ligne 6. *Nucibus græcis cum absinthii semine ex aceto sumptis, morbus regius sanari dicitur.* Cf. sur ce fruit les notes 166 et 167, au livre XV, où nous avons établi que la noix grecque pourrait fort bien être une variété de la noix ordinaire, et peut-être la variété à gros fruit.

194. — LXXVII, page 320, ligne 11. *Nuces juglandes Græci*

a capitis gravedine appellavere. Cf. sur ce noyer, la note 160, au livre XV. Pline a dit au livre cité : *Caryon a capitis gravedine, propter odoris gravitatem.* On sait que l'ombre du noyer n'a rien de plus nuisible que celle de tous les autres arbres ; c'est donc par un vieux préjugé que l'on prétend le contraire.

195. — Page 320, ligne 14. *Sunt autem recentes jucundiores, siccæ unguinosiores, et stomacho inutiles, etc.* Ce que notre auteur dit des propriétés alimentaires ou médicinales du noyer n'est pas entièrement dénué de vérité. Les noix sont plus saines quand elles sont récentes que quand elles ont vieilli. L'huile dont elles sont alors gorgées les rend difficiles à digérer ; et quand cette huile est devenue rance, elle provoque la toux et irrite l'estomac. Leur rôle en médecine est aujourd'hui peu important. C'est un préservatif tout-à-fait douteux des poisons âcres ; mais quand l'huile qu'elles recèlent est fraîche encore, et qu'on les broie, elles peuvent adoucir la surface du corps sur lequel on les applique, etc.

196. — Page 322, ligne 2. *Putamine nucis juglandis, dens cavus inuritur.* Dioscoride (I, 178) ne conseille pas ce moyen, dont il serait difficile de se rendre compte quant au mode d'exécution : est-ce en brûlant ce *putamen* dans la cavité de la dent cariée ? c'est du moins la seule manière de concevoir l'action de ce médicament.

197. — Ligne 5. *Quo plures nuces quis ederit, hoc facilius tineas pellit, etc.* Cette propriété antivermineuse des noix est supposée. Il en est de même de celle que Pline leur attribue plus loin quand elles sont rances, et qui a rapport à leur action contre la gangrène, les anthrax, l'hydrophobie, etc.

198. — Ligne 8. *Cortex juglandium, lichenum vitio, et dysentericis.* Ce *cortex juglandium* n'est pas le brou du péricarpe du fruit, ainsi que le veulent plusieurs traducteurs, mais bien l'écorce de l'arbre, à laquelle les modernes attribuent des propriétés vomitives. On n'a point vérifié, que nous sachions, l'action du suc des feuilles du noyer contre les douleurs d'oreille.

199. — Ligne 10. *In sanctuariis Mithridatis maximi regis devicti, Cn. Pompeius invenit in peculiari commentario ipsius manu*

compositionem antidoti, etc. Q. Serenus a mis la recette de Mithridate en vers latins, en traduisant le passage de Pline :

Antidotos vero multis Mithridatica fertur
Consociata modis : sed magnus scrinia regis
Quum caperet victor, vilem deprehendit in illis
Synthesin, et vulgata satis medicamina risit.
Bis denas rutæ frondes, salis et breve granum,
Juglandesque duas, totidem cum corpore ficus.
Hæc oriente die parco conspersa Lyæo
Sumebat, metuens dederat quæ pocula matri.

De venenis prohibendis, II, p. 162.

Si le célèbre Mithridate n'avait eu, pour combattre l'action des poisons qui menaçaient sa vie, que des moyens pareils à ceux-ci, l'emploi du fer n'eût pas été nécessaire pour la terminer.

200. — LXXVIII, page 322, ligne 19. *Nuces avellanæ capitis dolorem faciunt, inflationem stomachi.* Cf., sur la noisette, la note 164, au livre XV. Pline réfute ici ce qu'il a dit de tous les fruits huileux ; l'opinion moderne donne encore aujourd'hui le dernier rang aux amandes, aux noix et aux noisettes, parmi les fruits qui paraissent sur nos tables. On ne se sert plus des noisettes en médecine. Une émulsion faite avec ces fruits récens aurait les mêmes propriétés que celle d'amandes, et pourrait convenir, étant miellée, dans les rhumes et les vieux catarrhes. L'addition, dans le même cas, de quelques grains de poivre, ou même de vin cuit, recommandée par Dioscoride (I, 179), détruirait les propriétés adoucissantes du médicament, et le rendrait redoutable aux malades.

201.—Page 324, ligne 3. *Pistacia eosdem usus et effectus habent, quos pinei nuclei.* Cf., sur les pistaches, la note 74, au livre XIII. Les modernes attribuent des propriétés semblables à toutes les semences émulsives alimentaires ; ainsi, le jugement de Pline est par eux confirmé. Il est inutile de dire qu'elles sont impuissantes contre la morsure des serpens.

202. — Ligne 6. *Castaneæ vehementer sistunt stomachi et ventris fluxiones, etc.* Cf., sur la châtaigne, la note 177, au livre XV.

Ce fruit féculent ne sert pas en médecine, et les lois analogiques ne permettent pas de croire aux propriétés que Pline lui attribue. On croit les châtaignes très-nourrissantes. Tous les fruits féculens sont dans ce cas. Cf. Dioscoride, I, 145.

203.— LXXIX, page 324, ligne 10. *Siliquæ recentes, stomacho inutiles, alvum solvunt.* Cf., sur cette légumineuse, la note 86, au livre XIII, et la note 190, au livre XV. Les carouges contiennent, comme on sait, une grande quantité de sucre. Elles ont des qualités nutritives dont on tire parti ; mais elles occasionent, dit-on, des coliques et la diarrhée. Néanmoins M. Poiret a vu en Barbarie les Maures manger de grandes quantités de ce fruit sans en être incommodés; nous-mêmes, sans en faire un aliment exclusif, en avons mangé en Andalousie, et n'avons éprouvé aucun effet apparent. On sait qu'on a jusqu'ici accordé à notre auteur une infaillibilité qu'on lui refuse aujourd'hui.

204.— Ligne 14. *Sudor virgæ corni arboris lamina ferrea candente exceptus, etc.* Ceci est dit aussi par Dioscoride (I, 172). On ne conçoit pas quel était le but qu'on se proposait d'atteindre, à moins qu'on ne suppose que les sucs séveux aient une action sur le fer, et produisent un acétate ou un oxide de fer. Cf., sur le cornouiller, la note 220 du livre XV.

205. — Ligne 16. *Arbutus sive unedo.* Les modernes s'accordent avec les anciens pour reconnaître aux arbouses des qualités nutritives médiocrement avantageuses. Ce fruit ne sert d'aliment exclusif nulle part.

206.— LXXX, page 324, ligne 20. *Laurus excalfactoriam naturam habet, etc.* Cf., sur le laurier, la note 280, au livre XV. Toutes les parties du laurier, mais surtout les baies, sont imprégnées d'une huile essentielle très-odorante et très-excitante. L'emploi économique ou médical est fondé entièrement sur la présence de ce principe volatil ; tout ce qui ne se rapporte pas à cette théorie est faux ou hypothétique. Les feuilles et l'écorce contiennent en outre du tannin et agissent comme astringentes. On ne s'en sert plus de nos jours. On doit ranger parmi les fables ce que Pline dit des vertus du laurier et de ses diverses parties contre les inflammations de matrice et de vessie, contre le venin de certains animaux, contre les douleurs de tête, la dyspnée, les obstructions du foie, la toux, l'asthme, la peste, etc., etc.

207. — Page 326, ligne 4. *Cum ruta, testium : cùm rosaceo, capitis dolores, aut cum irino.* Cf., sur la rue, la note 241, au livre XX. Nous avons dit quelque chose des onguens rosat et d'iris aux notes 6 et 23 du livre XIII.

208. — Ligne 9. *Folia (lauri) pota vomitiones movent.* Il est faux que la décoction de feuilles de laurier agisse comme vomitive.

209. — Ligne 21. *Prodest contra ictus et potus, maxime autem ejus laurus, quœ tenuiora habet folia.* Cf. la note 280 du livre XV. Le laurier à petites feuilles peut se rapporter au *Laurus tenuifolia*, TABERN., *Icon.*, 952. Les botanistes modernes mettent peu d'importance à distinguer ces variétés qui ne se reproduisent pas toujours, même par boutures. Tout ce que Pline dit des propriétés des baies est hypothétique ; c'est pourquoi nous dédaignons de relever la plupart des assertions qui leur sont relatives, et que notre auteur a puisées dans Dioscoride (I, 106, IV, 147, et ailleurs).

210.— Page 328, ligne 14. *Laurus Delphicœ folia trita olfactaque subinde, pestilentiœ contagia prohibent.* Le laurier delphique est le type de l'espèce ; c'est le *Laurus nobilis* des modernes. Ce que Pline nous raconte de ses propriétés contre la peste est illusoire. On connaît aujourd'hui quelle est l'action des végétaux et des aromates brûlés pour détruire les miasmes pestilentiels. Il y a moins d'invraisemblance dans ce qui a rapport aux vertus astringentes des feuilles pour le relâchement de la luette, et dans l'action de l'huile (sans doute celle des baies) unie aux corps gras, pour le traitement de quelques affections rhumatismales.

211.— Page 330, ligne 1. *Proxime valent cetera laurorum genera. Laurus Alexandrina, sive Idœa, partus celeres facit, etc.* Il n'y a aucune analogie de propriétés entre le laurier d'Alexandrie, *Ruscus Hypophyllum*, L., et le laurier d'Apollon. Le premier de ces arbrisseaux est inodore et ne donne aucune huile essentielle à la distillation. Le *laurus Alexandrina* est une plante inerte. Cf. les notes 292 et 293 du livre XV.

212.— Page 330, ligne 4. *Eodem modo pota daphnoides, etc.* Cf. sur le *daphnoides*, la note 298, au livre XV, où nous avons essayé de prouver qu'il ne s'agissait pas de la clématite (vigne blanche), *Clematis Vitalba*, L., mais d'un *daphne*, et probablement du *Daphne Laureola*, ou du *Daphne Mezereum*, L. Ce que Pline dit ici des propriétés des feuilles et des baies de cette plante fortifie notre opinion. Elles agissent fortement sur l'estomac, déterminent le vomissement, et purgent avec violence. Les gens de la campagne prennent quelquefois encore, pour se purger, des fruits du *Daphne Mezereum*, ou bois-gentil. Les paysans du royaume d'Aragon, et ceux de la Catalogne, se purgent avec la poudre des feuilles du *thymelea*, autre espèce de *daphne*. Nos paysans français prennent quelquefois, dans le même but, les baies de la lauréole, *Daphne Laureola*. Il est inutile de dire que ces purgatifs âcres ont plus ou moins d'inconvéniens, et que leur emploi est incertain et dangereux. Dioscoride (I, 14, IV, 158) et Apulée (chap. 58) parlent tous deux de la propriété des baies du *daphnoides*.

213. — LXXXI, page 330, ligne 12. *Myrtus sativa candida, etc.* Pline a parlé du myrte au livre XV (Cf. les notes 268 à 279). Ce myrte blanc, dont Caton dit deux mots dans le célèbre ouvrage qu'il nous a laissé, est une variété à baies blanches ; or plusieurs variétés sont dans ce cas, notamment le *Myrtus domestica, fructu albo*, de Clusius (*Hist.* 67). Il y a aussi un *Myrtus communis italica, baccis albis*, énuméré dans les *Institutiones Rei herb.* de Tournefort, p. 640, et un *Myrtus hispanica, latifolia, fructu albo*, qui a sa place dans le même ouvrage. Est-ce celui-ci qui mérite d'être préféré? nous n'en savons rien ; heureusement que la détermination rigoureuse n'a rien d'important. Quant au myrte à baies noires, *myrtus nigra*, il rentre comme type dans le myrte ordinaire.

214. — Ligne 13. *Semen ejus medetur sanguinem exscreantibus, etc.* Les baies du myrte sont amères, et riches en tannin et en huile volatile ; il en est de même des feuilles. Les diverses

parties du myrte sont loin d'être inertes, et néanmoins on ne les emploie que bien rarement. Elles doivent prendre place parmi les médicamens excitans. Les baies parfument l'haleine et en modifient la mauvaise odeur (*odorem oris commendat vel pridie commanducatum*). Elles sont astringentes en raison du tannin qu'elles contiennent, et pourraient convenir dans la dysenterie, si en même temps elles n'étaient excitantes en vertu de l'huile essentielle qu'on y trouve, etc.; mais la plupart des propriétés qui ne sont pas justifiées par la nature de leurs composans intimes sont supposées.

215.— Page 332, ligne 3. *Capillum denigrat.* Les baies noires du myrte peuvent modifier la couleur des cheveux, mais pour fort peu de temps.

216. — Ligne 14. *Folia ipsa fungis adversantur.* La propriété des feuilles récentes du myrte contre l'empoisonnement des champignons est supposée. Nous pourrions dire la même chose de la plupart des assertions qui se lisent dans le chapitre tout entier.

217. — Page 334, ligne 5. *Inguen ne intumescat ex ulcere, etc.* Pline termine par une croyance indigne de lui un chapitre rempli d'assertions fausses ou exagérées, relatives aux propriétés du myrte.

218. — LXXXII, page 334, ligne 9. *Myrtidanum diximus quomodo fieret.* Cf. la note 223 du livre XIV, et la note 265 du livre XV. Ce médicament composé devait être un puissant astringent, et convenir dans tous les cas où les astringens sont utiles: *Et ubi constringendum aliquid est.*

219.— LXXX, page 334, ligne 19. *Myrtus silvestris.... sive chamæmyrsine, etc.* Cf., sur cette plante, la note 49 du livre XV. C'est une asparagée dont les propriétés sont entièrement différentes de celles du myrte. On la nomme en français petit houx, et les botanistes modernes lui donnent le nom de *Ruscus aculeatus;* les praticiens la regardaient comme diurétique, et rangeaient sa racine parmi les cinq racines apéritives : elle a bien peu d'activité; toutefois, le rapprochement que Pline en fait avec l'asperge est juste : *Cauliculi quoque incipientes asparagorum modo in cibo sumpti, et in cinere cocti.* Il est faux de dire que les propriétés des baies soient lithontriptiques. Il n'y a malheureusement de véritablement efficace contre la pierre que l'opération qui l'extrait de la vessie, ou celle qui la brise sous l'instrument ingénieux du docteur Civiale.

220. — Page 336, ligne 6. *Castor oxymyrsinen myrti foliis acutis, etc.* L'*oxymyrsine* de Castor rentre dans celui de Pline. On fait encore des balais de petit houx dans quelques lieux de l'Europe.

FIN DU QUATORZIÈME VOLUME.

www.ingramcontent.com/pod-product-compliance
Ingram Content Group UK Ltd.
Pitfield, Milton Keynes, MK11 3LW, UK
UKHW012150240726
13966UKWH00001B/233

9 782012 555228